쿠버네티스에서 머신러닝이 처음이라면!
쿠브플로우!

| 만든 사람들 |

기획 IT · CG 기획부 | **진행** 양종엽 · 장우성 | **집필** 이명환 · 문근민 · 홍석환 · 김효동
책임편집 D.J.I books design studio | **표지 디자인** D.J.I books design studio 김진
편집 디자인 디자인 숲 · 이기숙

| 책 내용 문의 |

도서 내용에 대해 궁금한 사항이 있으시면,
디지털북스 홈 페이지의 게시판을 통해서 해결하실 수 있습니다.

디지털북스 홈 페이지 : www.digitalbooks.co.kr
디지털북스 페이스북 : www.facebook.com/ithinkbook
디지털북스 카페 : cafe.naver.com/digitalbooks1999
디지털북스 이메일 : digital@digitalbooks.co.kr

| 각종 문의 |

영업관련 hi@digitalbooks.co.kr
기획관련 digital@digitalbooks.co.kr
전화번호 02 447-3157~8

※ 잘못된 책은 구입하신 서점에서 교환해 드립니다.
※ 이 책의 일부 혹은 전체 내용에 대한 무단 복사, 복제, 전재는 저작권법에 저촉됩니다.
※ 디지털북스가 창립 20주년을 맞아 현대적인 감각의 새로운 로고를 선보입니다.
지나온 20년보다 더 나은 앞으로의 20년을 기대합니다.

머리말

얼마 전까지만 하더라도 머신러닝은 아주 전문적인 분야였습니다(물론 지금도 전문분야가 맞습니다). 그 이유는 머신러닝을 이해하기 위한 지식도 어려웠을 뿐만 아니라 머신러닝에 필요한 물리적인 자원들도 쉽게 사용할 수 없었기 때문입니다. 하지만 하드웨어 기술의 발전, 클라우드 환경의 성장 그리고 그것을 뒷받침해 줄 다양한 머신러닝 프레임워크 등으로 인해 머신러닝은 이제 누구나 다 해볼 수 있는 것이 되었습니다. 아마도 조만간 머신러닝은 마치 자동차의 원리를 알지 못해도 자동차를 운전할 수 있는 것처럼 손쉬운 어떤 것이 될 것 같습니다. 쿠브플로우는 그 과정 중에 있는 툴킷입니다. 모델 개발을 위해 쥬피터 노트북을 제공하며, 개발된 모델을 튜닝할 수 있는 툴도 제공합니다. 또한 개발된 모델들을 쉽게 서빙할 수 있는 모듈을 제공하며 이 과정들을 하나의 플로우로 만들 수 있는 파이프라인도 제공합니다. 즉, 하나의 툴킷으로 머신러닝 워크플로우를 만들 수 있게 해주는 것이 쿠브플로우입니다.

이 책은 쿠버네티스 한국사용자 그룹의 온라인 밋업으로 진행한 쿠브플로우 핸즈온의 내용을 기반으로 합니다. 쿠브플로우가 무엇인지, 어떻게 설치하는지, 어떤 컴포넌트들이 있는지, 어떻게 사용하는지를 설명하는 쿠브플로우 입문서라고 보시면 됩니다. 그리고 머신러닝에 대한 기본적인 내용과 쿠브플로우가 실행되는 플랫폼인 쿠버네티스의 설명도 간략히 포함되어 있습니다. 이 한 권을 통해서 머신러닝의 E2E(End to End)를 경험해보는 것도 재미있으리라 생각이 듭니다. 물론 머신러닝, 쿠버네티스, 쿠브플로우 3가지 다 처음이신 분들에게는 다소 어려운 부분들이 있을 수 있지만 코드를 하나씩 따라 실습해 보시면 적어도 머신러닝, 쿠브플로우가 어떠한 것인지를 아실 수 있도록 준비하였습니다.

이 책을 집필할 때의 쿠브플로우의 버전은 0.7이었습니다. 마무리되어 가는 과정에서 1.0이 발표되었으며, 적게나마 1.0의 내용을 넣으려고 노력하였습니다. 물론 0.7은 1.0의 베타버전 성격이었기 때문에 이 책의 내용만으로도 쿠브플로우 입문은 충분하다고 생각합니다.

마지막으로 이 책을 통해서 어떻게 머신러닝을 시작할지 고민하는 분들에게 쿠브플로우가 조금이나마 도움이 되었으면 합니다.

2020년 3월
이 명 환

책 내용에 대한 질문은 쿠브플로우 kr 슬랙채널(https://kubeflow.slack.com/#kubeflow-korea-chat)에서 해주시면 바로 답변드립니다.

CONTENTS

머리말 • 05

PART 01　Machine Learning 입문

Chatper 01　머신러닝의 기본 개념　14

1.1　챕터 설명 및 챕터 활용법　14
1.2　머신러닝 기초　15
　　1.2.1　선형 회귀(Linear Regression)　18
　　1.2.2　차원의 확장(Multi variable linear regression)　23
　　1.2.3　로지스틱 회귀(Logistic Regression)　25
　　1.2.4　소프트맥스 회귀(Softmax Regression)　26
1.3　기타 알아두면 좋은 개념 및 팁　27
　　1.3.1　학습률(learning rate)　27
　　1.3.2　배치 정규화(batch normalization)　29
　　1.3.3　과적합(overfitting)　30
　　1.3.4　딥러닝에 대해서　32

Chatper 02　딥러닝을 이용한 이미지 분석 실습　33

2.1　챕터 설명 및 실습 overview　33
2.2　개발 환경 세팅　34
　　2.2.1　구글 코랩(Google colaboratory) 설명　34
　　2.2.2　코랩 설치　35

2.2.3　코랩 환경설정 ·· 39

　　　2.2.4　파이썬 및 케라스 설치 ·································· 43

2.3　데이터셋 준비 및 CNN 모델 구축 ······················· 44

　　　2.3.1　구글 드라이브 마운트 ·································· 46

　　　2.3.2　학습 데이터셋 준비 및 이미지 전처리 ················ 50

　　　2.3.3　CNN 모델 구축 ·· 52

　　　2.3.4　데이터셋 학습 ·· 56

2.4　전이학습(transfer learning) ······························· 61

　　　2.4.1　전이학습의 개념과 모델 적용 ·························· 61

　　　2.4.2　전이학습 코드 적용 ···································· 62

PART 02 구버네티스의 머신러닝 툴킷! Kubeflow!

Chatper 01　kubeflow　　　　　　　　　　　　　　　70

1.1　ML 워크플로우 ·· 70

　　　1.1.1　ML 워크플로우란 ······································ 70

　　　1.1.2　모델 실험 단계 ·· 71

　　　1.1.3　모델 생산 단계 ·· 71

　　　1.1.4　ML 워크플로우 툴 ····································· 72

1.2　kubeflow ·· 77

　　　1.2.1　kubeflow? ·· 77

　　　1.2.2　kubeflow components on ML workflow ··········· 79

　　　1.2.3　쿠베플로우 유저 인터페이스(UI) ······················ 81

　　　1.2.4　API와 SDK ··· 81

　　　1.2.5　쿠베플로우 컴포넌트들 ································ 81

1.2.6　쿠베플로우 버전 정책 82
1.3　kubernetes 84
　　　1.3.0　서문 84
　　　1.3.1　컨테이너 개발 시대 84
　　　1.3.2　쿠버네티스란 85
　　　1.3.3　쿠버네티스 구조 86
　　　1.3.4　오브젝트와 컨트롤러 87
　　　1.3.5　오브젝트 템플릿 92
　　　1.3.6　레이블과 셀렉터, 어노테이션 94
　　　1.3.7　인그레스 95
　　　1.3.8　컨피그 맵 97
　　　1.3.9　시크릿 98
　　　1.3.10　인증과 권한 99
1.4　쿠베플로우 설치 104
　　　1.4.1　설치 조건 104
　　　1.4.2　쿠버네티스 설치 106
　　　1.4.3　프라이빗 도커 레지스트리 114
　　　1.4.4　k9s 116
　　　1.4.5　kfctl 119
　　　1.4.6　배포 플랫폼 120
　　　1.4.7　스탠다드 쿠브플로우 설치 123
　　　1.4.8　DEX버전 설치 130
　　　1.4.9　프로파일 135
　　　1.4.10　삭제 136

Chatper 02　Kubeflow Components　　　　　　　　　138

2.0　서론 138

2.1 Dashboard ... 138
2.1.1 개요 ... 138
2.1.2 로컬에서 대쉬보드 접속하기 ... 140

2.2 Notebook servers ... 146
2.2.1 개요 ... 146
2.2.2 노트북 생성하기 ... 146
2.2.3 쿠버네티스 리소스 확인하기 ... 151
2.2.4 커스텀 이미지 생성 ... 152
2.2.5 TroubleShooting ... 156

2.3 Fairing ... 158
2.3.1 소개 ... 158
2.3.2 아키텍처 ... 159
2.3.3 페어링 설치 ... 159
2.3.4 페어링 설정 ... 160
2.3.5 fairing.config ... 161
2.3.6 Preprocessor ... 163
2.3.7 Builder ... 166
2.3.8 Deployer ... 168
2.3.9 Config.run ... 169
2.3.10 Config.fn ... 169
2.3.11 fairing.ml_tasks ... 169

2.4 Katib ... 170
2.4.1 소개 ... 170
2.4.2 하이퍼파라미터와 하이퍼파라미터 최적화 ... 171
2.4.3 뉴럴 아키텍처 탐색 ... 172
2.4.4 아키텍처 ... 172
2.4.5 Experiment ... 173

- 2.4.6 검색 알고리즘 ... 176
- 2.4.7 Metric collector ... 178
- 2.4.8 Component ... 181
- 2.4.9 카티브 Web UI ... 182
- 2.4.10 Rest API ... 189
- 2.4.11 Command-line interfaces ... 189
- 2.4.12 카티브 단독 설치 ... 189

2.5 Pipeline ... 190

- 2.5.1 소개 ... 190
- 2.5.2 파이프라인 ... 191
- 2.5.3 아키텍쳐 ... 192
- 2.5.3 컴포넌트 ... 193
- 2.5.4 그래프(Graph) ... 194
- 2.5.5 런(Run), 리커링 런(Recurring Run) ... 194
- 2.5.6 런 트리거(Run Trigger) ... 195
- 2.5.7 스텝(Step) ... 195
- 2.5.8 Experiment ... 196
- 2.5.9 Output Artifact ... 196
- 2.5.10 파이프라인 인터페이스 ... 196
- 2.5.11 파이프라인 단독 설치 ... 197
- 2.5.12 파이프라인 SDK 설치 ... 198
- 2.5.13 파이프라인 SDK 패키지 둘러보기 ... 198
- 2.5.14 SDK로 파이프라인 만들기 ... 200
- 2.5.15 경량 파이선 컴포넌트 ... 210
- 2.5.16 파라미터(PipelineParam) ... 214
- 2.5.17 메트릭스(Matrix) ... 214
- 2.5.18 쿠버네티스 리소스 컴포넌트 ... 215

2.6 Training of ML models … 216
- 2.6.1 TFJob … 216
- 2.6.2 PyTorchJob … 220
- 2.6.3 MXJob(MXNet) … 220
- 2.6.4 MPIJob … 222
- 2.6.5 ChainerJob … 222

2.7 Serving Models … 223
- 2.7.1 개요 … 223
- 2.7.2 KFServing … 224
- 2.7.3 InferenceService … 228
- 2.7.4 Seldon Serving … 229

2.8 Metadata … 230
- 2.8.1 개요 … 230
- 2.8.2 설치 … 231
- 2.8.3 SDK … 231
- 2.8.4 Metadata Web UI … 234
- 2.8.5 Watcher … 235

Chatper 03 핸즈온 쿠베플로우 … 236

3.1 Traning Mnist with Fairing … 236
- 3.1.1 Notebook provisioning … 236
- 3.1.2 fashion mnist 실행 … 237
- 3.1.3 fashion Mnist를 Fairing job으로 바꾸기 … 239
- 3.1.4 Job 실행해보기 … 240
- 3.1.5 이제 잡은 그만 던져도 될꺼 같은데 … 241

3.2 카티브로 하이퍼파라미터 최적화하기 … 243

- 3.2.1 fashion Mnist를 katib job으로 던질 수 있게 변형하기 ... 243
- 3.2.2 카티브 experiment CRD 생성하기 ... 246
- 3.2.3 jupyter notebook에서 katib job 실행하기 ... 248
- 3.2.4 카티브 Trial 그래프 분석하기 ... 249

3.3 추론 모델 서버 만들어 보기 ... 255
- 3.3.1 모델 준비하기 ... 255
- 3.3.2 KFServing을 이용한 추론 모델 서버 구성 ... 257
- 3.3.3 추론 모델 테스트 ... 259

3.4 파이프라인으로 ML워크플로우 만들기 ... 263
- 3.4.1 파이프라인에 볼륨 붙여보기 ... 263
- 3.4.2 리커링 런(Recurring Run)으로 스토리지에 계속 데이터를 쌓아보기 ... 267
- 3.4.3 학습부터 서빙까지 파이프라인으로 ... 272

3.5 Caltech101 최적화 ... 282
- 3.5.0 개요 ... 282
- 3.5.1 일단 페어링 ... 282
- 3.5.2 카티브를 위한 메트릭설정 ... 287
- 3.5.3 카티브 Submit! ... 288
- 3.5.4 Trial 그래프 분석하기 ... 290
- 3.5.5 노트북에서 카티브 Experiment 실행하기 ... 292
- 3.5.6 Experiment 실행을 페어링으로 감싸기 ... 296
- 3.5.7 파이프라인에서 Experiment 실행해보기 ... 299
- 3.5.8 카티브 결과 조회하기 ... 303

PART 01

Machine Learning 입문

01 머신러닝의 기본 개념
CHAPTER

1.1 챕터 설명 및 본 책의 활용법

본 책은 kubeflow의 hands-on에 관한 내용으로, 기본적으로 독자들이 머신러닝(machine learning) 및 딥러닝의 기초는 알고 있는 것을 전제로 합니다. 즉, SW 엔지니어링 백그라운드가 없고 백엔드(back-end) 서버 쪽 경험이 부족한 딥러닝 연구자들이, kubeflow를 활용하여 매우 손쉽게 최종적인 서비스까지 완성하는 것을 실습하는 것이 본 책의 주된 내용이 될 것입니다.

다만, 그럼에도 불구하고 아래의 두 가지 이유 때문에 논의를 거쳐 본 챕터(머신러닝 기초)를 추가하기로 결정하였습니다.

① 머신러닝의 기초가 부족하더라도 kubeflow라는 최신 트렌드에 관심이 있을 수 있다는 점. 즉 머신러닝 공부에 많은 시간을 할애하지 않고 지금 당장 kubeflow의 맛을 보고 싶은 독자가 있을 수 있다는 점.
② 책 자체의 완결성을 위해 사전지식에 대해 최소한의 가이드는 주는 것이 좋겠다는 의견 일치

위와 같은 이유로 앞부분 두 챕터는 머신러닝 및 딥러닝에 대해 다루게 될 것입니다. 다만 그 취지상, 이론적으로 아주 깊은 내용까지 다루지는 않을 것이며, kubeflow실습을 위해 필요 최소한의 필수적으로 알아야 할 부분에 대해서만 다룰 예정입니다. 또한 너무 방대한 설명이 필요한 부분은 참고자료 링크 제시를 통해 대체하고 본 책에서는 간결하게 처리하도록 하겠습니다.

따라서 본인이 딥러닝을 이용해 기초적인 모델링 및 학습 프로세스를 돌릴 줄 안다면 해당 챕터를 건너뛰고 바로 kubeflow관련 챕터부터 시작해도 무방합니다. 오히려 시간 절약을 위해 그렇게 하는 것을 권장합니다. 이 책을 이해하는 데에 어

느 정도 수준이어야 하는지 긴가민가하다면, 딥러닝 챕터 뒷부분에 구현된 keras 코드를 보고 어떤 의미인지 이해할 수 있다면 굳이 시간을 들여서 딥러닝 파트를 보지 않아도 될 것이라고 생각합니다.

그럼 지금부터 머신러닝의 세계로 들어가 봅시다.

1.2 머신러닝 기초

머신러닝(Machin Learning)분야는 최근 특히 2016년 알파고와 이세돌의 바둑 대결 이후 우리나라에서 대유행을 하게 되었지만 사실 수십 년의 역사를 가지고 있는 분야라고 할 수 있습니다. 직역하여 '기계학습'이라고도 많이 얘기하며, 위키백과에 따르면 아서 사무엘이 1959년 '기계가 일일이 코드로 명시하지 않은 동작을 데이터로부터 학습하여 실행할 수 있도록 하는 알고리즘을 개발하는 연구 분야'라고 정의하였다고 나옵니다.

정리하면, 사람이 일일이 코딩하는 것이 아니라 기계가 스스로 학습할 수 있도록 연구하는 분야라고 생각하면 큰 무리가 없습니다.

'인공지능'이라는 단어가 예전부터 존재했던 것처럼 기계학습 또한 예전부터 존재했던 분야인데, GPU 등 컴퓨팅 기능의 향상과 데이터 축적의 증가로 가시적인 성과가 나오고 기대감이 증가하고 있는 상황입니다.

딥러닝은 이러한 머신러닝의 한 분야로 심층신경망(DNN: Deep Neural Network)을 활용하는 기계학습을 일컫는 말입니다. 이 부분에 대해서는 뒤에서 좀 더 자세하게 알아보도록 하겠습니다.

▲ 알파고 이세돌 사진

머신러닝의 종류

머신러닝은 크게 지도학습(Supervised Learning), 비지도학습(Unsupervised Learning), 강화학습(Reinforcement Learning)으로 나뉩니다. 지도학습과 비지도학습은 주어진 데이터를 통해서 학습을 하는 것으로, 데이터가 주어지지 않을 수도 있는 강화학습과는 차이가 있습니다.

한편, 지도학습과 비지도학습의 차이는 주어진 데이터에 라벨링이 되어있는지 여부입니다. 즉 사람이 사전에 정답과 오답을 체크해서 학습을 시키면 지도학습, 그렇지 않으면 비지도학습입니다.

지도학습의 대표적인 예로는 분류(classification)와 회귀(regression) 분석이 있으며, 비지도학습의 예로는 클러스터링(clustering)과 차원축소(dimentionality reduction) 등이 있습니다. 관련하여 보다 자세한 내용은 조금만 구글링을 해보시면 아주 많은 양질의 정리된 자료들이 있으니 찾아보시도록 하고, 여기에서는 지도학습과 이를 기반으로 한 딥러닝에 대해서만 다루도록 하겠습니다.

머신러닝의 공부 방법

앞서 말한 것처럼 본 책에서는 필수적인 내용만 짚고 넘어가겠습니다. 보다 자세한 학습을 원하시면 국내에서 가장 유명한 딥러닝 학습 컨텐츠인 '모두의 딥러닝' 강좌를 듣는 것을 추천합니다. 유튜브나 구글에서 검색하면 바로 나옵니다.

해당 강좌는 당시 홍콩과기대에 재직 중이던 김성훈 교수님(현재는 네이버 소속)이 제작한 유튜브 채널이고 개당 약 10분 정도 길이의 총 51개 비디오로 이루어져 있습니다.

현재는 모두를 위한 딥러닝 시즌2 도 공개되어 있는 상황이지만, 한 흐름으로 쭉 공부하기에는 개인적으로 시즌1이 더 유용한 것 같다고 느꼈습니다.

추천하는 공부 방법은 코드를 하나씩 따라서 작성해 보기보다는 그냥 동영상을 쭉 보면서 이론과 원리에 대해서 이해하는 수준으로 보면 충분하다고 생각합니다(동영상 배속 설정을 통해서 시간을 절약할 수도 있습니다). 왜냐하면 강좌가 제작된 당시에 비해 현재는 기술적인 프레임워크들이 업그레이드되거나 달라지기도 했고, 코딩 실습은 다른 책이나 컨텐츠에서도 많이 다루고 있기 때문에 가장 최신 컨텐츠를 골라서 학습하는 것이 더 유리합니다. 다만 이론적 배경에 대해서는 아직까지 무료로 이 정도의 퀄리티를 제공하는 강좌를 찾기 어려우니 보시는 걸 추천합니다.

본 책에서도 챕터1의 내용은 김성훈 교수님 강좌 내용을 바탕으로 축약 작성했음을 밝힙니다. 따라서 본 책의 내용으로 잘 이해가 가지 않는 부분은 해당 강좌의 페이지로 가시면 보다 상세하고 구체적인 설명을 보실 수 있습니다.

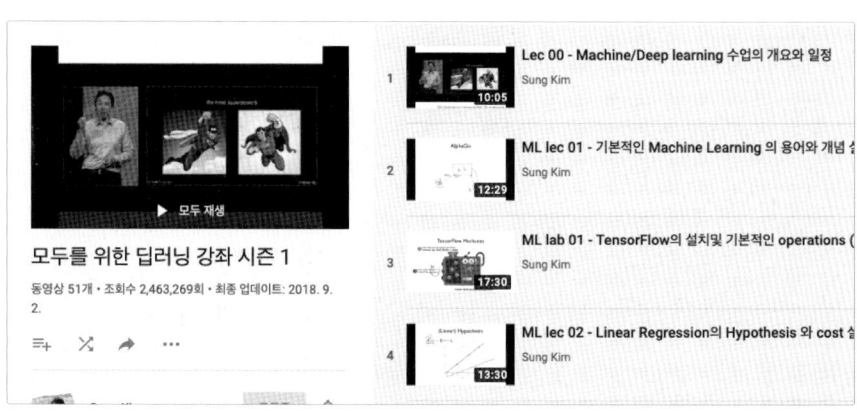

▲ 모두의 딥러닝 유튜브 채널(https://bit.ly/2SaAWYq)

학습의 순서

챕터1 머신러닝의 기본 개념에서는 어떠한 원리로 컴퓨터가 수학적 계산을 통해 데이터를 학습하고 나아가서 예측할 수 있게 되는지 알아보겠습니다.

이를 위해 가장 단순한 선형 회귀 모델에서 시작할 것입니다. 선형 회귀는 단순한 일차방정식에서 시작하지만 이후 나올 모든 분석 모델의 토대가 되는 분석법입니다. 선형 회귀 분석을 통해 가설 함수, 손실(비용) 함수, 그리고 비용 함수 최적화(최소화)의 원리를 학습하게 됩니다. 이 과정에서 경사하강법 등 최적화 알고리즘에 대해 이해할 수 있습니다.

선형 회귀를 제대로 이해하면 그 이후의 로지스틱 회귀 등은 선형 회귀를 응용한 것이기 때문에 이해가 한결 쉽습니다. 로지스틱 회귀를 통해 이진분류를 할 수 있게 되고, 이를 응용하여 소프트맥스 회귀를 구축해 다중 분류를 수행할 수 있습니다.

또한 추가적으로 딥러닝에 사용되는 필수적인 개념 및 팁에 대해서도 알아보도록 하겠습니다.

1.2.1 선형 회귀(Linear Regression)

회귀 분석은 통계학에서 사용하는 자료 분석 방법 중 하나로, 자료들 사이의 관계를 수학적으로 설명합니다. 선형 회귀는 회귀 분석의 한 종류이자 지도학습의 한 가지 형태입니다. 회귀 분석에는 비선형 회귀도 존재합니다. 여기에서는 가장 기본적인 선형 회귀에 대해 알아보겠습니다.

선형 회귀(linear regression)가 가장 기본적이라고 해서 중요하지 않은 것은 아닙니다. 오히려 머신러닝의 가장 기본이기 때문에 어디에서나 관련 내용이 나온다고 보시면 됩니다. 선형 회귀의 이론적인 기초를 잘 다져놓으면 분명히 큰 도움이 될 것입니다. 또한 아주 어려운 수학이 필요하지도 않습니다. 기초적인 미분 적분 개념 정도만 알고 있어도 충분합니다.

선형 회귀에서 알아야 할 개념은 결과값을 예측하게 해주는 가설(Hypothesis), 가설의 정확도를 판단하는 기준인 손실 혹은 비용(Cost)입니다. 선형 회귀의 최종적인 목표는 비용을 최소화하는 가설을 계산해내는 것입니다. 자, 하나씩 살펴봅시다.

가설(Hypothesis) 함수

회귀 분석은 연속적인 자료 구조를 분석할 때 사용합니다. 예를 들면 아래처럼 공부시간(X)에 따른 시험점수(Y)에 대한 데이터가 존재한다고 합시다.

공부시간(X)	시험점수(Y)
10	90
9	80
3	50
2	30

이때 공부시간과 시험점수 사이의 관계를 나타내는 가장 적합한 방정식을 찾는 것이 선형 회귀 문제입니다. 적합한 방정식을 찾아낸다면 우리는 그 방정식에 대입함으로써 역으로 5시간 공부할 때 예상 시험점수는 몇 점인지를 높은 확률로 예측할 수 있게 됩니다.

이렇게 X와 Y사이의 관계를 나타내는 함수를 가설(Hypothesis) 함수라고 하며 일차방정식의 경우 보통 아래와 같은 수식으로 표현합니다.

$$H(x) = Wx + b$$

선형 회귀 분석은 주어진 데이터를 가장 잘 만족하는 W와 b를 찾는 것이라고 생각하면 됩니다. 그럼 어떤 함수가 가장 적합한지 어떻게 판단할 수 있을까요? 이때 사용하는 것이 비용 함수입니다.

비용(Cost) 함수

계산의 편의를 위해 아래 표와 같이 아주 간단한 구조의 데이터를 다뤄보겠습니다. 표 오른쪽의 이미지는 데이터를 좌표평면에 표시한 것입니다.

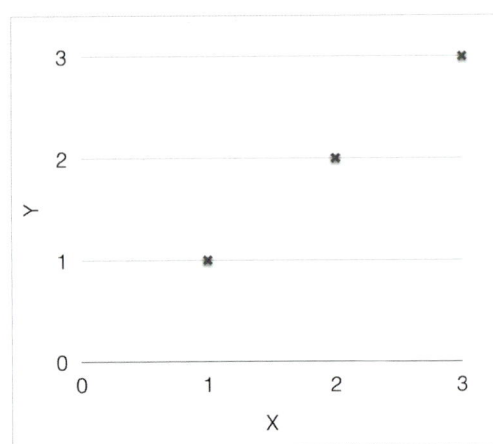

X	Y
1	1
2	2
3	3

이 때, 3가지 가설(hypothesis) 함수가 존재한다고 하면 아래와 같이 표현 가능합니다. 우리는 눈으로 보았을 때 당연히 중간에 위치한 실선이 가장 적합한 함수라는 것을 알 수 있지만 컴퓨터가 이것을 판단할 수 있기 위해서는 적합한 정도를 정량적으로 계산할 수 있어야 합니다. 이러한 정량 분석을 할 때 가설 함수의 값과 실제 데이터 값 사이의 오차를 사용합니다. 즉 오차가 가장 작은 가설 함수가 가장 적합한 함수입니다.

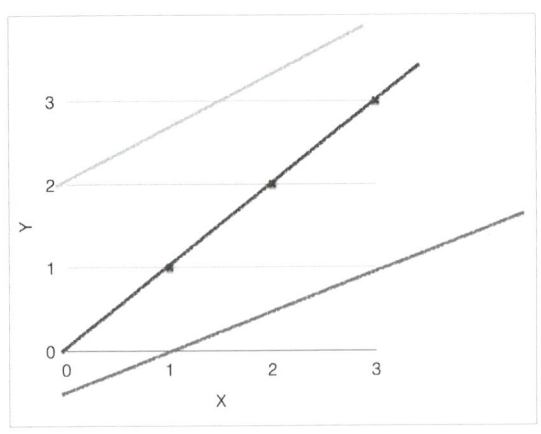

오차를 수식으로 표현하면 아래와 같습니다. 즉 함수의 값 H(x)에서 실제 데이터의 값 Y를 빼주면 됩니다.

$$H(x) - y$$

그리고 모든 X에 대한 오차를 더해주어 전체 오차를 가설 함수별로 비교하면 될 것입니다. 다만 이 경우 오차가 양수와 음수가 섞여있을 때 오차의 크기가 줄어드는 문제가 발생합니다. 따라서 오차의 정도를 비교하려면 모두 양수로 만들어야 하며 이를 위해 오차의 제곱을 더해주게 됩니다. 최종적으로 비용(Cost)을 함수로 나타내면 아래와 같습니다.

$$\text{cost} = \frac{1}{m}\sum_{i=1}^{m}\left(H(x^{(i)}) - y^{(i)}\right)^2$$

m개 존재하는 모든 X에 대해 오차의 제곱을 더해주고 이것을 다시 m으로 나누어서 평균 오차를 구합니다. 고등학교 때 배운 분산의 개념을 생각하면 이해가 쉬울 것입니다.

한편 수식에서 H(x)는 W와 b의 함수로 나타낼 수 있으므로(가설 함수)비용 함수도 결국 W와 b에 대한 함수로 나타낼 수 있습니다. 따라서 최종적으로 비용 함수는 아래와 같습니다. 이제 이 비용함수를 최소화하는 W와 b를 구하는 알고리즘을 알아봅시다.

$$\text{cost}(W, b) = \frac{1}{m}\sum_{i=1}^{m}\left(H(x^{(i)}) - y^{(i)}\right)^2$$

비용 최소화 알고리즘(Gradient Descent)

먼저 위에서 살펴본 가설(hypothesis)함수를 미분 계산을 할 때는 편의를 위해 상수항을 삭제할 수 있습니다. 따라서 가설 함수를 다음과 같이 더욱 간소화해 표현할 수 있습니다.

$$H(x) = Wx$$

이에 따라 비용 함수를 W에 대한 식으로 바꾸어 표현하면 아래와 같습니다. 아래의 식이 x에 대한 함수가 아니라 W에 대한 방정식임을 유의하시기 바랍니다. 즉 비용(cost)을 최소화하는 W의 해를 구하는 문제입니다.

$$\text{cost}(W) = \frac{1}{m}\sum_{i=1}^{m}\left(Wx^{(i)} - y^{(i)}\right)^2$$

이를 W와 cost를 축으로 하는 좌표평면상에 그래프로 나타내면 아래와 같습니다.

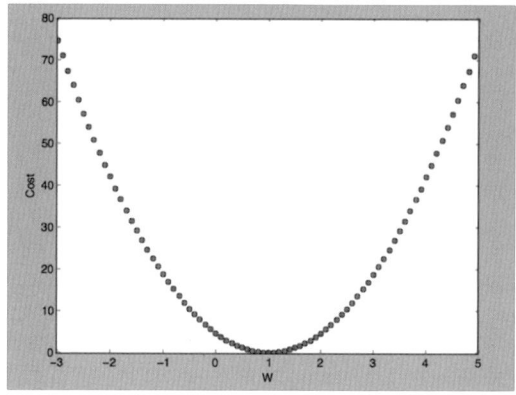

눈으로 그래프를 확인할 때는 당연히 W가 1일 때 비용이 가장 낮음을 알 수 있습니다. 즉 접선의 기울기가 0일 때를 구하는, 고등학교 때 배웠던 아주 간단한 미분입니다. 그리고 이러한 해(W=1)를 컴퓨터가 계산을 통해서 답을 찾아나갈 수 있게 하는 알고리즘 중의 하나가 바로 경사하강법(Gradient Descent) 알고리즘입니다.

수식으로 표현하면 간단합니다.

$$W_1 := W_0 - \alpha \frac{\partial}{\partial W} \mathrm{cost}(W_0)$$

첫 번째 임의의 W0를 선택한 후, 이에 대해 위의 계산을 수행해서 다음번 W1을 찾는 것입니다. 수식의 뒷부분 $\frac{\partial}{\partial W}\mathrm{cost}(W_0)$은 W0지점의 비용 함수를 W에 대해 편미분한 값, 즉 기울기입니다. 여기에 일정한 계수 α를 곱하고 이를 W0에서 빼줍니다(이 계수 α가 뒤에 나오는 learning rate입니다).

기울기에 음수를 곱해주기 때문에 계산을 수행할수록 기울기의 절대값이 낮은 쪽으로 점점 수렴해 가게 됩니다. 만약 부호가 양수라면 수렴이 아니라 발산하게 됩니다.

아래 그림처럼 마치 산 정상에서부터 한걸음씩 내려오면서 가장 낮은 지점을 찾는 것 같기 때문에 경사하강법이라는 이름이 붙었습니다.

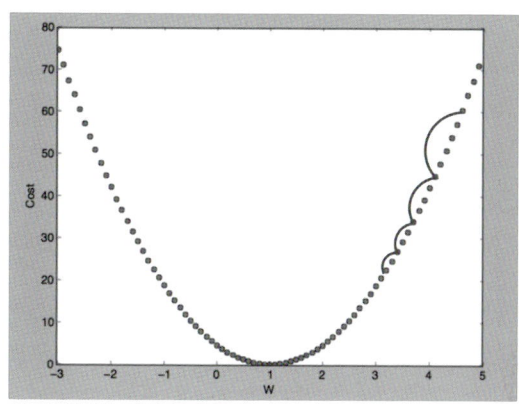

1.2.2 차원의 확장(Multi variable linear regression)

위에서 우리는 주어진 데이터에 대해서 비용(cost) 함수 최소화를 통해 적합한 가설(hypothesis) 함수를 찾아내는 방법을 알아봤습니다. 또한 이것은 2차원 평면상의 데이터라고 볼 수 있습니다. 그렇다면 데이터의 차원이 늘어나면 어떻게 될까요? 예를 들면 아래의 표와 같은 데이디입니다.

X1(퀴즈1)	X2(퀴즈2)	X3(중간고사)	Y(기말고사)
73	80	75	152
93	88	93	185
89	91	90	180
96	98	100	196
73	66	70	142

이 경우 두 번의 퀴즈 점수와 한 번의 중간고사 점수를 가지고 기말고사 점수를 예측하는 모델을 만들 수 있습니다. 3종류의 입력값(X1~X3)을 통해 출력값(Y)이 나오는 것입니다.

복잡해 보이지만 사실 원리는 앞과 같습니다. 단지 여러 차원을 표현하기 위해 행렬을 사용하는 것이 달라집니다. 앞부분과 같은 순서로 하나씩 살펴봅시다.

가설함수

앞에서 변수가 하나일 때는 아래와 같은 가설함수를 설정했습니다.

$$H(x) = Wx + b$$

그리고 변수가 여러 개일 때도 간단합니다. 마찬가지로 각 변수에 대해 W를 곱해주면 됩니다. 여기에서는 변수를 3가지로 설정했지만 n개로 늘어날 경우에도 동일한 방식으로 표현할 수 있습니다.

$$H(x_1, x_2, x_3) = w_1 x_1 + w_2 x_2 + w_3 x_3 + b$$

이것을 행렬을 이용해 적으면 좀 더 간결하게 표현할 수 있습니다. 즉 X와 W를 아래 행렬로 정의한다면,

$$X = \begin{pmatrix} x_1 & x_2 & x_3 \end{pmatrix} \quad W = \begin{pmatrix} w_1 \\ w_2 \\ w_3 \end{pmatrix}$$

각 행렬의 곱은 아래와 같이 계산할 수 있으므로

$$\begin{pmatrix} x_1 & x_2 & x_3 \end{pmatrix} \cdot \begin{pmatrix} w_1 \\ w_2 \\ w_3 \end{pmatrix} = x_1 w_1 + x_2 w_2 + x_3 w_3$$

최종적으로 아래와 같이 가설함수를 나타낼 수 있습니다.

$$H(X) = XW$$

X와 W의 순서가 바뀌었다거나 상수항인 b가 없어졌다든지 하는 사소한 문제는 신경쓰지 않도록 합시다. 행렬의 곱 표기를 가독성 좋게 하기 위해서, 그리고 미분 계산의 편의상 생략해도 무방합니다.

비용함수 및 경사하강법

이 부분도 앞과 거의 같습니다. 다만 중간의 계산식이 행렬의 곱이라는 점만 다릅니다.

$$\text{cost}(W) = \frac{1}{m} \sum (WX - y)^2$$

이에 따른 경사하강법 계산도 앞과 같습니다.

$$W_1 := W_0 - \alpha \frac{\partial}{\partial W} \text{cost}(W_0)$$

W에 해당하는 값이 w_1, w_2, w_3, … 등 여러 가지가 존재하지만 편미분을 하기 때문에 관계 없습니다.

이렇게 확장된 차원에 대해서도 선형 회귀 분석 계산을 수행할 수 있기 때문에 아래의 그림처럼 3차원 공간이나 혹은 그 이상의 다차원 데이터에 대해서도 답을 찾을 수 있습니다.

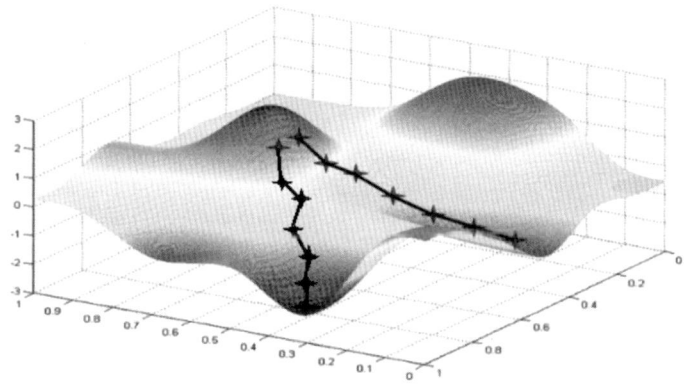

1.2.3 로지스틱 회귀(Logistic Regression)

지금까지 선형 회귀 분석에 대해 살펴보았습니다. 선형 회귀는 결과값이 연속적인 형태일 때 사용할 수 있습니다. 따라서 결과값이 비연속적일 때는 적합하지 않습니다. 예를 들면 시험점수가 0부터 100점까지 있을 때는 연속적인 값이지만, 사진이 개인지 고양이인지를 판단하는 것은 비연속적인 값입니다.

로지스틱 회귀는 이처럼 비연속적이고, 특히 둘 중에 하나를 선택하는 문제에 적합합니다. 따라서 이진분류(binary classification)라고도 합니다.

설명을 듣고 나니 로지스틱 회귀는 앞에서 살펴본 선형 회귀와 근본적으로 매우 큰 차이가 있을 것 같습니다. 하지만 사실 모든 내용이 동일하고 단지 가설(hypothesis)함수와 비용(cost)함수만 아래처럼 바꿔주면 됩니다.

- 가설 함수: $H(X) = \dfrac{1}{1+e^{-W^TX}}$

- 비용 함수: $\mathrm{cost}(W) = -\dfrac{1}{m}\sum(y log(H(x)) + (1-y)\log(1-H(x)))$

이런 가설 함수를 그래프로 나타내면 아래와 같습니다. 딥러닝에서 자주 쓰이는 sigmoid 함수가 바로 이것입니다. 결과값은 0 과 1 사이이며 그래프의 모양은 알파벳 S자와 닮았습니다.

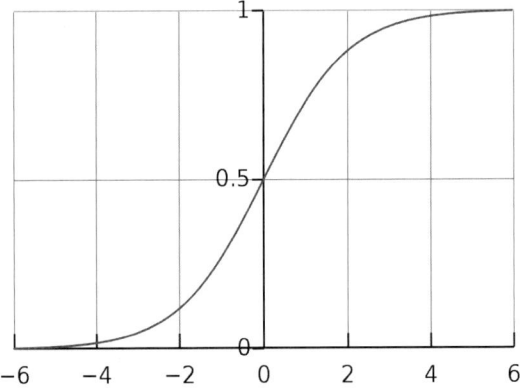

그 후에는 선형 회귀와 마찬가지로 비용 함수 최소화 알고리즘을 통해 적합한 해를 구할 수 있습니다. 위의 함수들에 대한 구체적인 수학적 내용은 너무 길고 복잡하기 때문에 본 책에서는 생략하겠습니다. 추가적인 학습을 원하시면 김성훈 교수님 강좌를 보시기 바랍니다.

1.2.4 소프트맥스 회귀(Softmax Regression)

소프트맥스 회귀는 로지스틱 회귀의 확장입니다. 로지스틱 회귀가 두 가지 결과값 중 하나를 고르는 경우라면 소프트맥스 회귀는 여러 가지 결과값 중 하나를 고르는 문제에 적용할 수 있습니다. 즉, 개 vs 고양이 사진을 고르는 경우가 로지스틱 회귀이고, 개·고양이·원숭이·토끼·사자 등 10가지 동물 사진에서 답을 찾는 경우는 소프트맥스 회귀입니다. 따라서 소프트맥스 회귀는 다중 클래스 분류

(multi-class classification)라고도 합니다.

현실상에서 대부분의 경우는 두 가지가 아니라 여러 가지 선택지가 주어지므로 우리가 본 책에서 실습하려는 이미지 분석은 보통 이 소프트맥스 회귀를 이용합니다. 따라서 선형 회귀에서부터 시작해 로지스틱 회귀를 거쳐, 마지막으로 이 소프트맥스 회귀를 이해하면 이미지 분석에 필요한 이론적인 배경은 모두 알게 되는 것이라고 볼 수 있습니다.

소프트맥스 회귀는 개념상 로지스틱 회귀를 여러번 반복하면 수행할 수 있습니다. 즉 ①개인지 아닌지 판단하고, ②고양이인지 아닌지 판단하고, ③원숭이인지 아닌지 판단을 계속해서 반복하면 각 사진에 대해 적합한 분류를 할 수 있게 됩니다.

수학적으로는 소프트맥스 함수를 사용하게 됩니다. 다만 너무 복잡한 내용이라 본 책에서는 생략하겠습니다. 소프트맥스 함수의 특징만 정리하면 아래와 같습니다.

- 입력받은 값에 대해 출력으로 항상 0~1 사이의 값으로 정규화 합니다.
- 출력 값들의 총합은 항상 1입니다.

즉 결과 각각에 대한 확률을 구한다고 이해하면 됩니다.

1.3 기타 알아두면 좋은 개념 및 팁

소프트맥스 회귀의 개념까지 알고 나면 머신러닝을 이용한 이미지 분류에 대한 기본 개념은 모두 알게 되었습니다. 아래에서는 추가적으로 딥러닝 분석을 할 때 알아두면 유용한 것들을 정리했습니다.

1.3.1 학습률(learning rate)

학습률은 경사하강법에서 잠시 나오지만 한 번 학습 후 다음 번 스텝을 어느 정도의 보폭으로 움직일지 결정하는 것이라고 생각하면 됩니다. 경사하강법에서 기울기에 곱해준 계수 α에 해당합니다.

일반적으로는 학습률이라고 얘기하지 않고 보통 영어 발음 그대로 러닝 레이트라고 발음합니다. 학습률이 중요한 이유는 최적화를 해 나가는 과정에서 효율성에 매우 큰 영향을 미치기 때문입니다.

아래의 그림은 가장 이상적인 학습 과정을 나타냅니다. 보폭이 일정하지 않은 것은 보폭에 영향을 미치는 요소가 학습률 뿐만 아니라 각 지점의 기울기도 영향을 미치기 때문입니다. 즉 기울기의 절대값이 클수록 보폭이 커집니다.

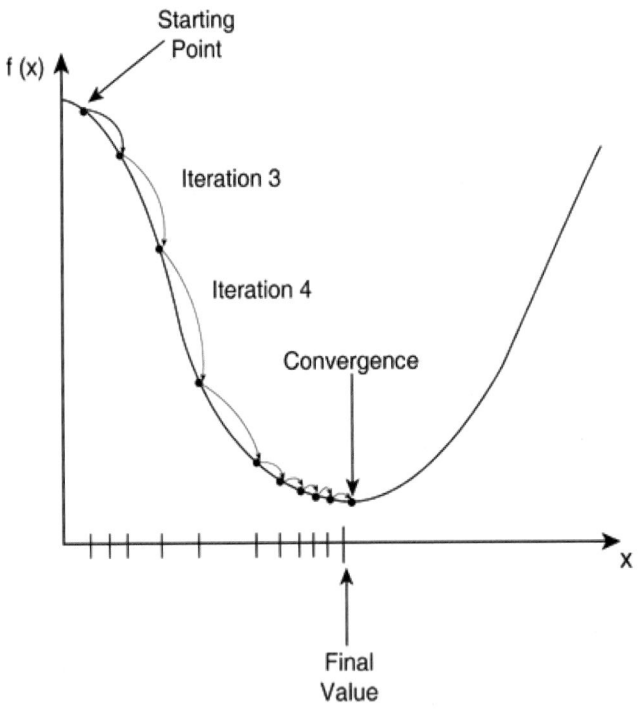

학습률이 너무 작으면 당연히 적합한 해를 찾는 데에 너무 많은 시간이 걸릴 것입니다. 반대로 학습률이 너무 크면 적합한 해를 찾지 못하거나 혹은 발산할 수도 있습니다. 따라서 딥러닝 학습 시간에 매우 큰 영향을 미칩니다.

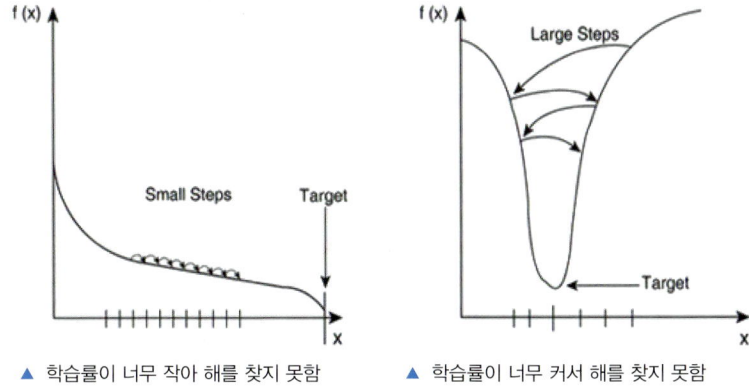

▲ 학습률이 너무 작아 해를 찾지 못함   ▲ 학습률이 너무 커서 해를 찾지 못함

위의 이미지처럼 모든 경우에 적합한 학습률은 존재하지 않고, 각 그래프에 따라 또한 그래프의 각 부분에 따라 적합한 학습률이 달라집니다. 이러한 학습률은 W 나 b처럼 학습을 통해 찾아나가는 변수(parameter)가 아니라 처음부터 외부에서 주어지는 요소이기 때문에 하이퍼 파라미터(hyperparameter)라고 합니다.

숙련된 데이터 사이언티스트라면 경험을 통해 적절한 학습률을 정할 수 있지만 그렇지 않을 경우 많은 시행착오를 통해 찾아야 합니다. 다만 최근에는 이러한 하이퍼 파라미터 또한 최적화할 수 있는 알고리즘 및 방법론이 개발되고 있습니다. 이것을 하이퍼 파라미터 튜닝이라고 합니다.

다행인 것은 이러한 하이퍼 파라미터 튜닝을 직접 구현할 필요없이 kubeflow의 katib를 통해 손쉽게 사용할 수 있습니다. 이것은 책의 뒷부분에서 다루겠습니다.

1.3.2 배치 정규화(batch normalization)

배치 정규화는 데이터의 구조와 관련 있습니다. 아래의 표를 보면 x1 입력값은 천의 단위인데 반해 x2 입력값은 일의 단위입니다.

X1	X2	Y
9000	1	A
−5000	2	A
−2000	4	B
8000	6	B
9000	9	C

이것을 그림으로 나타내면 아래 좌측 이미지와 비슷할 것입니다. 이 경우 x1에 대해서는 적당한 학습률을 가질지라도 x2에 대해서는 이 학습률이 너무 크기 때문에 발산하게 됩니다. 따라서 학습이 잘 되게 하기 위해 데이터의 분포를 적당하게 조절해 줘야 합니다. 이것을 배치 정규화라고 합니다.

이것도 뒷부분에서 살펴보겠지만 keras 에서는 간단하게 한 줄로 배치 정규화를 구현할 수 있으니 너무 어렵게 생각할 필요는 없습니다.

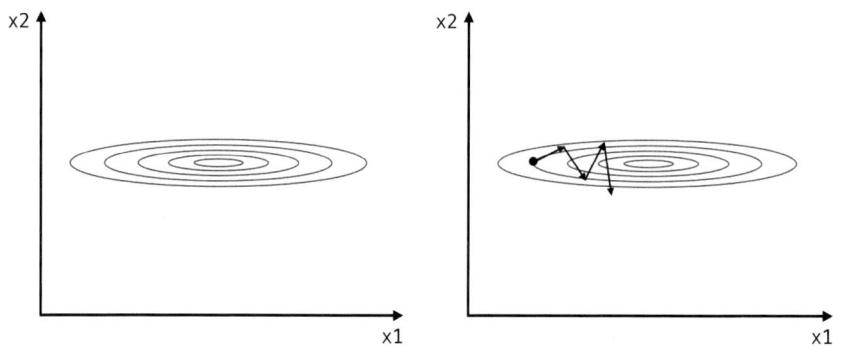

1.3.3 과적합(overfitting)

과적합은 딥러닝을 진행하면서 매우 자주 듣고 쓰게 될 용어입니다. 이것은 한 마디로 표현하면 '모델이 너무 잘 맞게 되는 것'을 얘기합니다.

'너무 잘 맞는 것이 무엇이 문제지? 좋은 것 아닌가?' 라고 생각할 수 있겠지만 현재 가지고 있는 데이터에만 너무 잘 맞는 모델이 생성되면 새로운 데이터를 이용해 추론(inference)할 때 모델의 성능에 문제가 있을 수 있습니다.

아래의 이미지가 그것을 잘 나타냅니다. 우리가 원하는 것은 다소 오차가 존재하더라도 가운데에 있는 적절한(appropriate) 모델인데 과적합(overfitting) 되면 오른쪽 모델처럼 생성이 됩니다(과적합의 반대는 왼쪽 모델인 과소적합(underfitting)입니다. 학습이 제대로 되지 않아 성능이 떨어지는 것을 의미합니다).

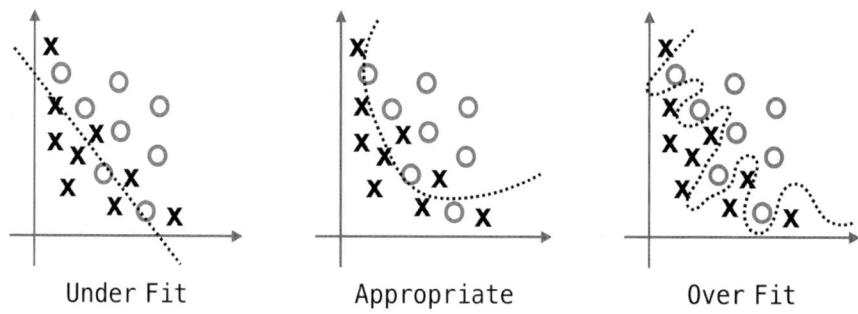

Under Fit Appropriate Over Fit

과적합이 되면 아래의 이미지처럼 학습에 사용된 데이터에는 완벽하게 들어맞지만 새로운 데이터가 입력될 때 예측력이 떨어집니다. 마치 학교에서 시험을 볼 때 시험문제 족보의 답만 달달 외우고 들어가서 아는 문제가 나오면 맞출 수 있지만 약간만 응용하거나 다른 범위에서 문제가 나오면 맞추지 못하는 것과 비슷합니다.

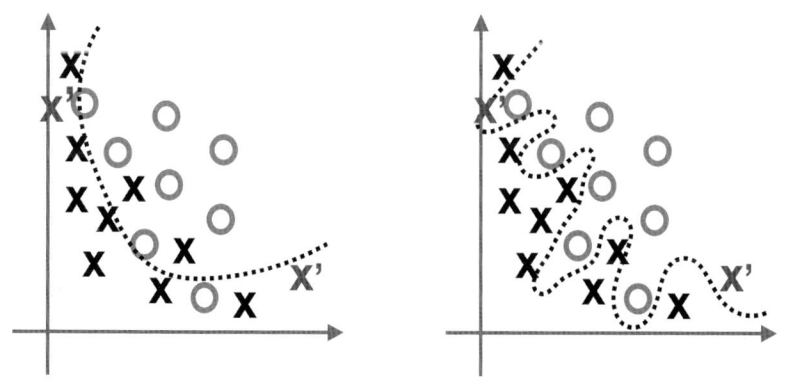

과적합을 해결하기 위해서 몇 가지 방법이 있습니다.

① 데이터의 양을 늘립니다. 데이터가 다양해질수록 더 많은 범위를 포용할 수 있고 적합성이 높아집니다.
② 검증(validation)데이터를 분리합니다. 모든 데이터를 학습에 다 사용하는 것이 아니라 검증에 사용할 데이터를 따로 마련합니다. 보통 training / valida-

tion / test 세 가지 세트로 분류하고 6:2:2 정도의 비율을 사용합니다. 다만 이 방법은 데이터가 작을 경우 사용하기 어려운 단점도 있습니다.

③ feature 개수를 줄입니다. feature는 딥러닝 모델에서 나오는 개념으로 특정한 성질만 추출하는 것을 의미합니다. 일반적으로 feature 개수가 많을수록 복잡한 자료를 잘 학습할 수 있지만 또한 동시에 과적합될 확률이 높아진다고 알려져 있습니다.

1.3.4 딥러닝에 대해서

원래 집필을 시작할 때 본 책에서 CNN, RNN 등 딥러닝에 대해서도 다루려고 했지만 본래 취지와 다르게 너무 학술적인 내용이 앞부분에 방대하게 들어가는 듯하여 딥러닝에 대한 내용은 생략하도록 하겠습니다. 이 부분도 김성훈 교수님 강좌를 듣는 것을 추천합니다.

다만 딥러닝 또한 머신러닝의 일종이기에 앞에서 우리가 살펴본 머신러닝 이론을 크게 벗어나지 않습니다. 머신러닝의 계산 단계를 인간의 뇌 구조인 뉴럴넷을 본따서 네트워크로 구현한 것이 딥러닝이라고 생각하면 됩니다.

이미지 및 영상 분석에는 주로 CNN(convolutional neural net)모델이 사용되며 특정한 과업에서는 이미 사람보다 정확도가 높아진 상황입니다.

시대적인 상황으로는 GPU를 비롯한 컴퓨팅 파워의 발전과 인터넷 등 정보의 폭발로 딥러닝 기술이 꽃을 피울 토대가 만들어졌으며 그 성과가 하나씩 현실 속에 구현되고 있습니다.

기술적인 프레임워크 또한 1~2년 전과도 비교하기 어려울 정도로 매우 빠르고 다양하게 발전하고 있습니다. 그 덕분에 예전보다 진입장벽이 많이 낮아지고 있는 상황이기도 합니다.

다음 챕터에서는 이러한 프레임워크들을 이용해서 얼마나 간편하게 딥러닝 모델을 구축하고 사용할 수 있는지 직접 실습을 해 보도록 하겠습니다.

02 딥러닝을 이용한 이미지 분석 실습
CHAPTER

2.1 챕터 설명 및 실습 overview

앞부분에서 머신러닝의 기초에 대해 필수적인 이론 및 개념들을 알아보았습니다. 이제부터는 앞부분 내용을 바탕으로 간단한 이미지 분석을 시도해 보겠습니다. 딥러닝 기술이 가장 잘 수행할 수 있는 분야가 패턴을 파악하는 것이며, 특히 이미지 및 영상 패턴 인식에서 눈부신 발전을 이루고 있습니다. 본 챕터를 통해 조금이나마 그 맛을 느낄 수 있을 것이라고 생각합니다.

딥러닝 기초를 이미 습득하고 계신 독자들은 1장과 마찬가지로 2장도 스킵해도 무방합니다.

실습의 전체적인 순서는 아래와 같습니다.

① 개발 환경을 세팅합니다. 우리가 사용할 언어 및 환경은 파이썬, 구글 코랩, 케라스 등입니다. 대부분 구글 코랩을 통해 해결되므로 코랩 설치 및 사용법이 주된 내용입니다. 코랩 및 구글 드라이브 연결을 통해 인터넷만 되면 어떤 환경에서든 딥러닝 학습을 돌릴 수 있습니다.
② 학습 데이터셋 준비 및 이미지를 전처리 합니다. 학습 데이터는 caltech101을 사용할 것이며 이것을 케라스를 통해 train / validation 나누는 법, 입력값 통일 등의 작업을 수행합니다.
③ 이어서 CNN 모델을 구축하고 준비된 데이터를 학습시킵니다.
④ 마지막으로 전이 학습을 통해 빠르게 모델의 정확도를 향상시키는 기법을 살펴볼 것입니다.

2.2 개발 환경 세팅

자, 이제 본격적으로 실습을 시작해 보겠습니다. 우리는 파이썬, 구글 코랩, 케라스 등을 활용할 예정입니다. 본 저자의 개발 환경은 맥북 프로이기 때문에 macOS를 기준으로 설명하겠지만 위의 프레임워크들을 사용하여 웹 기반으로 진행할 것이기 때문에 윈도우 노트북의 경우도 실습에 무리가 없을 것입니다.

2.2.1 구글 코랩(Google colaboratory) 설명

먼저 가장 메인으로 활용하게 될 코랩을 살펴보겠습니다. 코랩은 구글에서 제공하는 클라우드 기반의 무료 Jupyter notebook* 개발 환경이며 정식 명칭은 Co-laboratory입니다. 발음이 길기 때문에 짧게 줄여서 Colab(코랩)이라고 부르며 본 책에서도 코랩이라고 지칭하겠습니다.

Jupyter notebook은 웹 기반의 오픈소스 애플리케이션으로 대화형 인터프리터(Interpreter)입니다. Python, R 등 40종의 다양한 프로그래밍 언어를 지원하고 웹 브라우저 환경에서 코드를 작성 및 실행할 수 있기 때문에 매우 편리하게 사용할 수 있습니다.

코랩은 이러한 주피터 노트북의 구글 커스텀 버전이라고 생각하시면 됩니다.

> Jupyter notebook은 웹 기반의 오픈소스 애플리케이션으로 대화형 인터프리터(Interpreter)입니다. Python, R 등 40종의 다양한 프로그래밍 언어를 지원하고 웹 브라우저 환경에서 코드를 작성 및 실행할 수 있기 때문에 매우 편리하게 사용할 수 있습니다.
> 코랩은 이러한 주피터 노트북의 구글 커스텀 버전이라고 생각하시면 됩니다.

코랩의 장점은 아래와 같습니다.

뛰어난 성능의 GPU 가 무료입니다

구글 계정만 있으면 누구나 무료로 사용할 수 있습니다. 또한 성능도 뛰어납니다. 2020년 1월 현재 코랩에서 제공하는 GPU는 nvidia T4이며 이는 네이버 최저가 기준 300만원이 넘는 GPU입니다. 웬만한 개인 PC 보다 성능이 좋다고 보면 됩니다.

심지어 GPU뿐만 아니라 TPU까지 제공합니다. GPU 보다 사용이 조금 복잡하긴 하지만 TPU를 사용하면 대략 수배 이상의 성능 향상이 가능합니다. 그리고 이 모든 것이 무료입니다.

설치 및 사용이 간편합니다

사실 설치라고 하기도 민망할 정도로 계정 세팅 정도만 되면 끝입니다. 인터넷만 원활하다면 5분이면 개발을 시작할 수 있습니다. 또한 웹 기반이기 때문에 로컬 머신이 좋은 성능일 필요도 없고 패드나 태블릿으로도 충분히 코딩이 가능합니다 (작은 화면과 키보드 문제와는 별개로).

공유가 간편합니다

클라우드 기반이기 때문에 인터넷 브라우저만 있으면 어디서든 접속하여 수정 및 실행할 수 있습니다. 또한 여러 명이 코드를 공유하여 협업하기도 좋습니다.

한편 아쉬운 점도 있습니다.

바로 세션 유지시간이 존재한다는 것입니다. 최대 유지시간은 12시간이며, 아무 것도 안 하거나 12시간이 지나면 세션이 끊깁니다. 이 경우 따로 설정해 놓지 않으면 학습 데이터가 지워집니다(작성한 소스 코드는 보관됩니다). 따라서 우리는 뒷부분에서 구글 드라이브에 저장하는 방법을 살펴볼 것입니다.

또한 학습 시간이 12시간 이상 걸리는 무거운 작업의 경우 중간에 세션이 끊기기 때문에 아무래도 코랩에서 돌리기 어렵습니다. 하지만 우리가 실습하는 데에는 충분한 성능이므로 걱정하지 않아도 됩니다.

자, 그럼 코랩을 세팅해 봅시다.

2.2.2 코랩 설치

코랩을 사용하기 위해서는 구글 계정이 있어야 합니다. 먼저 구글 계정(지메일)을 만들어 줍니다. 지메일 가입 방법은 따로 설명하지 않겠습니다.

구글 계정에 로그인 후 구글 드라이브로 이동합니다(https://drive.google.com)

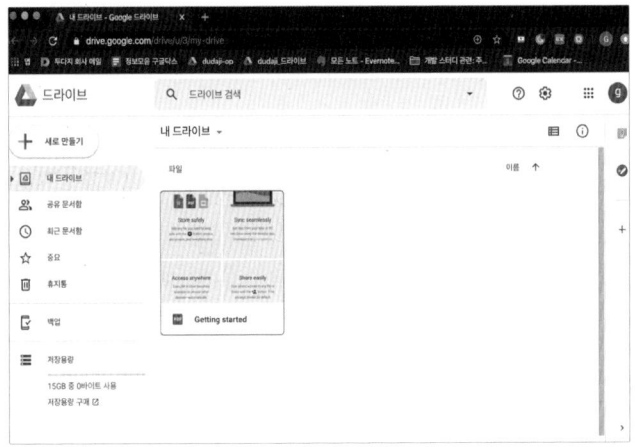

처음 계정을 만들고 드라이브에 접속하면 'Getting started' 외에 아무 내용이 없습니다. 이 때 아무 공간에 대고 마우스 우클릭을 하거나 화면 좌상단의 +새로 만들기 라고 표시된 버튼을 클릭합니다. 그 후 뜨는 팝업창에서 더보기 〉 연결할 앱 더보기를 선택합니다.

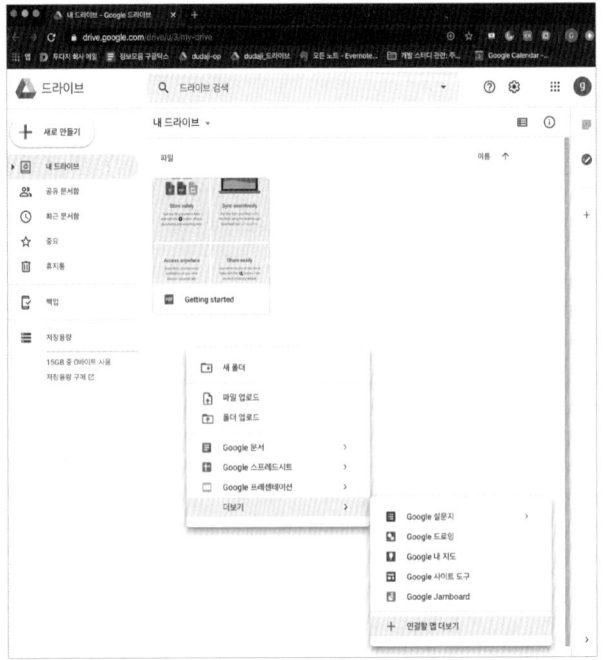

▲ 새로 만들기

팝업창이 뜨면서 구글 드라이브에 설치할 수 있는 여러 어플리케이션들의 목록이 보입니다. 종류가 매우 다양하니 나중에 시간이 될 때 한번 살펴보는 것도 재미있을 것입니다.

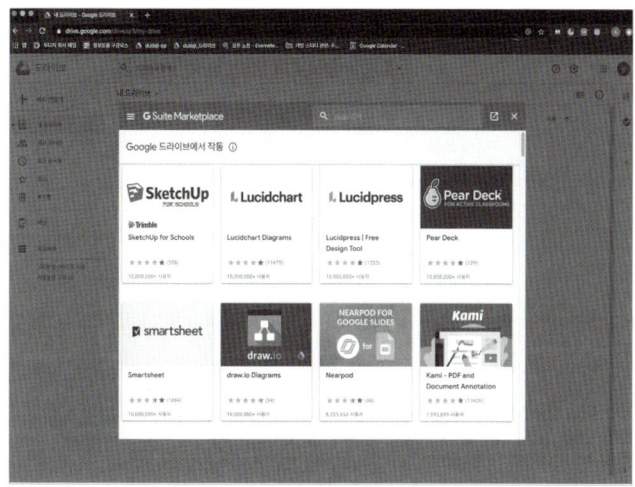

▲ 어플 설치

우리는 코랩을 설치할 것이기 때문에 팝업창의 우측 상단 검색칸에서 'colab'을 쳐서 검색합니다. 코랩이 나타나면 선택해 줍니다.

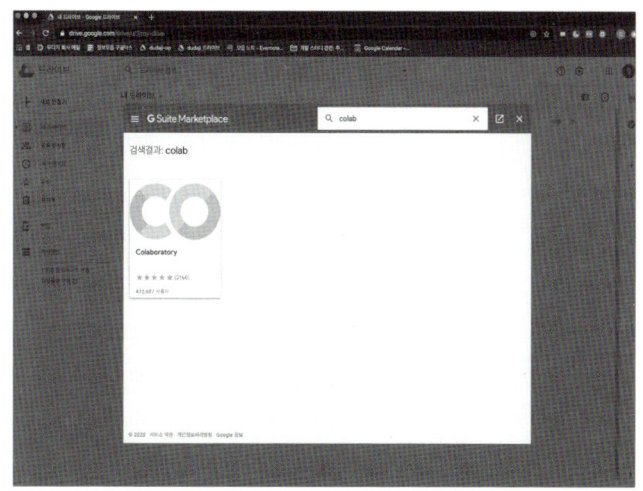

▲ 코랩 검색

코랩 세부페이지 오른쪽 편에 '설치' 버튼을 클릭하여 설치해 줍니다. 계속해서 팝업창이 뜨면서 권한을 요청할 것입니다. 안내대로 자신의 구글 계정을 선택하고 권한을 허용해 줍니다.

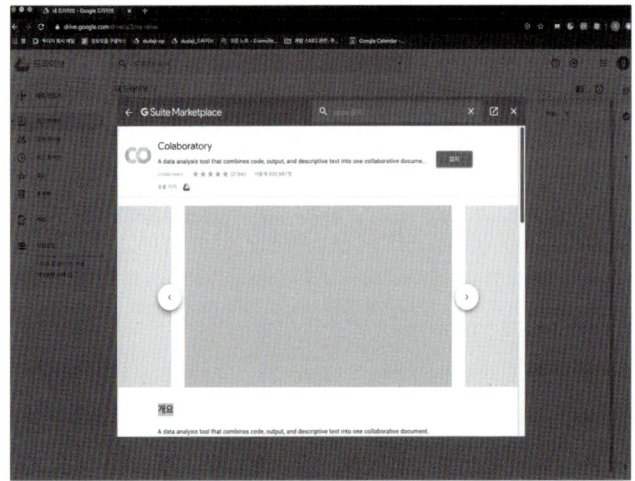

▲ 코랩설치

코랩 설치가 완료되었습니다! Google Colaboratory를 기본 앱으로 설정한다는 박스도 체크해 주고 '확인' 버튼을 눌러줍니다.

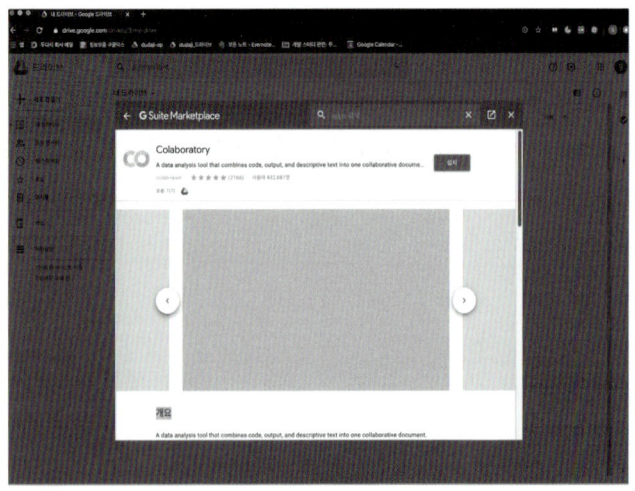

▲ 코랩설치완료

2.2.3 코랩 환경설정

코랩 설치가 완료되었으니 사용해 봅시다. 다시 구글 드라이브 화면으로 돌아가서 좌측 상단의 +새로 만들기 〉 더보기 를 차례로 클릭합니다.

우리는 코랩을 설치하였기 때문에 이전과 다르게 Google Colaboratory 항목이 보이는 것을 알 수 있습니다. 이것을 클릭해 줍니다.

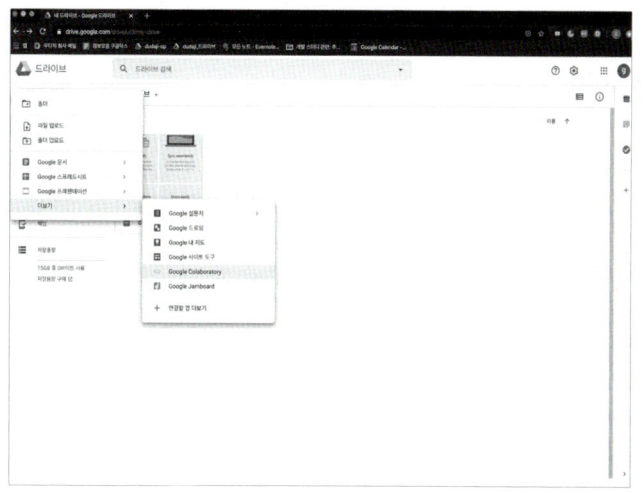

▲ 코랩생성

ipynb을 확장자로 하는 파일이 생성되고 주피터 노트북이 뜰 것입니다. 파일 이름을 클릭하여 test.ipynb로 변경하고, 상단탭의 도구 〉 설정을 클릭하여 줍니다.

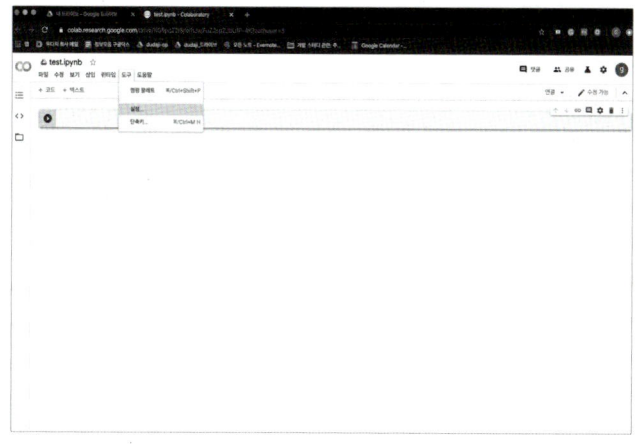

▲ 도구설정

생성된 팝업창에서 GitHub 액세스 권한 등 다양한 설정을 바꿀 수 있습니다. 팝업창 좌측에서 편집기를 선택하면 파이썬 형식에서 들여쓰기 등도 설정할 수 있습니다.

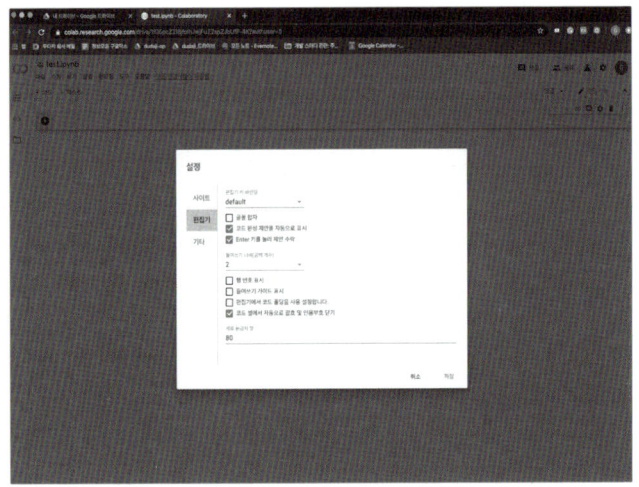

▲ 편집기

이번에는 런타임 유형을 변경해 보겠습니다. 런타임은 GPU혹은 TPU를 선택할 수 있습니다. 기본은 아무것도 선택이 되어 있지 않습니다(None). 성능을 위해서는 당연히 GPU등을 선택하는 것이 좋습니다.

상단 메뉴에서 런타임 > 런타임 유형 변경 을 클릭합니다.

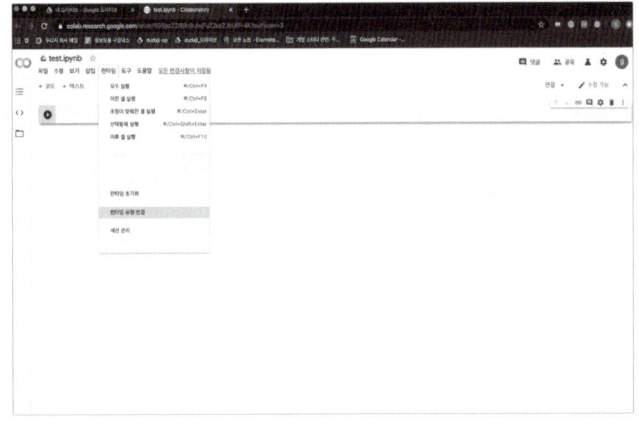

▲ 런타임 변경

팝업창에서 하드웨어 가속기 부분을 클릭하고 GPU를 선택해 줍니다. TPU가 학습 성능이 더 좋지만 사용이 약간 까다롭기 때문에 여기에서는 GPU를 사용하도록 하겠습니다.

런타임 유형 도 클릭해 보면 Python 2 버전과 Python 3 버전 중 선택할 수 있습니다. 특별한 이유가 없다면 Python 3를 사용합니다.

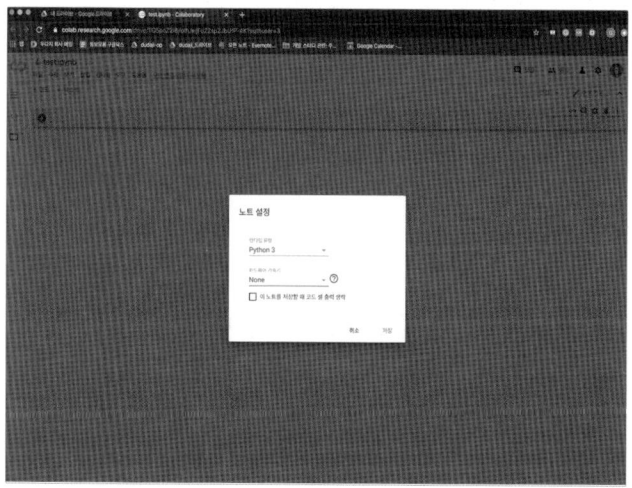

▲ GPU선택

구글 코랩 프로 출시!

책을 쓰고 있는 중에 2020년 2월 8일 구글에서 코랩 프로를 출시한다고 발표했습니다.

안내에 의하면 더 빠른 GPU 에 우선적으로 할당되며 더 긴 런타임 시간을 가진다고 합니다. 다만 무제한인 것은 아니고 코랩 무료 버전처럼 런타임 시간의 한계는 존재합니다.

현재 미국에서만 사용 가능하다고 안내가 되고 있는데 구독이 가능한 것을 보면 미국 리전에서 서비스한다는 의미 같습니다. 올해 2월부터 GCP 서울 리전도 개설되었기 때문에 조만간 서울 리전에서도 서비스할 가능성은 있습니다.

가격은 월 $9.99에 구독 서비스를 제공합니다. 이것은 GCP에서 제공하는 동일한 GPU 인 테슬라 T4가 시간당 $0.35인 것과 비교하면 약 28시간 사용 가격으로 한 달 구독을 할 수 있는 것입니다.

어떻게 쓰느냐에 따라 다르겠지만 개인적으로는 매우 좋은 상품이라고 생각하고 충분히 사용 가치가 있을 것 같습니다. 또한 사용자의 선택권이 늘어난다는 점에서 긍정적입니다.

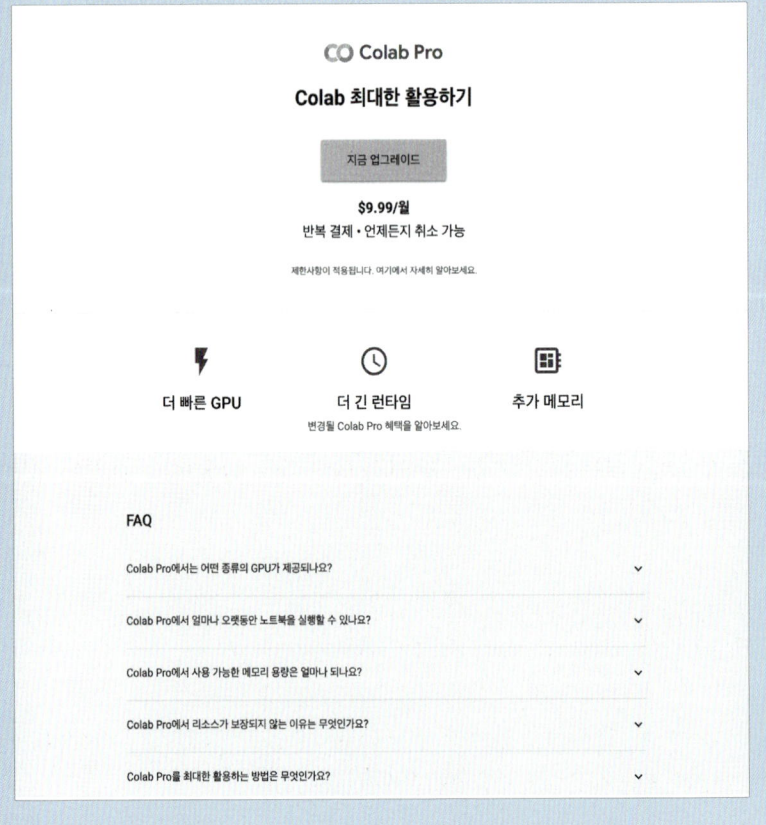

2.2.4 파이썬 및 케라스 설치

우리는 개발에 파이썬(Python) 및 케라스(Keras)를 주로 사용할 것입니다. 그러니 이것도 설치해 볼까요? 사실 별로 필요 없습니다. 코랩은 파이썬 기반이기 때문에 이미 깔려있습니다. 한번 확인해 보죠.

아래 캡쳐 화면처럼 코랩 노트북에 !python --version 명령어를 넣고 실행해 줍니다. 실행은 'shift + enter'입니다. 실행된 결과를 확인하면 Python 3.6.9가 깔려있는 것을 알 수 있습니다.

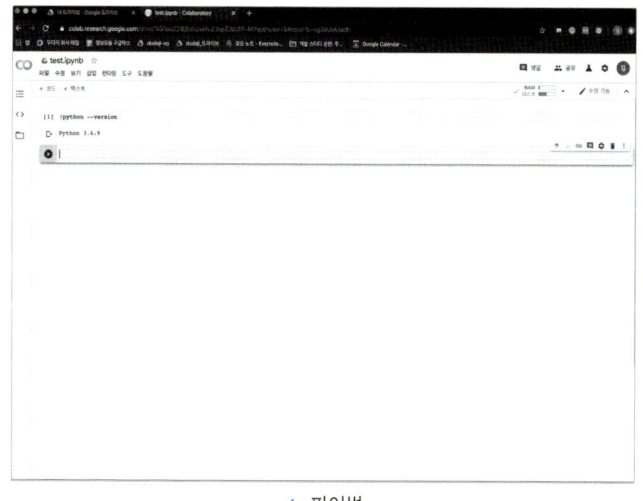

▲ 파이썬

케라스 라이브러리는 간단하게 한 줄이면 설치할 수 있습니다. 아래의 코드를 넣고 실행해 봅시다.

```
import keras
keras.__version__
```

import 명령어로 케라스를 불러오고 version 명령어로 케라스의 버전을 확인해 봤습니다. 아마 버전이 2.2.5가 깔려있을 것입니다.

하는 김에 GPU도 확인해 보겠습니다. GPU를 체크하는 명령어는 !nvidia-smi 입니다. 우리가 알고 있던 대로 테슬라 T4가 잡혀있는 것을 알 수 있습니다. 정말 좋네요!

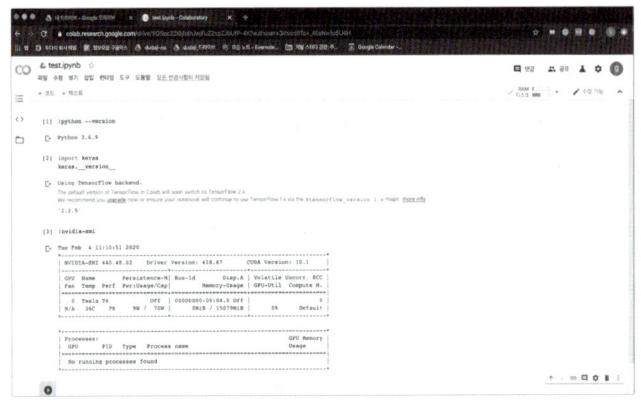

▲ nvidia-smi

이 외에도 코랩을 터미널처럼 사용할 수 있는 다양한 명령어가 있습니다. 이에 대해서는 여기에서 따로 알아보지 않겠습니다. 검색해보면 아주 많은 자료가 있으니 독자 여러분께서 스스로 학습해 보시길 권합니다.

또한 굳이 코랩이 아니라 로컬 환경에서 학습을 해 보고 싶다면 본인의 컴퓨터에 직접 파이썬 및 주피터 노트북을 설치하면 됩니다. 이 경우 아나콘다 플랫폼을 활용하는 것을 추천합니다. 이에 대해서도 학습 범위를 넘어가니 이 책에서 굳이 다루지는 않겠습니다.

2.3 데이터셋 준비 및 CNN 모델 구축

이제 우리가 학습할 이미지에 대해 살펴보겠습니다. 이미지 학습에 가장 유명한 샘플은 아무래도 손글씨를 학습하는 MNIST 일 것입니다. 이 예제의 장점은, 너무나 유명하고 많이 쓰인 데이터셋이기 때문에 검색해보면 아주 많은 정리된 자료를 찾을 수 있다는 점입니다. 또한 이미지가 크기가 작아서 매우 빠르게 학습을 돌려볼 수 있습니다.

다만 그렇기 때문에 조금 식상한 느낌이 들고 이미지가 너무 잘 정제되어 있어서 별다른 전처리 없이도 학습 성능이 매우 잘 나옵니다. 따라서 kubeflow를 통한 학습 성능 향상을 체감하기에 적합한 예제가 아니라는 판단에 다른 이미지 데이터셋을 사용해 보도록 하겠습니다.

저희가 고른 이미지는 caltech101입니다. https://bit.ly/3b81p1f에서 공식 페이지 내용을 확인할 수 있습니다.

이 데이터셋을 고른 이유는 아래와 같습니다.

- 이미지 분석 task 에 적합함
- 용량이 200MB 이내로 너무 많지도 적지도 않고 적당함
- 공개되어 있는 데이터로 저작권 문제가 없음
- 개 고양이 판독, MNIST처럼 다른 컨텐츠에서 너무 많이 다룬 데이터셋이 아님

데이터는 위에 적어둔 공식 페이지에서 다운받을 수도 있고 제 구글 드라이브에 올려두었으니 다음 링크에서도 다운받으실 수 있습니다(https://bit.ly/2V1o5Lb).

이미지 관련 데이터셋에 대해 좀더 소개를 하자면, 가장 유명한 것은 ImageNet이 있습니다. 1,000개가 넘는 클래스의 매우 방대한 양의 이미지들이 분류되어 있어서 이미지 분석을 하기 위해서는 반드시 거쳐야 하는 데이터셋이라고 할 수 있습니다. 이 데이터셋은 이미지 분석 딥러닝의 기술 발전에도 매우 큰 영향을 미쳤습니다. 다만 그 방대함 만큼이나 용량이 크고(약 150GB 가량) 무겁기 때문에 우리가 활용하기에는 적합하지 않습니다.

한편 구글에서는 '데이터셋 서치'라는 서비스를 베타 버전으로 운영하고 있었는데, 최근 2020년 1월에 정식 버전을 발표했습니다. 이 서비스는 머신러닝에 사용될 수 있는 데이터셋을 전용으로 찾는 서비스입니다. 관심있는 분은 한번 사용해보시는 것을 추천합니다.

2.3.1 구글 드라이브 마운트

코랩에서 이미지를 읽을 수 있도록 구글 드라이브 상에 데이터셋을 올리고 코랩에서 연동하도록 하겠습니다. 먼저 구글 드라이브의 홈 화면에서 폴더를 만들어 이미지 데이터셋을 업로드해줍니다. 저는 caltech101이라는 폴더를 만들었습니다. 이를 트리구조로 나타내면 아래와 같습니다. 즉 caltech101폴더 아래에 총 101개의 폴더들이 종류별로 존재합니다.

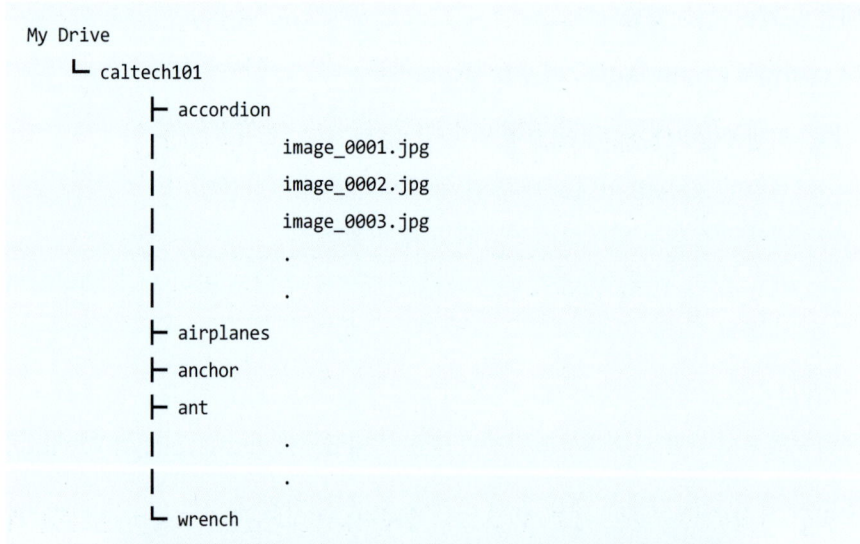

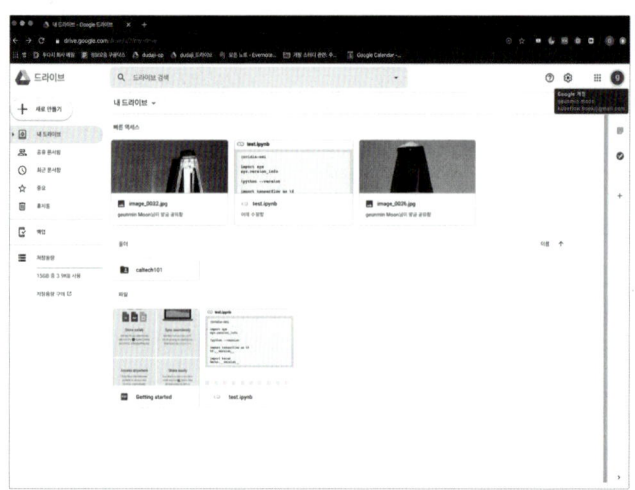

구글 드라이브 홈에서 좌측 상단에 +새로 만들기 버튼을 눌러서 코랩 파일을 하나 새로 만들어 줍니다. 그 후 파일 제목을 클릭해 caltech_CNN.ipynb로 변경하겠습니다. 구글 드라이브를 코랩에 마운트하기 위해 아래와 같이 코딩합니다.

```
from google.colab import drive
drive.mount(/drive)
```

셀을 실행시키면 아래와 같이 링크와 함께 인증 코드를 입력하는 칸이 생성됩니다. 여기에 인증 코드를 넣어야 합니다. 링크를 클릭해 줍니다.

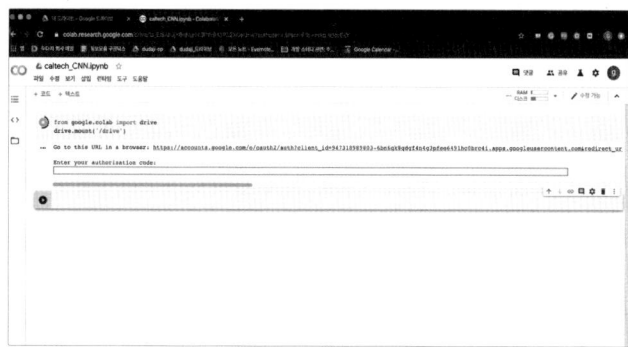

계정을 선택하라는 창이 새로 뜹니다. 여기에서 본인이 연동하고자 하는 구글 계정을 선택합니다.

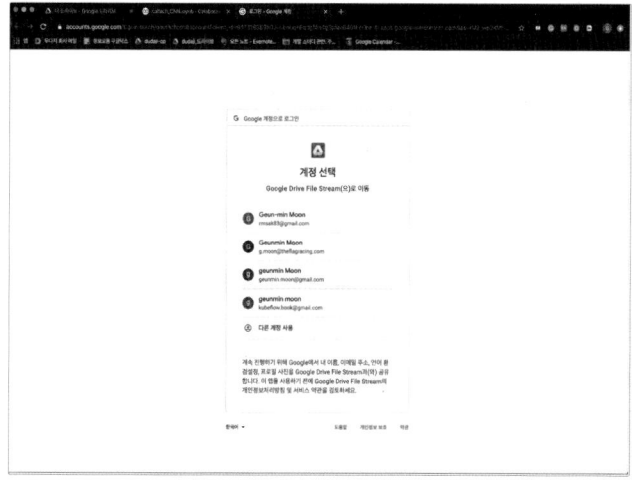

계정에 액세스를 허용하는 권한을 주어야 합니다. 허용 버튼을 클릭합니다.

이제 인증 코드가 나올 것입니다. 이를 복사해서 다시 아까 코랩 화면으로 돌아가 인증 코드 입력 칸에 넣고 엔터를 누릅니다.

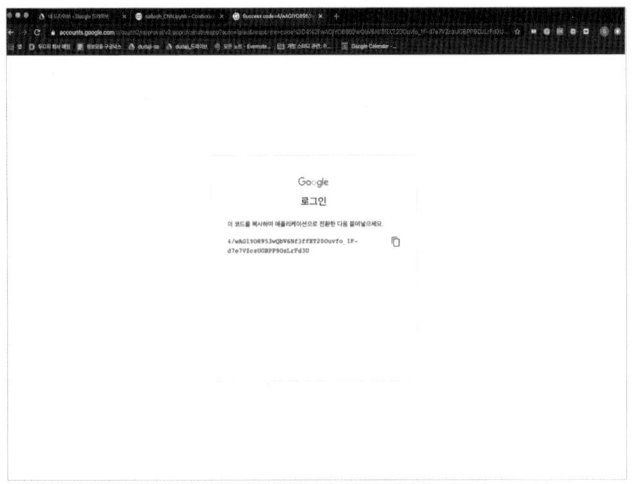

정상적으로 구글 드라이브 마운트가 끝나면 아래 캡쳐 화면처럼 Mounted at / drive라는 메시지가 표시될 것입니다. 이제 사용할 수 있습니다. 다만 코랩의 연결이 끊길 때마다 다시 마운트 해주는 번거로움은 있습니다. 세션이 살아있는 동안에는 갱신할 필요는 없습니다.

마운트된 드라이브를 사용하는 법은 리눅스와 비슷합니다.

!ls "/drive/My Drive"를 입력해 봅니다. 앞서 제가 만들어 놓은 caltech101 폴더와 코랩 노트북 파일들이 보입니다. 앞으로 파이썬 코딩을 할 때도 이런 경로로 구글 드라이브에 저장된 데이터에 접근할 수 있습니다.

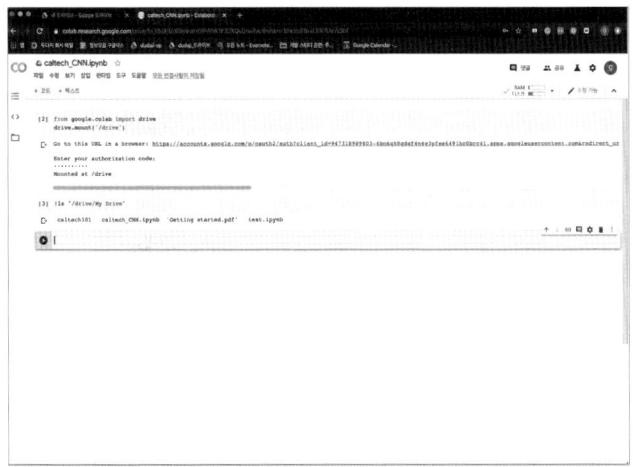

2.3.2 학습 데이터셋 준비 및 이미지 전처리

다음으로 저장된 데이터셋을 학습에 알맞게 준비하도록 하겠습니다. 우리는 케라스 라이브러리를 활용할 것입니다. 케라스 라이브러리에 있는 ImageDataGenerator를 임포트 해 줍니다. 또한 옵션에서 validation_split을 20%로 지정해 주겠습니다. 이것은 데이터셋 자료들을 자동으로 train : validation = 8 : 2의 비율로 나눠줍니다. 데이터셋을 수동으로 나눠주었던 것에 비하면 매우 편리한 기능입니다. 당연히 비율은 임의대로 조정할 수 있습니다.

rescale 옵션을 통해서 각 픽셀의 rgb 수치를 255로 나눠줍니다. 즉 기존의 수치는 0 ~ 255 였다면 바뀐 수치는 0 ~ 1입니다.

```
from keras.preprocessing.image import ImageDataGenerator
train_datagen = ImageDataGenerator(rescale=1. / 255, validation_split=0.2)
```

배치(batch) 사이즈는 16, 이미지 사이즈는 200×200픽셀로 지정하겠습니다. caltech101 데이터셋을 보시면 알겠지만 이미지 사이즈가 파일별로 제각각입니다. 이를 data generator의 옵션을 통해서 일정한 크기로 통일해 주겠습니다.

그리고 train 데이터셋을 설정합니다.

- train_datagen을 ImageDataGenerator 클래스로 위에서 선언하였습니다. ImageDataGenerator는 '.flow', '.flow_from_directory', '.flow_from_dataframe' 등을 사용할 수 있습니다. 우리가 사용하는 데이터셋은 폴더별로 분류되어 있기 때문에 flow_from_directory를 사용하는 것이 가장 간편합니다.
- 데이터셋이 존재하는 폴더 경로를 지정해 줍니다. 저는 구글 드라이브를 마운트한 경로를 입력하겠습니다. '/drive/My Drive/caltech101'입니다.
- target_size및 batch_size를 위에서 설정한 사이즈로 지정합니다.
- 총 101개의 종류를 분류하는 것이기 때문에 binary가 아닌 categorical로 설정합니다.
- subset은 training으로 지정합니다. 이로써 트레이닝 데이터셋 준비가 완

료되었습니다.

```
batch_size = 16
input_image_size = (200, 200)

train_generator = train_datagen.flow_from_directory(
    '/drive/My Drive/caltech101',
    target_size=input_image_size,
    batch_size=batch_size,
    class_mode='categorical',
    subset='training')
```

다음으로 validation 데이터셋을 설정하겠습니다. 다른 모든 내용은 training 데이터셋과 같습니다. 한 가지 주의할 점은 validation 데이터셋이 존재하는 폴더를 따로 만든 것이 아니기 때문에 training 데이터셋이 존재하는 폴더를 지정해 줘야 한다는 것입니다. 결과적으로 데이터셋을 미리 분류해 놓지 않아도 되어 데이터 전처리에 필요한 노력을 널 늘여도 되므로 개발자에게 좋은 일입니다.

subset은 validation으로 지정합니다.

```
validation_generator = train_datagen.flow_from_directory(
    '/drive/My Drive/caltech101',
    target_size=input_image_size,
    batch_size=batch_size,
    class_mode='categorical',
    subset='validation')
```

이것으로 데이터셋 준비와 전처리가 모두 끝났습니다. 매우 간단하지 않나요? 실제로 우리가 한 것은,

- 데이터셋 다운로드 및 구글 드라이브에 업로드
- 코랩 설치
- 코랩에 구글 드라이브 마운트
- 약 16줄의 코드 작성

이 전부입니다.

이렇게 간단하게 처리할 수 있는 것이 케라스 라이브러리의 힘입니다. 물론 모델의 성능을 높이기 위해서 데이터셋 전처리에 좀 더 많은 노력을 쏟을 수도 있지만 그 부분은 여기서는 다루지 않겠습니다. 더 많이 알고 싶으신 분들은 ImageDataGenerator 클래스에 대해 학습해 보시는 것을 추천합니다. 매우 다양한 옵션들이 존재합니다.

그럼 다음으로 이미지 분석 모델을 구축해 보겠습니다.

2.3.3 CNN(Convolutional Neural Network) 모델 구축

이미지 분석에 효과가 좋은 것으로 알려져 있는 CNN 모델을 구축해 보겠습니다. 케라스에서 많이 쓰이는 컨볼루션(convolution) 레이어는 Conv2D 클래스입니다.

CNN 모델의 기본적인 개념이나 구성 방식에 대해서는 앞에서 다루었기 때문에 따로 설명하지 않겠습니다.

케라스 라이브러리 중 layers에서는 Conv2D, MaxPooling2D, Dense, Activation, Flatten, Dropout 등을 임포트 해 줍니다.

케라스의 models에서는 Model과 Sequential을 임포트합니다.

```
from keras.layers import Dense, Input, Activation, Conv2D,
MaxPooling2D, Flatten, Dropout
from keras.models import Model, Sequential
```

Sequential을 선언하고 여기에 레이어를 하나씩 쌓아나가겠습니다.

먼저 Conv2D 레이어를 add 해줍니다. 옵션 설정을 통해 컨볼루션 필터의 수, 컨볼루션 커널의 행과 열을 설정할 수 있으며, 그 외에 패딩 방법, input_shape, 활성화 함수 등을 설정할 수 있습니다.

여기에서는 필터 32개, 커널 3행 3열, 활성화 함수 relu, input_shape은 위에서 설정한 이미지 사이즈인 (200, 200)으로 맞추며 흑백이 아닌 RGB이기 때문에 총 3개의 색영역이 존재하므로 (200, 200, 3)으로 설정해 줍니다.

그 후 풀링 레이어를 더해줍니다. 여기에서는 최대값을 뽑아내는 MaxPooling2D 클래스를 적용해 주겠습니다. 풀링 필터는 (2, 2)로 설정했습니다.

```
model = Sequential()
model.add(Conv2D(32, (3, 3), activation='relu', input_shape=(200, 200, 3)))
model.add(MaxPooling2D(pool_size=(2, 2)))
```

이러한 컨볼루션 레이어와 풀링 레이어를 반복적으로 쌓아줍니다. 저는 2번 더 쌓아주도록 하겠습니다. 두 번째 레이어부터는 input_shape을 따로 설정해 줄 필요는 없습니다. 컨볼루션 필터 개수는 자유롭게 설정해 주면 됩니다. 여기에서는 32개와 64개를 설정해 주었습니다.

활성화 함수는 sigmoid 등 다른 종류도 있지만 일반적으로 가장 성능이 좋은 것으로 알려진 relu로 통일하였습니다. 다만 마지막 레이어에서는 sigmoid로 설정하는 것이 성능이 잘 나온다는 얘기도 있습니다(제 경험상 큰 체감은 없었습니다). 이는 아래의 fully connected layer에서 처리해 주겠습니다.

```
model.add(Conv2D(32, (3, 3), activation='relu'))
model.add(MaxPooling2D(pool_size=(2, 2)))

model.add(Conv2D(64, (3, 3), activation='relu'))
model.add(MaxPooling2D(pool_size=(2, 2)))
```

적당히 모델을 쌓았다고 생각이 되므로 전결합층(FC : fully connected layer)을 설정해 줍니다. 위에서는 2차원으로 자료를 다루었으므로 FC 레이어에 전달하기 위해 1차원으로 바꿔줘야 합니다. 이때 Flatten 레이어를 사용합니다.

이어서 Dense 레이어를 통해 전결합층을 구축합니다. 또한 위에서 말한 것처럼 활성화 함수를 relu가 아닌 sigmoid로 설정했습니다.

Dropout 레이어는 과적합을 방지하기 위해 설정해 줍니다. dropout의 비율은 설정할 수 있습니다. 여기에서는 0.5 로 설정해 주었습니다.

Dense 레이어를 한 번 더 설정하고 최종적으로 판별할 이미지의 종류가 101가지 클래스이기 때문에 옵션을 101로 설정해 줍니다. 또한 활성화 함수는 softmax로 설정해 줍니다.

마지막으로 model.summary()를 통해 모델 구조가 제대로 쌓아졌는지 출력해 보도록 하겠습니다.

```
model.add(Flatten())
model.add(Dense(1024))
model.add(Activation('sigmoid'))
model.add(Dropout(0.5))
model.add(Dense(101))
model.add(Activation('softmax'))
model.summary()
```

아래는 모델 구조 출력 결과입니다. 우리가 지금까지 차곡차곡 쌓아올린 레이어 구조들을 한 눈에 볼 수 있습니다. 또한 가장 아래에 보면 파라미터 개수가 나옵니다. 대략 3,480만 개입니다. 입력 이미지 해상도가 높은 편이라 간단한 구조치고는 파라미터 개수가 많습니다.

자, 이제 학습 관련한 설정을 살펴보겠습니다.

Layer (type)	Output Shape	Param #
conv2d_1 (Conv2D)	(None, 198, 198, 32)	896
max_pooling2d_1 (MaxPooling2	(None, 99, 99, 32)	0
conv2d_2 (Conv2D)	(None, 97, 97, 32)	9248
max_pooling2d_2 (MaxPooling2	(None, 48, 48, 32)	0

```
conv2d_3 (Conv2D)              (None, 46, 46, 64)      18496

max_pooling2d_3 (MaxPooling2   (None, 23, 23, 64)      0

flatten_1 (Flatten)            (None, 33856)           0

dense_1 (Dense)                (None, 1024)            34669568

activation_1 (Activation)      (None, 1024)            0

dropout_1 (Dropout)            (None, 1024)            0

dense_2 (Dense)                (None, 101)             103525

activation_2 (Activation)      (None, 101)             0
=================================================================
Total params: 34,801,733
Trainable params: 34,801,733
Non-trainable params: 0
```

```
Layer (type)                  Output Shape           Param #
=================================================================
conv2d_1 (Conv2D)             (None, 198, 198, 32)   896

max_pooling2d_1 (MaxPooling2  (None, 99, 99, 32)     0

conv2d_2 (Conv2D)             (None, 97, 97, 32)     9248

max_pooling2d_2 (MaxPooling2  (None, 48, 48, 32)     0

conv2d_3 (Conv2D)             (None, 46, 46, 64)     18496

max_pooling2d_3 (MaxPooling2  (None, 23, 23, 64)     0

flatten_1 (Flatten)           (None, 33856)          0

dense_1 (Dense)               (None, 1024)           34669568

activation_1 (Activation)     (None, 1024)           0

dropout_1 (Dropout)           (None, 1024)           0

dense_2 (Dense)               (None, 101)            103525

activation_2 (Activation)     (None, 101)            0
=================================================================
Total params: 34,801,733
Trainable params: 34,801,733
Non-trainable params: 0
```

2.3.4 데이터셋 학습

학습 과정 설정에는 compile 명령어를 사용합니다. compile에서 설정하는 옵션은 손실 함수를 최소화할 때 사용하는 최적화 종류 설정 등이 있습니다.

최적화 종류(optimizer)는 대표적으로 Adam, SGD, RMSprop 등이 있습니다. 혹시 눈썰미가 있는 분은 챕터1에서 나온 내용과 연결됨을 눈치 채실 지도 모르겠습니다. 비용(cost)함수 최소화에 쓰인 알고리즘이 바로 이것입니다. 앞에서 우리는 경사하강법(gradient descent)를 살펴봤는데 여기에 나온 SGD가 바로 경사하강법의 일종입니다. 이것을 보면 최적화 알고리즘에 다양한 종류가 있다는 것을 알 수 있습니다. 또한 케라스에서는 optimizers 임포트를 통해 알고리즘을 직접 구현하지 않아도 매우 간단하게 사용할 수 있습니다.

optimizer에 대해 매우 잘 정리된 포스팅을 발견하여 공유드리니 자세한 내용은 다음 링크를 참고하시기 바랍니다. https://sacko.tistory.com/42

여기에서 우리는 adam을 사용하도록 하겠습니다.

케라스에서 optimizers를 임포트하고 model.compile()에서 옵션을 설정해 줍니다. 손실 함수는 101개의 클래스를 판별하는 것이므로 categorical_crossentropy로 설정해 줍니다.

```
from keras import optimizers

model.compile(
    optimizer=optimizers.adam(),
    loss='categorical_crossentropy',
    metrics=['acc'])
```

학습이 충분히 이루어져서 더 이상 진행할 필요가 없을 때는 학습을 자동으로 종료해 주는 early stop 옵션을 걸도록 하겠습니다. 케라스에서 callback과 관련하여 EarlyStopping을 임포트 해 줍니다.

조기 종료의 옵션은 15번 이상 결과가 반복될 경우 학습을 멈추도록 하고, 모니터링 대상은 validation정확도로 설정하였습니다.

fit_generator의 학습 대상을 train_generator로 설정하고, epochs는 100으로 잡았습니다.

```
from keras.callbacks import EarlyStopping

early_stopping = EarlyStopping(patience=15, mode='auto',
monitor='val_acc')
hist = model.fit_generator(train_generator,
                          steps_per_epoch=train_generator.samples //
 batch_size,
                          validation_data = validation_generator,
                          epochs=100,
                          callbacks=[early_stopping])
```

학습 결과를 시각화하기 위해 matplotlib을 사용하겠습니다. 여기에서는 matplotlib의 구체적인 사용법은 생략하도록 하겠습니다.

```
import matplotlib
import matplotlib.pyplot as plt

fig, loss_ax = plt.subplots()
acc_ax = loss_ax.twinx()

loss_ax.plot(hist.history['loss'], 'y', label='train loss')
loss_ax.plot(hist.history['val_loss'], 'g', label='validation loss')
acc_ax.plot(hist.history['acc'], 'b', label='train acc')
acc_ax.plot(hist.history['val_acc'], 'r', label='validation acc')

plt.legend(['train acc', 'validation acc'])
plt.show()
```

지금까지 작성한 전체 코드는 아래와 같습니다. 자, 이제 학습을 위한 모든 과정이 끝났습니다. [Shift] + [Enter↵]를 눌러서 학습을 시켜봅시다!

```python
from keras.layers import Dense, Input, Activation, Conv2D, MaxPooling2D,
 Flatten, Dropout
from keras.models import Model, Sequential
from keras.callbacks import EarlyStopping
from keras import optimizers
from keras.preprocessing.image import ImageDataGenerator

train_datagen = ImageDataGenerator(rescale=1. / 255, validation_split=0.2)
batch_size = 16

input_image_size = (200, 200)

train_generator = train_datagen.flow_from_directory(
    '/drive/My Drive/caltech101',
    target_size=input_image_size,
    batch_size=batch_size,
    class_mode='categorical',
    subset='training')

validation_generator = train_datagen.flow_from_directory(
    '/drive/My Drive/caltech101',
    target_size=input_image_size,
    batch_size=batch_size,
    class_mode='categorical',
    subset='validation')


model = Sequential()
model.add(Conv2D(32, (3, 3), activation='relu', input_shape=(200, 200, 3)))
model.add(MaxPooling2D(pool_size=(2, 2)))

model.add(Conv2D(32, (3, 3), activation='relu'))
model.add(MaxPooling2D(pool_size=(2, 2)))

model.add(Conv2D(64, (3, 3), activation='relu'))
model.add(MaxPooling2D(pool_size=(2, 2)))
```

```
model.add(Flatten())
model.add(Dense(1024))
model.add(Activation('sigmoid'))
model.add(Dropout(0.5))
model.add(Dense(101))
model.add(Activation('softmax'))
model.summary()


model.compile(
    optimizer=optimizers.adam(),
    loss='categorical_crossentropy',
    metrics=['acc'])

early_stopping = EarlyStopping(patience=15, mode='auto', monitor='val_acc')
hist = model.fit_generator(train_generator,
                            steps_per_epoch=train_generator.samples //
 batch_size,
                            validation_data = validation_generator,
                            epochs=100,
                            callbacks=[early_stopping])

import matplotlib
import matplotlib.pyplot as plt

fig, loss_ax = plt.subplots()

acc_ax = loss_ax.twinx()

loss_ax.plot(hist.history['loss'], 'y', label='train loss')
loss_ax.plot(hist.history['val_loss'], 'g', label='validation loss')
acc_ax.plot(hist.history['acc'], 'b', label='train acc')
acc_ax.plot(hist.history['val_acc'], 'r', label='validation acc')

plt.legend(['train acc', 'validation acc', 'train loss', 'validation loss'])
```

```
plt.show()
```

아래는 학습 결과입니다. 보기 편하게 줄 간격 조정 및 빈칸 삭제했지만 내용 자체는 있는 그대로 복사 붙여넣기 하였습니다.

early stopping 옵션 덕분에 전체 100 epoch 중에 25번째까지만 학습하고 조기 종료되었습니다. 첫 번째 epoch을 제외하고 1epoch당 대략 10분가량 소요된 것을 확인할 수 있습니다. 총 소요 시간은 약 5시간 정도입니다.

성능 평가 기준으로 삼는 val_acc는 약 63%정도까지 상승했지만 최종적으로 58%수준에서 학습이 종료되었습니다. 절반을 조금 넘는 정확도입니다. 어떤가요? 아주 간단한 모델로 5시간 학습한 것치고 나쁘지는 않은 것 같습니다.

다음 장에서는 간단한 기법을 통해 정확도를 빠르게 향상시켜 보도록 하겠습니다.

```
Epoch 1/100 - 2688s 6s/step - loss: 3.3594 - acc: 0.3150 - val_loss: 2.6324 - val_acc: 0.3959
Epoch 2/100 - 577s 1s/step - loss: 2.1645 - acc: 0.5019 - val_loss: 2.0809 - val_acc: 0.5316
Epoch 3/100 - 577s 1s/step - loss: 1.3156 - acc: 0.6810 - val_loss: 1.9213 - val_acc: 0.5599
Epoch 4/100 - 577s 1s/step - loss: 0.7203 - acc: 0.8329 - val_loss: 1.7713 - val_acc: 0.5858
Epoch 5/100 - 579s 1s/step - loss: 0.3472 - acc: 0.9291 - val_loss: 1.7024 - val_acc: 0.6065
Epoch 6/100 - 581s 1s/step - loss: 0.1710 - acc: 0.9731 - val_loss: 1.7231 - val_acc: 0.6136
Epoch 7/100 - 592s 1s/step - loss: 0.0908 - acc: 0.9871 - val_loss: 1.7388 - val_acc: 0.6088
Epoch 8/100 - 592s 1s/step - loss: 0.0542 - acc: 0.9930 - val_loss: 1.7042 - val_acc: 0.6153
Epoch 9/100 - 609s 1s/step - loss: 0.0363 - acc: 0.9946 - val_loss: 1.7187 - val_acc: 0.6165
Epoch 10/100 - 589s 1s/step - loss: 0.0228 - acc: 0.9977 - val_loss: 1.6865 - val_acc: 0.6289
Epoch 11/100 - 580s 1s/step - loss: 0.0150 - acc: 0.9983 - val_loss: 1.7026 - val_acc: 0.6260
Epoch 12/100 - 577s 1s/step - loss: 0.0152 - acc: 0.9984 - val_loss: 1.7683 - val_acc: 0.6118
Epoch 13/100 - 576s 1s/step - loss: 0.0141 - acc: 0.9986 - val_loss: 1.7915 - val_acc: 0.6106
Epoch 14/100 - 573s 1s/step - loss: 0.0286 - acc: 0.9953 - val_loss: 1.9693 - val_acc: 0.5853
Epoch 15/100 - 572s 1s/step - loss: 0.0264 - acc: 0.9970 - val_loss: 1.8661 - val_acc: 0.6018
Epoch 16/100 - 576s 1s/step - loss: 0.0171 - acc: 0.9974 - val_loss: 1.9296 - val_acc: 0.6094
Epoch 17/100 - 575s 1s/step - loss: 0.0339 - acc: 0.9941 - val_loss: 2.0422 - val_acc: 0.5776
Epoch 18/100 - 574s 1s/step - loss: 0.0555 - acc: 0.9867 - val_loss: 2.1939 - val_acc: 0.5693
Epoch 19/100 - 579s 1s/step - loss: 0.0351 - acc: 0.9924 - val_loss: 2.0787 - val_acc: 0.5988
Epoch 20/100 - 580s 1s/step - loss: 0.0214 - acc: 0.9954 - val_loss: 2.2891 - val_acc: 0.5670
Epoch 21/100 - 586s 1s/step - loss: 0.0162 - acc: 0.9967 - val_loss: 2.3249 - val_acc: 0.5782
```

```
Epoch 22/100 - 586s 1s/step - loss: 0.0290 - acc: 0.9928 - val_loss: 2.3152 - val_acc: 0.5740
Epoch 23/100 - 585s 1s/step - loss: 0.0462 - acc: 0.9887 - val_loss: 2.4050 - val_acc: 0.5617
Epoch 24/100 - 586s 1s/step - loss: 0.0244 - acc: 0.9944 - val_loss: 2.5545 - val_acc: 0.5611
Epoch 25/100 - 586s 1s/step - loss: 0.0175 - acc: 0.9958 - val_loss: 2.3209 - val_acc: 0.5847
```

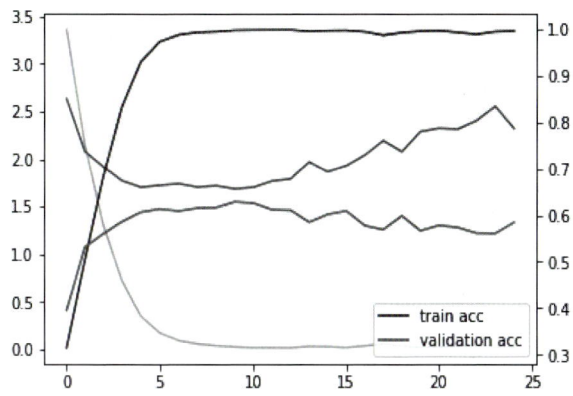

2.4 전이학습(transfer learning)

앞 장에서는 CNN 모델을 직접 구축하여 이미지 데이터셋을 학습시켜 보는 것까지 실습했습니다. 여기까지 따라왔다면 딥러닝이라는 것이 케라스를 사용하면 생각보다 매우 간단하게 구축할 수 있다는 것을 알게 되었을 것입니다.

다만 앞에서 본 학습의 결과물은 절반이 조금 넘는 정확도를 보여서 조금 실망스러웠습니다. 모델 구성과 학습 시간을 고려해 보면 나쁘지는 않았지만 사실 이 정도의 정확도를 가진 모델은 실제로 사용하기 어렵습니다.

모델의 정확도를 높이기 위해 다양한 기법과 노하우들이 사용될 수 있습니다. 여기에서는 전이학습(transfer learning)에 대해 알아보고 적용해 보겠습니다.

2.4.1 전이학습의 개념과 모델 적용

머신러닝 모델의 정확도를 좌우하는 가장 큰 요인은 데이터의 양과 질이라고 볼 수 있습니다. 즉 '양질'의 데이터가 '많이' 있을수록 모델의 정확도가 높아집니다.

하지만 현실 속에서 나에게 딱 맞는 데이터가 그렇게 잘 정리되어 존재할 확률은 매우 낮습니다. 따라서 머신러닝 개발자 본인이 데이터를 준비하는 단계가 필요한데, 독자 여러분도 아시다시피 이러한 데이터를 준비하는 것은 비용이나 시간이 (혹은 둘 다) 많이 들게 되죠.

이럴 때 많이 이용하는 방법이 전이학습(transfer learning)입니다. 기존에 이미 학습된 모델을 가져와서 모델의 일부분만 수정하여 나에게 맞는 데이터로 추가 학습을 시키는 것입니다.

전이학습의 기본 아이디어는 사람이 학습하는 과정과 비슷합니다. 대형 버스 운전을 새로 배우는 경우라고 생각해 봅시다. 운전면허가 아예 없는 사람과 승용차 운전 경력이 5년 있는 사람 중 누가 더 빨리, 잘 배울 수 있을까요? 다른 조건이 같다면 당연히 운전 경력이 있는 사람이 더 빨리 배울 수 있을 것입니다. 전이학습도 마찬가지입니다. 기존에 이미 학습되어 성능이 좋은 모델이 있다면 이 모델을 가지고 와서 내가 보유한 데이터로 새로 학습을 시키는 것입니다.

전이학습의 장점은 적은 데이터로도 일정 이상의 성능을 보장한다는 점입니다. 또한 제로 베이스에서 모든 파라미터를 학습하는 것보다 훨씬 빠르게 학습이 가능합니다. 이는 실제로 실습을 하면서 살펴볼 것입니다.

전이학습에도 미리 학습된 모델의 가중치를 적용하거나, 전체 레이어 중 상단의 Full Connected Layer만 학습시키는 등 몇 가지 종류가 있는데, 여기에서는 FC 레이어를 새로 구성해서 학습하는 방법을 활용하겠습니다.

또한 가져오는 모델에 따라 성능 차이가 날 수 있습니다. 이미지 분석에 있어서 유명한 모델은 ResNet, VGG, Inception 등이 있습니다. 모두 ImageNet 데이터셋을 이용해 학습한 모델들입니다. 또 케라스 어플리케이션에 이미 준비가 되어 있기도 하고요(https://keras.io/ko/applications/ 참고).

우리는 Inception v3 모델을 이용해 전이학습을 시도해 보겠습니다.

2.4.2 전이학습 코드 적용

기본적인 코드는 앞 장에서 작성한 코드를 베이스로 하겠습니다.

먼저 케라스 어플리케이션에서 Inception v3 모델을 임포트합니다. 그리고 여기에서는 추가적으로 배치 정규화(batch normalization)를 진행하기 위해 BatchNormalization을 임포트해 줍니다. 배치 정규화의 개념에 대해서는 따로 설명하지 않겠습니다.

기타 필요한 라이브러리들을 임포트 하고 구글 드라이브를 마운트 해줍니다. 이 부분도 앞 장에서 다룬 내용이므로 따로 설명하지 않겠습니다.

```
from keras.applications import InceptionV3
from keras.layers.normalization import BatchNormalization
from keras.layers import Dense, Input, Activation
from keras.models import Model
from keras.callbacks import EarlyStopping
from keras import optimizers
from keras.preprocessing.image import ImageDataGenerator
from google.colab import drive
drive.mount('/drive')
```

모델에 InceptionV3를 설정해 줍니다. 옵션으로 인풋 텐서를 지정해야 하므로 먼저 케라스 layers 클래스에서 임포트한 Input을 선언해 줍니다.

또한 우리는 FC 레이어 층을 다시 세팅할 것이므로 include_top을 False로 설정합니다. top 레이어가 FC 레이어를 의미합니다.

weights를 imagenet 으로 설정하면 미리 학습된 가중치를 불러옵니다. 가중치 없이 불러오려면 None 으로 설정합니다.

마지막으로 이 레이어들은 학습을 시키지 않고 고정시킬 것이므로 trainable을 False로 설정합니다. for 문을 돌려서 레이어들의 설정을 모두 바꿔줍니다.

```
input = Input(shape=(200, 200, 3))
model = InceptionV3(input_tensor=input, include_top=False, weights=
'imagenet', pooling='max')

for layer in model.layers:
```

```
layer.trainable = False
```

이제 FC 레이어 층을 쌓아줍니다. 마지막 레이어의 결과값을 다음 레이어의 입력값으로 계속 연결해 줍니다. 배치 정규화와 활성화 레이어도 반복적으로 배치합니다.

마지막으로 모델의 인풋과 아웃풋을 연결해 주면 완료됩니다.

model.summary()를 이용하여 모델의 구조를 출력해서 확인해 보겠습니다.

```
x = model.output
x = Dense(1024, name='fully', init='uniform')(x)
x = BatchNormalization()(x)
x = Activation('relu')(x)
x = Dense(512, init='uniform')(x)
x = BatchNormalization()(x)
x = Activation('sigmoid')(x)
x = Dense(101, activation='softmax', name='softmax')(x)
model = Model(model.input, x)

model.summary()
```

모델 구조를 출력해 보면 너무 많은 다중 레이어로 책에 붙여넣기 어려울 정도인 것을 확인할 수 있을 것입니다. 마지막 부분 파라미터를 살펴보겠습니다.

총 파라미터 개수는 약 2,448만 정도이며 이 중 학습 가능한(trainable) 파라미터의 개수는 약 268만 정도입니다. 앞 장에서 우리가 자체적으로 구축한 CNN 모델에 비해 학습하는 파라미터의 개수가 약 1/10 이하로 줄어든 것을 알 수 있습니다. 이는 빠른 학습을 가능하게 합니다.

```
Total params: 24,483,717
Trainable params: 2,677,861
Non-trainable params: 21,805,856
```

그 외의 코드는 앞 장에서 작성한 것과 같습니다. 특별한 설명은 없이 작성한 코드만 아래에 붙여놓으니 참고하시기 바랍니다.

```python
train_datagen = ImageDataGenerator(rescale=1. / 255, validation_split=0.2)
batch_size = 16

input_image_size = (200, 200)

train_generator = train_datagen.flow_from_directory(
    '/drive/My Drive/caltech101',
    target_size=input_image_size,
    batch_size=batch_size,
    class_mode='categorical',
    subset='training')

validation_generator = train_datagen.flow_from_directory(
    '/drive/My Drive/caltech101',
    target_size=input_image_size,
    batch_size=batch_size,
    class_mode='categorical',
    subset='validation')

model.compile(
    optimizer=optimizers.adam(),
    loss='categorical_crossentropy',
    metrics=['acc'])

early_stopping = EarlyStopping(patience=15, mode='auto', monitor='val_acc')
hist = model.fit_generator(train_generator,
                           steps_per_epoch=train_generator.samples // batch_size,
                           validation_data = validation_generator,
                           epochs=100,
                           callbacks=[early_stopping])

import matplotlib
import matplotlib.pyplot as plt
```

```
fig, loss_ax = plt.subplots()

acc_ax = loss_ax.twinx()

loss_ax.plot(hist.history['loss'], 'y', label='train loss')
loss_ax.plot(hist.history['val_loss'], 'g', label='validation loss')
acc_ax.plot(hist.history['acc'], 'b', label='train acc')
acc_ax.plot(hist.history['val_acc'], 'r', label='validation acc')

plt.legend(['train acc', 'validation acc', 'train loss', 'validation loss'])
plt.show()
```

이제 모든 준비가 끝났습니다. 학습을 돌려봅시다!

아래는 학습 결과입니다. 너무 길어 뒷부분의 일부만 가져왔습니다. 결과를 보시면 알겠지만 정확도가 약 85% 정도로 대폭 상승했습니다. 또한 학습 시간도 한 epoch당 약 10분 정도 걸리던 이전에 비해 1/20 이하로 줄었습니다. 이처럼 잘 설정된 전이학습은 매우 큰 효과를 발휘하는 것을 알 수 있습니다.

```
Epoch 21/100 - 27s 61ms/step - loss: 0.1320 - acc: 0.9577 - val_loss: 0.6165 - val_acc: 0.8507
Epoch 22/100 - 27s 61ms/step - loss: 0.1245 - acc: 0.9586 - val_loss: 0.8307 - val_acc: 0.8183
Epoch 23/100 - 27s 61ms/step - loss: 0.1249 - acc: 0.9600 - val_loss: 0.6716 - val_acc: 0.8560
Epoch 24/100 - 26s 61ms/step - loss: 0.1113 - acc: 0.9647 - val_loss: 0.7483 - val_acc: 0.8301
Epoch 25/100 - 26s 60ms/step - loss: 0.1015 - acc: 0.9683 - val_loss: 0.6392 - val_acc: 0.8578
Epoch 26/100 - 27s 61ms/step - loss: 0.1093 - acc: 0.9640 - val_loss: 0.7170 - val_acc: 0.8466
Epoch 27/100 - 27s 61ms/step - loss: 0.1034 - acc: 0.9672 - val_loss: 0.7314 - val_acc: 0.8584
Epoch 28/100 - 27s 62ms/step - loss: 0.1035 - acc: 0.9698 - val_loss: 0.6588 - val_acc: 0.8637
Epoch 29/100 - 27s 62ms/step - loss: 0.0926 - acc: 0.9702 - val_loss: 0.7025 - val_acc: 0.8543
Epoch 30/100 - 27s 62ms/step - loss: 0.1022 - acc: 0.9666 - val_loss: 0.7380 - val_acc: 0.8531
Epoch 31/100 - 27s 62ms/step - loss: 0.0908 - acc: 0.9730 - val_loss: 0.7840 - val_acc: 0.8413
Epoch 32/100 - 27s 62ms/step - loss: 0.1036 - acc: 0.9692 - val_loss: 0.7120 - val_acc: 0.8584
Epoch 33/100 - 27s 62ms/step - loss: 0.0831 - acc: 0.9743 - val_loss: 0.7620 - val_acc: 0.8531
Epoch 34/100 - 27s 63ms/step - loss: 0.1014 - acc: 0.9675 - val_loss: 0.8401 - val_acc: 0.8254
Epoch 35/100 - 27s 62ms/step - loss: 0.0925 - acc: 0.9715 - val_loss: 0.6867 - val_acc: 0.8484
Epoch 36/100 - 27s 62ms/step - loss: 0.0939 - acc: 0.9704 - val_loss: 0.7602 - val_acc: 0.8419
```

```
Epoch 37/100 - 27s 63ms/step - loss: 0.0879 - acc: 0.9725 - val_loss: 0.6492 - val_acc: 0.8673
Epoch 38/100 - 27s 62ms/step - loss: 0.0832 - acc: 0.9733 - val_loss: 0.7927 - val_acc: 0.8437
Epoch 39/100 - 27s 61ms/step - loss: 0.0754 - acc: 0.9759 - val_loss: 0.7396 - val_acc: 0.8525
Epoch 40/100 - 27s 63ms/step - loss: 0.0768 - acc: 0.9758 - val_loss: 0.7812 - val_acc: 0.8472
```

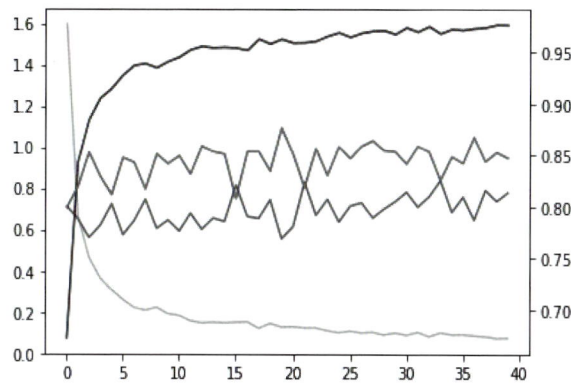

지금까지 머신러닝의 기초 및 딥러닝을 이용한 이미지 분석까지 실습해 보았습니다. 여기까지 따라오셨다면 이제 kubeflow를 학습하기 전에 알아볼 머신러닝의 기초적인 것들은 모두 알게 된 것이라고 봐도 무방합니다. kubeflow를 활용할 수 있게 되면 또 다른 신세계가 펼쳐집니다. 그럼 이제부터 본격적인 kubeflow의 세계로 나아가 봅시다!

MEMO

PART 02

쿠버네티스의 머신러닝 툴킷!
Kubeflow!

01 kubeflow
CHAPTER

쿠베플로우의 챕터에 오신 것을 환영합니다. 쿠베플로우를 시작하기전에 알아야 할 두 가지 개념이 있습니다. 그것은 ML 워크플로우와 쿠버네티스입니다. 이 챕터에서는 그 두 가지에 대해 간단히 알아보고 쿠베플로우에 대한 간단한 소개 및 설치 과정을 진행합니다. ML 워크플로우와 쿠버네티스에 대한 기본지식이 있으신 분들은 바로 쿠베플로우 섹션으로 이동하셔도 좋습니다.

1.1 ML 워크플로우

1.1.1 ML 워크플로우란

앞서 설명한 머신러닝 섹션에서 실제 모델 코드를 작성하는 부분뿐만 아니라 다른 많은 작업이 필요하다는 것을 알 수 있습니다. 문제 해결을 위한 데이터를 분석/가공하고, 학습시켜 모델을 최적화시키며 그 모델들을 서버에 배포시켜 예측을 하는 등 이 일련의 과정들을 우리는 ML 워크플로우라고 부릅니다. 많은 유즈 케이스들을 통해 아래의 〈그림〉과 같은 플로우로 정의를 할 수 있습니다.

ML 워크플로우는 크게 모델 실험 단계(Experiment Phase)와 모델 생단 단계(Production Phase)로 나누어 집니다[1].

---

1 https://www.kubeflow.org/docs/started/kubeflow-overview/#introducing-the-ml-workflow

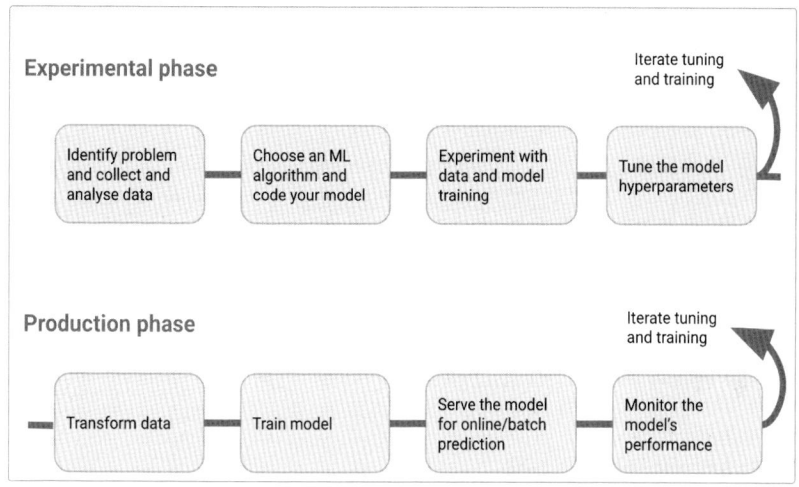

▲ ML_워크플로우

1.1.2 모델 실험 단계

모델 실험 단계는 주어진 문제를 해결하기 위해 사용될 모델을 실험하는 단계입니다.

이 단계에서는

- 현재 문제가 ML로 풀 수 있는지, 풀수 있다면 어떤 모델을 사용해야 되는지를 결정합니다.
- 선택한 모델의 학습에 필요한 데이터를 분석/수집합니다.
- 모델을 작성하기 위해 적합한 ML framework를 선택합니다.
- 최초의 모델 코드를 작성합니다.
- 수집된 데이터를 모델로 실험/학습합니다.
- 최적/최고의 성능을 내는 모델을 만들기 위해 하이퍼파라미터를 튜닝합니다.

이 과정은 최고수준(SOTA, State-Of-The-Art)이 나오기 전까지 계속 반복됩니다.

1.1.3 모델 생산 단계

모델 생산 단계는 실험된 모델을 학습/ 배포하는 단계입니다.

이 단계에서는

- 학습시스템에 맞게 실제 데이터를 재가공합니다. 이 과정은 실험 단계 및 예측시에도 동일하게 적용되어야합니다.
- 실제 데이터를 가지고 모델을 학습합니다.
- 서버에 모델을 배포합니다.
- 모델의 성능을 모니터하며, 그 결과에 따라 튜닝/재학습 여부를 결정합니다.

모델 실험 단계와 마찬가지로 SOTA를 얻기 위해 계속 반복합니다.

1.1.4 ML 워크플로우 툴

ML에 필요한 물리적인 리소스들은 점점 발전하여 실제로 모델 학습에 들어가는 시간들이 점점 짧아지고 있습니다. 하지만 그 외의 작업들은 여전히 사람의 손으로 진행되고 있는 곳이 대부분입니다. 그래서 이 과정들을 하나로 묶어 관리하려는 노력이 진행되고 있습니다.

보통 ML 워크플로우 툴들은 파이프라인 툴(Pipeline tool)이란 형태로 구성됩니다. 파이프라인이란 하나의 테스크 결과가 다음 테스크로 이어지는 연결 구조를 말합니다. 이 연결 구조는 각각의 단계가 독립적이며 연결 구조에 따라 병렬적 수행도 가능하기 때문에 효율적인 구성을 만들 수 있습니다. 각각의 워크플로우 단계들은 하나의 테스크로 정의할 수 있습니다. 즉, 각각의 테스크를 순서대로 연결하여 수행하는 것이 하나의 Workflow가 되는 것입니다. 이것은 테스크의 수행결과에 따라 재처리나 분기 등이 가능하다면 수동으로 작업하는 것보다 훨씬 효율적입니다. 이러한 오픈소스로는 Apache의 Airflow가 대표적입니다.

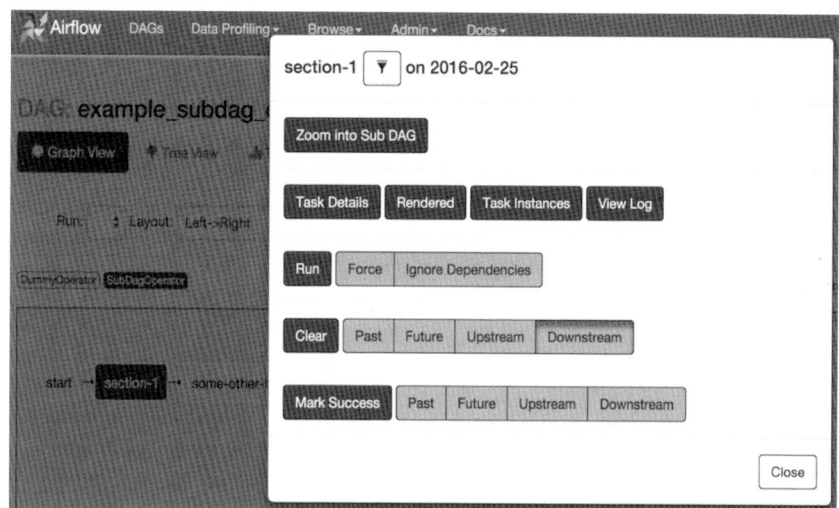

▲ airflow_dag

Airflow는 덱(DAG), 트리(Tree), 간트(Gantt), 그래프(Graph) 등 다양한 컴포넌트들을 지원하며 ML 개발자들에게 친숙한 파이선을 통해 워크플로우를 작성할 수 있게 합니다. REST API나 쿠버네티스 지원 등 확장성도 좋기 때문에 워크플로우를 구성하기엔 부족함이 없습니다. 현재 Airbnb, Slack, Banksalad 등에서 사용하고 있습니다.

또 다른 워크플로우 오픈소스로는 나중에 설명할 쿠베플로우 파이프라인의 전신인 argo workflow가 있습니다. argoproj라는 프로젝트로 쿠버네티스 위에서 실행되는 오픈소스입니다. 각 테스크가 컨테이너 기반이기 때문에 컨테이너가 가지는 장점과 쿠버네티스의 리소스 관리의 장점을 가진 워크플로우 툴입니다.

▲ arg_workflow

현재 구글, 어도비, 알리바바 클라우드 등 많은 회사들이 사용하고 있습니다.

앞서 소개한 2개의 워크플로우 툴은 ML용 으로 개발된 것은 아닙니다. 하지만 ML 워크플로우도 일반적인 워크플로우와 크게 다르지 않기 때문에 앞서 소개한 툴들을 사용하더라도 부족함이 없습니다. 수동화되어 있는 작업들을 구조화된 테스크로 묶어서 관리할 수 있는 것만으로도 충분히 좋은 개선이기 때문입니다.

퍼블릭 클라우드 서비스에서도 AI, 머신러닝에 관련 툴들을 제공하고 있습니다. AWS의 SageMaker, GCP의 AI Platform, Azure의 Automated ML, 알리바바의 Arena 등 앞서 설명한 ML 워크플로우 단계들을 사용자 친화적인 UI로 제공해주고 있습니다. ML 기법에 해당하는 알고리즘들을 데이터에 맞게 제공해주기도 하고, ML 모델 개발환경도 제공해 주며, 하이퍼파라미터를 튜닝해주기도 하며, 개발된 모델을 자동으로 배포/서빙해주기도 합니다. 완전 관리형 ML 서비스도 제공합니다. 이런 서비스들과 자사들이 구축한 서비스에 접목하여 ML 워크플로우를 완성하기도 합니다. 뿐만 아니라 음성, 비전, 자연어 처리, 번역 등 다양한 ML 서비스들도 지원하기 때문에 서비스 비용에 대한 부담이 적은 회사들이 많이 사용하고 있습니다.

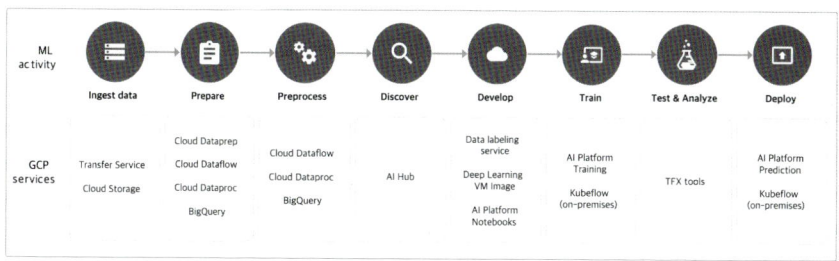

▲ ML Workflow에 매칭되는 GCP Service들

▲ aws_sagemaker

텐서플로우나 파이토치, SKLearn 같은 ML 프레임워크에서도 모델 개발에서 배포 단계까지 패키지 레벨에서 제공해주고 있습니다. 텐서플로우는 TensorFlow Extended(TFX)라는 플랫폼을 제공합니다. [그림]은 TFX에서도 데이터 수집부터 서빙모델까지의 파이프라인을 작성할 수 있는 라이브러리 다이어그램입니다.

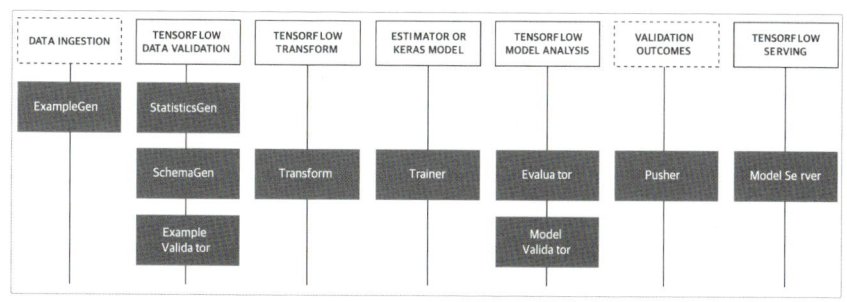

▲ Tensorflow TFX pipeline

이 라이브러리들을 파이프라인으로 구성하기 위해서는 Apache Beam이라는 오픈소스 파이프라인 툴을 사용합니다. 그리고 앞서 설명한 Airflow 같은 툴을 통하여 좀 더 구성을 쉽게 할 수 있습니다.

이렇게 ML Workflow를 구성할 수 있는 서비스 및 다양한 오픈소스들이 존재합니다. 비용의 여유가 있고 서비스해야 할 모델이 퍼블릭 클라우드 서비스에서 제공해주는 경우 퍼블릭 클라우드 서비스를 사용하여 구축 및 운영에 소비되는 자원들을 줄이는 것이 맞습니다. 그렇지 못한 경우에는 자체 개발이나 오픈소스를 통한 워크플로우를 구성해야 합니다.

오픈 소스로 ML 워크플로우로 구성해야 한다면 고려해야 할 것들이 있습니다.

- 하나의 플랫폼 안에서 모든 작업이 가능한가?
- 설치가 간편한가? 혹은 설치에 대한 트러블 슈팅(Trouble Shooting) 정보가 많은가?
- 각각 ML 워크플로우 단계를 수행할 수 있는 SDK 혹은 라이브러리가 있는가?
- 해당 SDK에 대한 러닝 커브(Learning Curve)가 어떤가?
- 해당 오픈 소스의 사용자 커뮤니티 활성도는 어떤가?
- 오픈소스의 버전이 프로덕션 레벨로 사용할 정도로 성숙한가?
- 오픈소스가 다양한 ML 프레임워크 지원하는가? 혹은 현재 사용하고 있는 ML프레임워크를 지원하는가?
- 리소스 관리/스케줄링을 지원하는가?
- 리소스에 대한 인증/권한(AuthN, AuthZ) 관리를 제공하는가?
- 멀티-테넌시(Multi-tenancy)를 지원하는가?
- 병렬 프로세싱(Parallel Processing)을 지원하는가?
- 모델과 데이터를 저장할 스토리지 서비스에 대한 지원이 다양한가?
- 타 인프라와의 연동이 원활한가?
- 사용자 친화적인 UI를 제공하는가?
- 파이프라인을 구성할 SDK/UI를 제공하는가?
- 하이퍼 파라미터 최적화 라이브러리를 제공하는가?

- 생성된 모델에 대한 버전 관리를 제공하는가?

등등, 이 외에도 프로젝트마다 특정 조건들이 존재합니다. 앞서 설명한 오픈 소스들로는 이 모든 것을 지원하기는 힘듭니다. 리소스 관련 부분들은 워크플로우 툴과는 별개의 영역이라고 할 수 있습니다. 그래서 리소스를 관리/스케줄링(이를 리소스 오케스트레이션이라고 부릅니다) 할 수 있는 플랫폼 위에서 나머지 항목들을 충족시킬 수 있는 툴을 사용하는 것이 좋은 접근으로 볼 수 있습니다. 이제 설명할 쿠베플로우는 리소스 오케스트레이션 플랫폼인 쿠버네티스 위에서 실행되는 ML toolkit입니다.

1.2 kubeflow

1.2.1 kubeflow?

쿠베플로우의 시작은 구글에서 내부석으로 리소스 오케스트레이션 툴인 쿠버네티스에서 Tensorflow Extened Pipeline을 사용하면서부터 라고 합니다. 즉, 쿠버네티스에서 Tensorflow Job을 어떻게 효율적으로 사용할 수 있을까 라는 고민에서 출발했습니다. 여기에 구글, 시스코, 레드헷, Cisco, CoreOS의 개발자들이 모여서 오픈소스 프로젝트로 공개되었습니다.

그러면 쿠베플로우는 무엇일까요?

공식 홈페이지에서(https://www.kubeflow.org/docs/about/kubeflow)에서 제공하는 설명은 아래와 같이 나와 있습니다.

> Documentation / About / Kubeflow
>
> **Kubeflow**
>
> An introduction to Kubeflow
>
> The Kubeflow project is dedicated to making deployments of machine learning (ML) workflows on Kubernetes simple, portable and scalable. Our goal is not to recreate other services, but to provide a straightforward way to deploy best-of-breed open-source systems for ML to diverse infrastructures. Anywhere you are running Kubernetes, you should be able to run Kubeflow.

[kubeflow_intro]

쿠베플로우의 목표는 ML 워크플로우에 필요한 서비스를 만드는 것이 아닌, 각 영역에서 가장 적합한 오픈 소스 시스템들을 제공하는 것입니다. 다시 말해서 쿠베플로우는 어떤 새로운 서비스가 아닌 기존에 있던 오픈 소스들의 묶음으로 보시면 됩니다. 그것도 쿠버네티스 생태계에서 사용되는 오픈소스들을 사용합니다. 쿠버네티스만 깔려있다면 쿠베플로우를 사용할 수 있습니다.

▲ kubeflow_main

쿠베플로우의 홈페이지 메인화면(https://kubeflow.org)에서 "The Machine Learning Toolkit for Kubernetes"라는 문구를 확인 할 수 있습니다. 즉, 쿠베플로우는 쿠버네티스를 사용하는 ML 툴킷이라고 정의할 수 있습니다.

2017년 12월, "Introducing Kubeflow - A Composable, Portable, Scalable ML Stack Built for Kubernetes" https://kubernetes.io/blog/2017/12/introducing-kubeflow-composable/[2]란 제목의 글이 쿠버네티스 블로그에 소개됩니다. 구글의 엔지니어인 David Aronchick, Jeremy Lewid이 올린 글로써, 빠르게 발전하고 있는 쿠버네티스를 통해 머신러닝 개발 플랫폼으로의 가능성을 이야기하고 있습니다. 그래서 그 결과물로 쿠베플로우 프로젝트 리포지토리를 소개합니다. 해당 리포지토리에는

- 쥬피터 노트북을 사용할 수 있는 쥬피터 허브
- 씨피유와 지피유 및 클러스터의 사이즈 설정이 가능한 텐서플로의 커스텀 리소스(CRD)
- 쿠버네티스에서 실행되는 텐서플로우 서빙(TF Serving)

---

2 https://kubernetes.io/blog/2017/12/introducing-kubeflow-composable/

이 포함되어 있습니다.

쿠베플로우의 시작은 모델 개발, 모델 서빙, 그리고 그것을 위한 리소스 관리로 시작했습니다.

그 이후로 깃헙 기준 2018년 3월에 v.0.1.0-rc.0 최초 릴리즈가 공개됩니다. 0.5 버전까지 오는데 1년이 걸렸으며 현재(2020년 2월) 기준 1.0.0RC 버전까지 진행되었습니다.

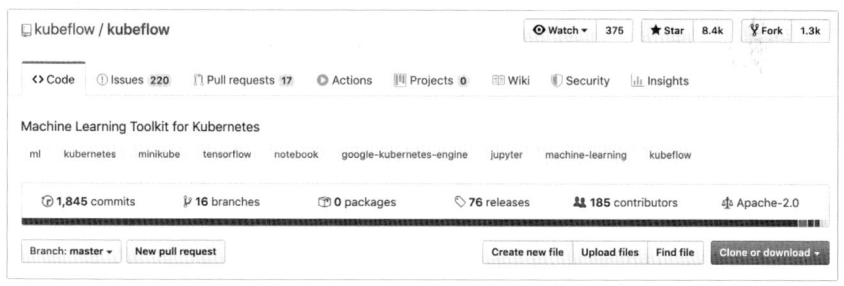

▲ github.com

메인 Repository및 컴포넌트들의 Repository까지 포함해서 10,000개가 넘는 스타를 받고 있으며 최근 쿠버네티스 컨퍼런스의 머신러닝 세션에서 자주 등장하는 프로젝트로 성장했습니다.

1.2.2. kubeflow components on ML workflow

쿠베플로우는 ML 워크플로우 단계에 필요한 컴포넌트들을 제공합니다. 앞서 설명한 ML 워크플로우의 모델 실험 단계에서 쿠베플로우는 아래와 같은 컴포넌트들을 지원합니다.

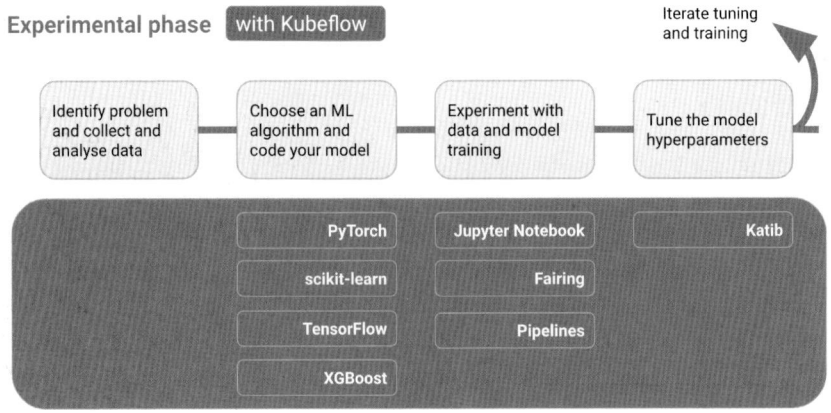

[experimental_phase]
출처 _ https://www.kubeflow.org/docs/started/kubeflow-overview/#kubeflow-components-in-the-ml-workflow

그리고 모델 제작 단계에서도 아래과 같은 컴포넌트들을 지원합니다.

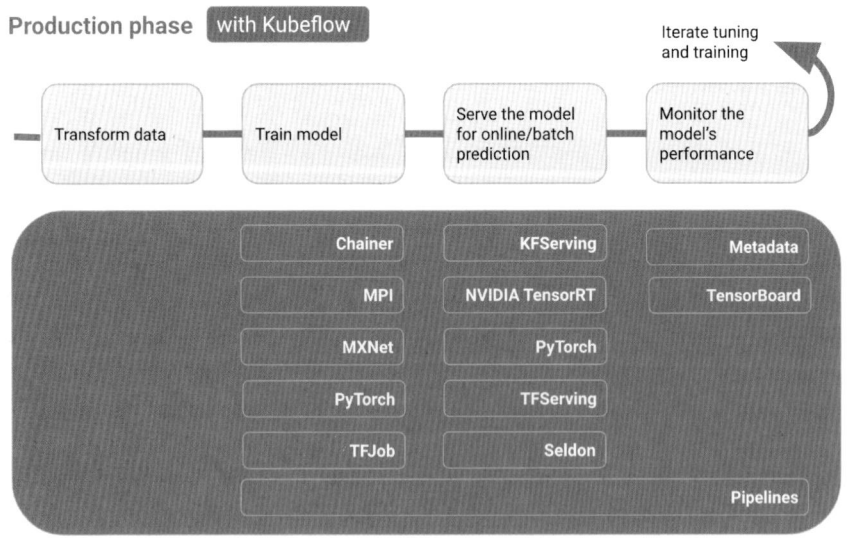

▲ production_phase

쿠베플로우의 시작이 텐서플로우로 시작하였지만 다이어그램에서도 알 수 있듯이 PyTorch, XGBoost, NVIDA TensorRT, Seldon, scikit-learn 등 다양한 프레임워크들도 지원합니다.

1 2.3 쿠베플로우 유저 인터페이스(UI)

쿠베플로우에서 주로 사용되는 컴포넌트들은 각각의 그래픽 유저 인터페이스(GUI)를 가지고 있으며 이를 통합하는 대쉬보드 UI도 지원합니다.

쿠버네티스의 kubectl처럼 kfctl이라는 커멘드 라인 인터페이스(CLI)도 지원합니다. kubectl과 마찬가지로 커맨드 라인을을 통해 쿠베플로의 컴포넌트들을 관리하 수 있으며, 쿠베플로우의 설치도 kfctl을 통해서 진행합니다.

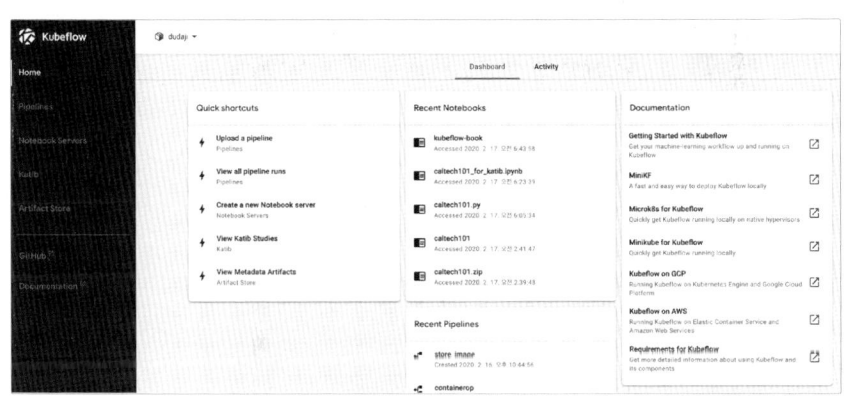

▲ 쿠베플로우 메인 대쉬보드

1.2.4 API와 SDK

쿠베플로우의 컴포넌트들은 각 컴포넌트를 관리할 수 있는 API와 컴포넌트내의 오브젝트들을 생성할 수 있는 파이선 SDK를 제공하여 GUI 뿐만 아니라 다른 애플리케이션에서도 활용할 수 있는 확장성을 제공합니다.

1.2.5 쿠베플로우 컴포넌트들

Kubeflow에서 제공되는 컴포넌트들은 공식 홈페이지 기준으로 총 7가지로 나눌 수 있습니다.[3]

- 쥬피터 노트북
- 메인 대쉬보드

---

3 https://www.kubeflow.org/docs/components/

- 하이퍼파라미터 튜닝
- 파이프라인
- 서빙
- 학습
- 그 외

쥬피터 노트북은 쿠버네티스 위에서 쥬피터 노트북을 사용할 수 있는 쥬피터 허브를 서비스합니다. ML 워크플로우 기준으로 모델 개발을 위한 제일 첫 번째 컴포넌트이며, 여기서 다른 컴포넌트들과 연동할 수 있습니다.

메인 대쉬보드는 컴포넌트들의 통합 포탈이라고 보면 됩니다. 여기선 사용자별로 화면이 나누어 질 수 있습니다.

하이퍼파라미터 튜닝은 카티브라는 하이퍼파라미터 최적화 오픈소스를 쿠버네티스위에서 서비스합니다.

파이프라인은 쿠베플로우의 핵심 컴포넌트라고 할 정도로 중요한데 ML 워크플로우를 구성할 파이프라인 툴을 서비스해줍니다.

서빙은 텐서플로우 서빙, 셀던 서빙, 파이토치 서빙 등 ML 프레임워크의 서빙 모델을 쿠베플로우 위에서 사용할 수 있게 해주는 컴포넌트입니다. KFServing이라는 쿠베플로우의 서빙모델도 포함됩니다.

학습은 TFJob, PyTorch, MXNetc, MPI 등의 ML 모델을 쿠베플로우 위에서 사용할 수 있게 해주는 컴포넌트입니다.

그 외에는 아직 알파 버전인 각 컴포넌트들의 메타정보들을 저장하고 관리하는 메타데이터[4], 파이프라인에서 사용할 수 있는 Nuclio라는 서버리스 프레임워크 등이 있습니다.

1.2.6 쿠베플로우 버전 정책

쿠베플로우는 오픈소스 프로젝트이며 각각의 컴포넌트 별로 버전이 관리됩니다.

---

4 https://github.com/nuclio/nuclio

총 3가지의 상태가 존재합니다.

- **Stable**: 1.0으로 배포된 버전입니다.
- **Beta**: 1.0으로 가기 위해 작업 중인 버전입니다. 어느정도 안정화되었다고 봐도 됩니다.
- **Alpha**: 초기 개발단계입니다.

현재 1.0RC 버전 현재 컴포넌트별 버전 현황은 아래와 같습니다.

- 어플리케이션 버전 정보

Application	Status	Version
Central dashboard: Kubeflow UI	Stable	1.0.0
Chainer operator	Alpha	
Hyperparameter tuning: Katib	Beta	v1alpha3
KFServing	Beta	v0.2.2
Metadata	Beta	0.2.1
MPI training: MPI operator	Alpha	
MXNet training: MXNet operator	Alpha	
Notebook web app	Stable	1.0.0
Notebook controller	Stable	1.0.0
Pipelines	Beta	0.2.0
Profile Controller for multi-user isolation	Stable	1.0.0
PyTorch training: PyTorch operator	Stable	1.0.0
TensorFlow training: TFJob operator	Stable	1.0.0
XGBoost training: XGBoost operator	Alpha	

- SDK0

SDK/CLI	Status	Version
Fairing	Beta	0.7.1
kfctl	Stable	1.0.0
Kubeflow Pipelines SDK	Beta	0.2.0

1.3 kubernetes

1.3.0 서문

쿠베플로우는 쿠버네티스 환경에서 실행되기 때문에 쿠버네티스의 기본개념과 용어들에 대해 익숙해질 필요가 있습니다. 쿠베플로우의 컴포넌트들도 쿠버네티스의 오브젝트로 구성되어 있습니다. 이번 장에서는 쿠베플로우를 사용하기 위해 필요한 쿠버네티스의 기본적인 개념과 오브젝트들에 대해서 설명합니다.

1.3.1 컨테이너 개발 시대

2013년 Solomon Hykes가 발표한 The future of Linux Cotnainers[5]에서 도커 (Docker)라는 리눅스 컨테이너가 처음 소개되었습니다. 물론 컨테이너라는 개념은 이전에도 LXC(LinuX Container), BSD Jails 등 존재해 있었습니다. 하지만 도커는 어느 OS에서나 동일한 개발 환경을 제공한다는 것에 초점을 맞추어서 만들어졌습니다. 이러한 취지는 수 많은 개발자 커뮤니티의 참여를 이끌었고, 현재 대부분의 클라우드 서비스에서는 도커를 기본으로 제공하고 있을 정도로 대중화 되었습니다. 그리고 개발-배포 시스템에서도 빠져서는 안되는 중요한 요소가 되었습니다.

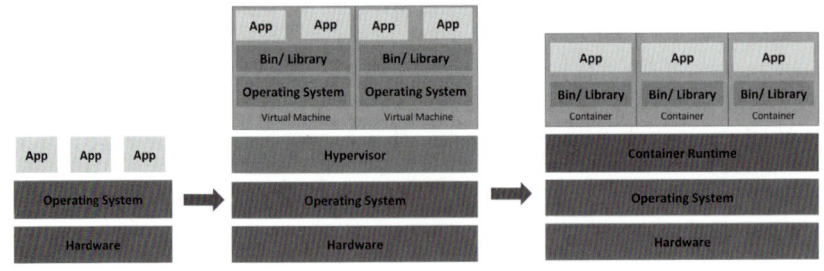

▲ 배포변천사
출처 _ https://kubernetes.io/docs/concepts/overview/what-is-kubernetes/

과거 물리 서버에서 어플리케이션을 배포하는 과정에서 발생하는 비효율적인 리소스 사용을 극복하기 위해 가상화(VM)라는 기술이 생겼습니다. 이것은 단일 물

---

5 https://www.youtube.com/watch?v=wW9CAH9nSLs

리서버 위에 가상의 운영체제(OS)들을 실행하여 어플리케이션을 격리시킴으로 리소스를 좀 더 효율적으로 사용할 수 있게 합니다. 하지만 호스트 운영체제 위에 또 다른 운영체제를 실행하기 때문에 실행 비용에 대한 부담이 컸습니다. 컨테이너는 실행 비용을 cgroup, namespace 등의 커널 기능으로 해결합니다. 운영체제는 공유하되 리소스만 격리하고 디스크의 변경사항을 레이어 형태로 저장하는 것입니다. 그러므로 컨테이너는 운영체제를 품지 않아도 되기 때문에 훨씬 가벼워집니다. 이 경량화된 컨테이너는 인프라에 대한 의존성을 끊을 수 있게 하여 좀 더 어플리케이션에 집중할 수 있게 만들어 줍니다. 그리고 개발, 테스팅, 운영환경의 일치가 가능하기 때문에 안정성 높은 어플리케이션 개발이 가능합니다. 그 외 많은 장점으로 인해 과거 전통적인/가상화된 배포시대를 뛰어 넘어 컨테이너 개발의 시대가 활짝 열린 것입니다. 물론 컨테이너만으로 실제 운영 환경까지 구성하기에는 무리가 있습니다. 그래서 컨테이너를 효율적으로 관리할 수 있는 오케스트레이션 시스템들이 개발되기 시작합니다.

1.3.2 쿠버네티스란

쿠버네티스(kubernetes)는 구글에서 사용하던 보그[6]라는 컨테이너 오케스트레이션 시스템을 2014년 오픈 소스로 공개한 것입니다. 쿠버네티스의 어원은 조타수라는 그리스 단어에서 유래했습니다. 조타수는 배를 선장의 지시에 따라 올바르게 운전하는 일을 합니다.

마이크로 서비스가 각광받으면서 기존의 모놀리틱한 애플리케이션이 관심사의 분리를 통해 여러 개(수십, 수백여개)의 경량화된 애플리케이션으로 나누어졌습니다. 하나의 관리 포인트에서 몇 배(수십, 수백배) 이상의 관리 포인트가 늘어난 것입니다. 쿠버네티스는 선장(관리자), 항해사(사용자)의 지시에 따라 수 많은 컨테이너를 실은 배(애플리케이션을 실행하는 클러스터 노드)를 목적지까지 잘 운전(배포/운영)하는 일을 하는 것입니다. 그것 뿐만 아니라 쿠버네티스는 서비스 디스커버리[7], 로드밸런싱, 롤아웃, 롤백, 셀프힐링[8] 등 운영환경에 필요한 기능들

---

[6] https://kubernetes.io/blog/2015/04/borg-predecessor-to-kubernetes/
[7] https://www.nginx.com/blog/service-discovery-in-a-microservices-architecture/
[8] https://kubernetes.io/docs/concepts/overview/what-is-kubernetes/#why-you-need-kubernetes-and-what-can-it-do

을 제공해주고 있습니다. 2020년 1월 현재 v1.17버젼까지 나와 있으며 리눅스에서 시작되어 현재는 다양한 운영체제를 지원하며, 퍼블릭 클라우드에서도 서비스를 제공할 정도로 대중화 되었습니다. 또한 수많은 쿠버네티스 에코 시스템 생태계는 기존의 환경을 무섭게 통합하고 있습니다.

쿠버네티스는 10년 이상의 구글의 운영경험과 활발한 커뮤니티의 힘으로 인해서 수많은 기업들의 개발-운영환경을 변화시키고 있으며, 우리나라에서도 카카오톡, 멜론, 데브시스터즈 등이 적극적으로 활용하고 있습니다.

1.3.3 쿠버네티스 구조

쿠버네티스는 클러스터 형태로 구성되어 있으며, 클러스터는 컨테이너를 실행하는 노드의 집합입니다. 클러스터는 최소 1개의 워커노드와 최소 1개의 마스터 노드로 구성되어 있습니다.

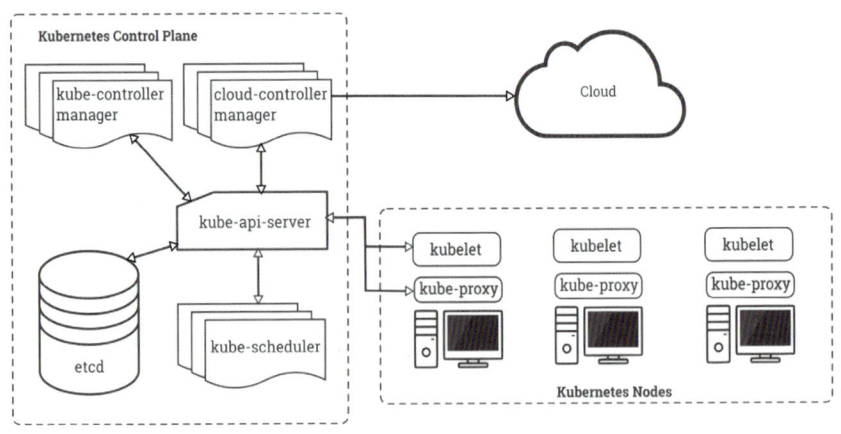

▲ 쿠버네티스_클러스터
출처 _ https://kubernetes.io/docs/concepts/overview/components/

마스터 노드는 워커 노드 및 클러스터내의 컴포넌트들을 관리하며, kube-api-server, etcd, kube-scheduler, kube-controller-manager 등을 가지고 있습니다. 각각의 컴포넌트들은 어플리케이션 실행단위인 파드를 관리합니다.

워커 노드는 파드를 호스트합니다. kubelet, kube-proxy등을 가지고 있으며, 동작중인 파드를 유지하는 일들을 합니다.

1.3.4 오브젝트와 컨트롤러

쿠버네티스의 오브젝트들은 대표적으로 파드, 볼륨, 서비스, 네임스페이스 등이 있으며, 파드 상태 관리 및 부가 기능 및 편의 기능을 제공하는 컨트롤러인 데몬셋, 스테이트풀 셋, 잡 등이 있습니다.

파드(Pod)는 쿠버네티스의 기본 실행/배포 단위입니다. 노드에서 실행되는 프로세스라고 볼 수 있습니다. 어플리케이션의 성격에 따라 최소 하나 이상의 어플리케이션 컨테이너로 구성되어 있으며, 저장소 리소스(Volumes), 특정 네트워크 IP, 실행을 위한 옵션 등을 포함하고 있습니다. 파드 안의 컨테이너들은 파드의 리소스를 공유합니다. 그리고 컨테이너 각자의 포트를 통해 통신을 할 수 있습니다.

컨테이너 런타임으로 도커가 주로 사용되고 있습니다. 물론 다른 컨테이너 런타임[9]도 지원하고 있습니다.

파드는 여러 단계를 가지는 라이프 사이클을 가지고 있으며, 각 노드마다 실행되고 있는 kubelet에 의해 관리됩니다. 파드 단독으로 실행되는 경우는 드물며 운영/배포 의도에 맞게 파드의 상태를 관리하는 컨트롤러와 함께 실행됩니다.

도커의 볼륨과 비슷한 컨셉의 볼륨(Volume)은 파드가 실행될 때 사용되는 스토리지를 말하는데 각 컨테이너들의 외장디스크라고 생각해도 무방합니다. 컨테이너는 Stateless 상태로 실행됩니다. Stateless 상태란 컨테이너가 내려가거나 비정상적인 종료시 재실행될 경우 이전의 상태를 유지하지 않는다는 의미입니다. 즉, 이전의 데이터도 유지하지 않는다는 이야기입니다.

그렇기 때문에 데이터를 보존해야 할 경우에는 볼륨을 생성하여 파드에 마운트하여 사용합니다. 물론 파드가 사라지더라도 볼륨은 존재합니다.

쿠버네티스의 볼륨은 다양한 타입을 지원합니다. NFS, iSCI 같은 스토리지 형태도 지원하며 Cephfs, StorageOS, Glusterfs 뿐만 아니라 Azure, S3, 구글 스토리지 등 퍼블릭 클라우드의 스토리지도 사용 가능합니다. 물론 호스트의 디스크(hostPath, emptyDir)도 사용 가능합니다.

---

[9] https://kubernetes.io/docs/setup/production-environment/tools/kubeadm/install-kubeadm/#installing-runtime

볼륨은 크게 PV(PersistentVolume)와 PVC(PersistentVolumeClaim)로 나누어집니다. PV는 볼륨 자체를 의미하며 PVC는 사용자가 요청하는 볼륨입니다. PV는 직접적으로 컨테이너와 연결되지 않습니다. PVC 조건에 맞는 PV가 존재하면 PVC는 조건에 맞게 특정 PV에 그 영역을 연결합니다(이것을 바인딩이라고 합니다). 그리고 파드는 그 PVC를 볼륨으로 인식하여 사용합니다.

PV를 만드는 것을 프로비저닝(Provisioning)이라고 하는데 정적(static)방법과 동적(dynamic)방법으로 나눌 수 있습니다. 전자는 PV를 먼저 만들어 놓는 방법이고 후자는 요청이 올 때 자동으로 만드는 방법입니다.

쿼터 형태의 관리가 필요하다고 한다면 정적 방법이 적합합니다. 전체 물리 용량을 사용하는 것이 아닌 정한 용량대로 PV를 만들어서 사용자는 그 PV 용량이 자신의 사용가능한 용량이 되기 때문입니다. 만약 사용자가 요청한 PVC의 조건이 현재 PV들의 조건에 맞지 않는다면 PVC는 적합한 PV가 나올 때까지 대기상태(pending)가 됩니다. 그러다가 적합한 PV가 나오면 바로 바인딩됩니다. 예를 들어 관리자가 100Gi를 PV로 잡았을 때 사용자가 100Gi가 넘는 PVC를 요청한다면 바인딩되지 않고 대기상태가 됩니다. 1Gi를 요청할 경우에도 100Gi PV가 바인딩됩니다. 단, PV와 PVC는 1:1 매핑이기 때문에 다른 사용자의 PVC는 다른 PV가 없다면 대기 상태로 남습니다.

동적 방법은 물리적 자원 한도 내에서 사용자의 요청 조건에 맞게 자동으로 PV를 만들어 주는 것으로, 다양한 볼륨 플러그인을 통해 동적 생성을 가능하게 합니다. 해당 플러그인들은 스토리지클래스(StorageClass)라는 쿠버네티스 리소스를 통해 PV를 생성하게 되는데, PVC 템플릿에서 storageClassName 항목에 StorageClass 명을 넣기만 하면 됩니다.

```
apiVersion: v1
kind: PersistentVolumeClaim
metadata:
  name: myclaim
spec:
  accessModes:
    - ReadWriteOnce
```

```
    volumeMode: Filesystem
    resources:
      requests:
        storage: 8Gi
    storageClassName: slow
    selector:
      matchLabels:
(이하 생략)
```

이 스토리지클래스는 볼륨의 접근설정(AccessMode)[10]이 각각 다르므로 서비스하려는 어플리케이션의 성격에 따라 선택하는 것이 좋습니다.

접근설정 명	정책
ReadWriteOnce	하나의 싱글노드에서만 읽고 쓰기
ReadOnlyMany	하나의 싱글노드에서 쓰고 여러 노드에게 읽기만 가능
ReadWriteMany	여러 노드에게 읽고 쓰기 가능

쿠베플로우에서는 동적 방법을 권장하고 있으며, 이후 실습할 예제들에서는 storage class 중 NFS를 사용합니다.

컨트롤러(Controller)는 앞서 설명하였듯이 파드를 관리합니다. 레플리카셋, 디플로이먼트, 데몬셋, 스테이트풀셋, 잡 등이 있으며 어플리케이션의 성격에 따라 파드가 원하는 상태로 유지하는 일을 합니다. 또한 안정적이고 탄력적 운영에 필요한 스케일링, 롤아웃, 롤백, 롤링 업데이트 등의 일도 합니다.

레플리카셋(ReplicaSet)은 지정된 수의 파드가 항상 실행되도록 유지하는 컨트롤러입니다. 커스텀 배포가 필요하지 않는 경우에는 직접 사용하기 보다는 상위 개념인 디플로이먼트를 사용할 것을 권장합니다.

디플로이먼트(Deployment)는 가장 기본적인 컨트롤러이며, Stateless 어플리케이션을 배포할 때 사용합니다. 디플로이먼트를 생성하면 레플리카(replica)의 수대로 파드가 생성되며 이것을 관리할 레플리카셋도 생성됩니다. 앞서 설명했듯

---

10 https://kubernetes.io/docs/concepts/storage/persistent-volumes/#access-modes

이 레플리카셋의 상위개념이기 때문에 파드 수 유지 말고도 롤백, 스케일링, 롤링 업데이트 등 다양한 배포 전략을 지원합니다.

데몬셋(DaemonSet)은 말 그대로 데몬 프로세스로 띄워야 할 앱이 있을 경우에 사용합니다. 노드에 단 하나의 파드를 실행하며 노드가 죽으면 따라서 사라집니다. 그래서 로그 수집기나 모니터링 관련 프로세스가 필요할 경우에 사용합니다.

스테이트풀셋(StatefulSet)은 이름에서 알 수 있듯이 상태를 가지고 있는 파드들을 관리하는 컨트롤러입니다. 파드는 순서대로 실행되며 삭제는 역순으로 진행됩니다. 물론 순서없이(병렬) 실행도 가능합니다. 각각의 파드는 다른 컨트롤러와 다르게 파드 이름 뒤에 순서를 나타내는 n(0~n)의 숫자가 붙습니다.

잡(Job)은 하나 이상의 파드가 요청된 작업을 실행한 후 정상적으로 종료(파드의 Status가 Succeed일 경우)하였는지 관리하는 컨트롤러입니다. 즉, 한 번만 실행하는 작업들에 적합한 컨트롤러입니다. 예를 들어 도커이미지를 만든다던지, 머신러닝 학습을 수행한다던지 말입니다. 만약 요청된 작업이 실패한다던지 혹은 하드웨어 장애 등으로 인해 정상적인 종료가 되지 않는다면, 설정된 값(backoffLimit:기본값은 6)에 의해 정상적인 종료가 될 때까지 파드를 실행시킵니다. 잡은 병렬로도 실행 가능하며 완료갯수도 정할 수 있습니다.

잡을 주기적으로 실행할 수 있는 크론잡(CronJob)컨트롤러도 있습니다. 유닉스의 cron과 같은 형식을 사용하며 실행은 잡과 동일하게 행동합니다.

서비스(Service)는 생성한 파드를 외부에서 접근할 수 있게 해주는 오브젝트입니다. 파드의 엔드포인트를 제공하며, 로드밸런싱과 정의된 IP를 묶어 서비스로 제공합니다. 컨트롤러에 의해 생성된 파드는 동적으로 생성되기 때문에 서비스는 파드에 정의된 라벨로 서비스할 파드를 결정합니다. 이런 느슨한 결합으로 인해 파드가 어디에서 실행되든 사용자는 서비스 정보만 확인하면 됩니다.

서비스는 크게 4가지 타입으로 나누어집니다.

- **ClusterIP**: 기본 타입이며 클러스터 내부에서만 접근 가능합니다.
- **NodePort**: 모든 노드에 지정된 포트를 할당합니다. 어떤 노드든 지정한 포트를 통해서 파드에 접근이 가능합니다. 클러스터 외부/내부 다 접근이 가

능합니다.
- **LoadBalancer**: 쿠버네티스를 지원하는 로드밸런서 장비에서 사용합니다. 정의된 로드밸런서 아이피를 통해 외부에서 접근이 가능합니다.
- **ExternalName**: 앞서 3개의 타입과는 다르게 클러스터 내부에서 외부로 나갈 때 사용됩니다. 외부로 접근할 때 사용하기 때문에 라벨 셀렉터가 필요 없습니다.

네임스페이스(Namespace)는 논리적으로 분리된 작업 그룹이라고 보면 됩니다. 작업 그룹은 쿠버네티스 오브젝트들을 가지고 있습니다. 즉 오브젝트들의 그룹이라고 보시면 됩니다. 권한설정을 통해 격리, 공유가 가능하며, 사용자 분리를 네임스페이스 분리로 사용하곤 합니다(현재 kubeflow의 다중 사용자 지원도 네임스페이스 기반입니다). 쿼터 설정도 가능하여 특정 네임스페이스에 쿼터를 적용할 수 있습니다. 쿠버네티스를 설치하게 되면 쿠버네티스 운영을 위한 네임스페이스들을 생성하게 되는데 아래와 같습니다.

- **default**: 기본 네임스페이스입니다. 사용자가 명령을 실행할 때 특정 네임스페이스를 지정하지 않는다면 여기서 실행됩니다.
- **kube-system**: 쿠버네티스 관리용 파드, 설정이 있는 네임스페이스입니다. etcd, api-server, proxy, coredns, 네트워크 플러그인, GPU 플러그인 등이 여기에 있습니다.
- **kube-public**: 쿠버네티스 클러스터 내의 모든 사용자(인증되지 않은 사용자 포함)가 접근할 수 있는 네임스페이스입니다. 만약 전체적으로 공유해야 할 서비스나 파드 같은 오브젝트가 있다면 여기에 생성하면 됩니다.
- **kube-node-lease**: 1.13 이후로 추가된 네임스페이스이며 노드의 임대오브젝트들을 관리합니다.

물론 쿠베플로우를 설치하게 되면 kubeflow라는 이름으로 네임스페이스가 생성되며 거기서 각종 파드, 서비스 등 오브젝트들이 설치가 됩니다.

네임스페이스 속하지 않는 오브젝트들도 있습니다. 대표적으로 Node, PersistentVolume, StorageClass, ClusterRole, ClusterRoleBinding이 있습니다.

1.3.5 오브젝트 템플릿

쿠버네티스에서 사용자가 오브젝트를 다루는 방법에는 2가지가 있습니다. kube-api-server에 API 리퀘스트(request)로 요청하는 방법과 kubectl이라는 커맨드-라인 툴(command-line tool)을 이용하는 방법입니다. kube-api-server를 이용하는 방법은 JSON형태의 리퀘스트 바디(Request body)를 작성하여 마스터 노드의 6443 port로 API 리퀘스트를 요청합니다. 이것은 별도의 클라이언트를 구성하지 않는다면 관리가 불편합니다. 그래서 대부분의 사용자들은 쿠버네티스에서 정의한 템플릿으로 .yaml 타입의 파일을 작성 후 커맨드-라인 툴을 이용하여 요청합니다. kubectl은 이 .yaml 파일을 JSON 형태로 변환하여 kube-api-server에 API 리퀘스트를 요청합니다.

YAML[11]은 e-mail 양식에서 개념을 얻어 사람이 쉽게 읽을 수 있는 데이터 직렬화 양식입니다. JSON 또한 데이터 직렬화에 많이 쓰이지만 JSON 보다 쉽게 읽을 수 있는 구조이며 들여쓰기(indent) 체크를 하기 때문에 구조적인 가독성이 좋습니다. YAML은 모든 데이터를 스칼라, 리스트, 맵의 조합으로 구성할 수 있게 설계되었기 때문에 쿠버네티스에서 사용하는 오브젝트들을 표현하기에 부족함이 없습니다.

쿠버네티스의 오브젝트를 관리하기 위한 YAML 형식은 크게 4개의 필드로 구성되며 기본 템플릿은 아래와 같습니다. 이 4가지 필드는 거의 모든 오브젝트들이 공통으로 사용합니다.

```
----
# comment
apiVersion:
kind:
metadata:
spec:
```

---

11 https://ko.wikipedia.org/wiki/YAML

- ----: 구분자. .yaml 파일 안에 여러 개를 포함 할 때 사용합니다.
- #: 주석
- apiVersion: 쿠버네티스의 API 버전을 설정합니다. 보통 관련 컴포넌트 패키지명/버전명 형식으로 구성됩니다.(apps/v1, batch/v1, rbac.authorization.k8s.io/v1beta1 등) 쿠버네티스 API의 버전 확인은 kubectl api-versions으로 확인 가능합니다.
- kind: 오브젝트 종류를 설정합니다.(Pod, Deployment, Service 등)
- metadata: 오브젝트의 메타정보를 설정합니다. 이름이나 레이블 등.
- spec: 파드의 컨테이너 생성정보를 설정합니다.

아래의 소스는 nginx를 2개의 파드로 실행시키는 디플로이먼트 예제입니다.

```
apiVersion: apps/v1 # apps/v1beta2를 사용하는 1.9.0보다 더 이전의 버전용
kind: Deployment
metadata:
  name: nginx-deployment
spec:
  selector:
    matchLabels:
      app: nginx
  replicas: 2 # 템플릿에 매칭되는 파드 2개를 구동하는 디플로이먼트임
  template:
    metadata:
      labels:
        app: nginx
    spec:
      containers:
      - name: nginx
        image: nginx:1.7.9
        ports:
        - containerPort: 80
```

소스에서 본 것과 같이 metadata와 spec은 다양한 하위 필드를 가지고 있습니다. 각각의 오브젝트들이 사용하는 하위 필드들은 다 다릅니다. 각각의 오브젝트 템

플릿들이 사용하는 필드들을 알려면 kubectl explain {오브젝트타입명} 명령을 실행하면 됩니다.

kubectl은 .yaml 템플릿 파일을 실행하는 것 뿐만 아니라 인라인(inline)형태로도 오브젝트 관리를 지원합니다. 이를 명령형 명령어(Imperative Command)라고 부르는데, kubectl 명령 뒤에 인수 또는 플래그를 넣어 작업을 할 수 있습니다.

하지만 쿠버네티스 사이트에서도 쿠버네티스 오브젝트는 하나의 기법을 통해서 관리되어야 한다고 명시하고 있으며, 명령형 명령어로는 오브젝트 구성에 대한 관리가 어렵기 때문에 .yaml 파일을 통한 관리를 추천합니다.

(#https://kubernetes.io/ko/docs/concepts/overview/working-with-objects/object-management/)

1.3.6 레이블과 셀렉터, 어노테이션

레이블(Label)과 어노테이션(Annotation)은 오브젝트 템플릿 내의 메타데이터에서 key=value 형식으로 정의됩니다. 같은 형식으로 정의되지만 레이블은 특정 오브젝트를 선택하기 위한 인식표 같은 것이고 어노테이션은 오브젝트의 주석 같은 것입니다. 즉, app=test 값을 가진 파드를 찾아줘는 레이블이고 현재 디플로이먼트의 변경정보를 보여줘는 어노테이션입니다. 그래서 어노테이션의 키는 쿠버네티스에서 인식할 수 있어야 합니다. 예외적으로 인그래스에서 필요한 설정을 어노테이션으로 설정할 수 있습니다.

특정 레이블을 찾는 역할을 하는 것은 셀렉터(Selector)라는 필드입니다. 셀렉터는 spec 필드 하위 필드이며 셀렉터 하위필드에서 특정 레이블 값을 설정합니다. 아래 소스는 레이블이 app: nginx인 파드를 찾아서 서비스하라는 예제입니다.

```
apiVersion: v1
kind: Service
metadata:
  name: nginx-service
spec:
  ports:
```

```
    - port: 8000 # the port that this service should serve on
      # the container on each pod to connect to, can be a name
      # (e.g. 'www') or a number (e.g. 80)
      targetPort: 80
      protocol: TCP
    # just like the selector in the deployment,
    # but this time it identifies the set of pods to load balance
    # traffic to.
    selector:
      app: nginx
```

셀렉터와 유사한 역할을 하는 노드 셀렉터(NodeSelector)도 있습니다. 이름에서 알 수 있듯이 특정 레이블을 포함하는 노드를 선택하는 필드입니다. 노드가 등록되면 쿠버네티스에서 자동으로 노드 정보를 포함하는 레이블을 등록합니다.

```
beta.kubernetes.io/arch=amd64
beta.kubernetes.io/os=linux
kubernetes.io/arch=amd64
kubernetes.io/hostname=kubeflow
kubernetes.io/os=linux
node-role.kubernetes.io/master=
```

1.3.7 인그레스

인그레스(Ingress)는 클러스터 외부에서 들어오는 요청을 처리하는 규칙들을 정의한 오브젝트입니다. 외부의 요청을 처리하는 점에 있어서 쿠버네티스의 오브젝트 중 서비스와 같은 일을 하지만, 서비스는 L4 레이어, 인그레스는 L7 레이어를 지원한다는 점에 있어 큰 차이가 있습니다. L4 레이어는 호스트명 라우팅, URL Path 라우팅 등이 불가하기 때문에 L7 레이어인 인그레스를 서비스의 앞단에 두고 사용한 것이 최근 추세입니다. 그 외에도 SSL/TLS 엔드포인트, 도메인 기반 가상 호스팅 등을 지원합니다. 다른 포트들을 노출하지 않으며 HTTP/HTTPS 경로만 노출합니다. 만약 그 외의 서비스를 외부로 노출할려면 서비스 타입(Service.Type)을 NodePort나 LoadBalancer로 설정해야 합니다.

인그레스는 규칙 명세가 모인 오브젝트이기 때문에, 그것만으로는 실행할 수 없으며 그것을 실행하는 인그레스 컨트롤러(Ingress Controller)가 필요합니다. Envoy, Ha-proxy 등 다양한 오픈소스가 지원을 하고 있으며, 쿠버네티스에서 공식적으로 제공하는 것은 gce용 ingress-gce와 nginx ingress controller입니다. 일반적으로 nginx ingress controller를 많이 사용합니다. 쿠베플로우도 대쉬보드 및 다양한 컴포넌트들에 대한 요청처리를 위해 인그레스가 사용되며, Istio[12]라는 서비스 메쉬(ServiceMesh)[13] 어플리케이션을 통해 Ingress를 지원합니다.

아래 소스는 nginx-ingress controller를 사용한 템플릿 예제입니다.

```
apiVersion: networking.k8s.io/v1beta1
kind: Ingress
metadata:
  name: test-ingress
  annotations:
    nginx.ingress.kubernetes.io/rewrite-target: /
spec:
  rules:
  - http:
      paths:
      - path: /testpath ·········· ①
        backend:
          serviceName: test ·········· ②
          servicePort: 80 ·········· ③
```

1.3.4.에서 설명한 템플릿과 같이 4개의 필드로 구성되어 있으며 spec내 하위 필드들이 외부의 요청에 대한 Rule을 설명하고 있습니다.

① **/testpath**: 외부에서 testpath로 요청이 들어올 때 적용 됩니다.
② **serviceName**: test : /testpath로 요청이 들어오면 서비스명이 test인 서비스로 넘깁니다.

12　https://istio.io/docs/concepts/what-is-istio/
13　https://www.redhat.com/ko/topics/microservices/what-is-a-service-mesh

③ servicePort: 80: 80포트로 요청

즉, 정리하면 외부에서 80포트로 /testpath로 요청이 오면 test인 서비스로 연결한다는 뜻입니다.

1.3.8 컨피그 맵

컨피그 맵(Config map)은 환경설정을 저장하는 오브젝트입니다. 앞서 컨테이너 개발의 시대에서 설명했듯이 개발-테스트-운영 환경을 동일하게 유지하는 것은 해당 컨테이너가 얼마나 환경에 독립적인가에 달렸습니다. 그러기 위해서 컨테이너 내의 어플리케이션에서 사용하는 환경변수를 분리하여 별도로 관리해야 합니다. 그럴 때 사용하는 것이 컨피그 맵입니다.

아래 소스는 컨피그 맵의 간단한 템플릿 예제입니다.

```
apiVersion: v1
kind: ConfigMap
metadata:
  name: prod-config
  namespace: default
data:
  special.how: very
  log_level: INFO
---
apiVersion: v1
kind: ConfigMap
metadata:
  name: dev-config
  namespace: default
data:
  log_level: DEBUG
```

컨피그맵의 이름이 prod-config인가 dev-config인가에 따라서 log_level이 다른 것을 확인할 수 있습니다. 이렇게 설정된 컨피그 맵을 사용하는 방법은 여러 가지인데 다른 오브젝트에서 환경변수 값으로 받을 수 있으며, 볼륨 형태로 마운트하여 파일 형태로 사용할 수 있습니다.

1.3.9 시크릿

앞서 설명한 컨피그맵은 환경변수 값을 저장하는 오브젝트입니다. 하지만 애플리케이션에서 사용하는 환경변수 값은 DB비밀번호, 사용자 비밀번호, OAuth Token같은 정보도 포함될 수 있습니다. 이런 정보는 노출되어서는 안되는 민감한 정보이기 때문에 쿠버네티스에서는 시크릿(Secret)이라는 별도의 오브젝트를 통해 관리를 합니다.

시크릿은 쿠버네티스 API에 접근시 서비스 어카운트(Service Account)가 사용하는 내장 시크릿과 어플리케이션이 사용하는(사용자가 만든) 사용자 정의 시크릿으로 나누어집니다.

내장 시크릿은 서비스 어카운트가 생성될 때 만들어지며 kube-api-server에서 사용할 수 있는 API에 접근 가능합니다.

사용자 정의 시크릿은 명령형 명령어를 통해 생성가능하며 지정된 템플릿을 통해서도 생성가능합니다. 명령형 명령어로 시크릿을 생성하면 각 필드의 값은 base64의 값으로 저장됩니다.

하지만 템플릿으로 생성할 경우엔 각 필드의 값을 base64로 인코딩 해주어서 넣어주어야 합니다.

아래 소스는 템플릿으로 시크릿을 생성하는 예제입니다. 기본 템플릿 구조에서 type이란 필드와 spec대신 data란 필드가 사용되는 것을 확인 할 수 있습니다.

```
apiVersion: v1
kind: Secret
metadata:
  name: mysecret
type: Opaque ········ ①
data:
  username: YWRtaW4=
  password: MWYyZDFlMmU2N2Rm
```

여기서 ① type: Opaque는 시크릿의 종류를 정의합니다. 쿠버네티스에서는 4가지 타입의 시크릿을 지원합니다.

- **Opaque**: key=value 형태의 기본 값으로 정의합니다.
- **kubernetes.io/dockerconfigjson**: 로그인이 필요한 도커 레지스트리의 로그인 정보입니다. (~/.docker/config.json). 파드가 컨테이너의 이미지를 pulling 해올 때 사용합니다.
- **kubernetes.io/tls**: TLS 인증정보 저장
- **kubernetes.io/service-account-token**: 쿠버네티스 인증 토큰을 저장

이 외에도 서드파티 오브젝트들이 만드는 커스텀 타입의 시크릿도 존재합니다. 하지만 타입명만 틀릴 뿐 안의 내용은 대부분 인증서 정보로 채워져 있습니다.

아래 캡처화면은 쿠베플로우를 설치하면 생성되는 시크릿 리스트입니다. 캡처화면에서 보는 것과 같이 4가지 종류 말고도 istio.io/key-and-cert 타입도 확인할 수 있습니다.

```
amaramusic@instance-1:~$ kubectl get secret -n kubeflow
NAME                                                          TYPE                                  DATA   AGE
admission-webhook-bootstrap-service-account-token-ztj2q       kubernetes.io/service-account-token   3      13d
admission-webhook-service-account-token-wzgm9                 kubernetes.io/service-account-token   3      13d
application-controller-service-account-token-q9jv5            kubernetes.io/service-account-token   3      13d
argo-token-c8fgx                                              kubernetes.io/service-account-token   3      13d
argo-ui-token-8dvh9                                           kubernetes.io/service-account-token   3      13d
centraldashboard-token-6g28c                                  kubernetes.io/service-account-token   3      13d
default-token-bb2d5                                           kubernetes.io/service-account-token   3      13d
istio.admission-webhook-bootstrap-service-account             istio.io/key-and-cert                 3      13d
istio.admission-webhook-service-account                       istio.io/key-and-cert                 3      13d
istio.application-controller-service-account                 istio.io/key-and-cert                 3      13d
istio.argo                                                    istio.io/key-and-cert                 3      13d
istio.argo-ui                                                 istio.io/key-and-cert                 3      13d
istio.centraldashboard                                        istio.io/key-and-cert                 3      13d
istio.default                                                 istio.io/key-and-cert                 3      13d
istio.jupyter-web-app-service-account                         istio.io/key-and-cert                 3      13d
istio.katib-controller                                        istio.io/key-and-cert                 3      13d
istio.katib-ui                                                istio.io/key-and-cert                 3      13d
```

▲ secret_리스트

1.3.10 인증과 권한

쿠버네티스의 인증은 kube-api-server를 사용할 수 있는가로 정의됩니다. 다양한 방법들이 존재하지만 주로 쿠버네티스에서 제공하는 계정 체계를 이용하는 것과 TLS를 이용하는 것으로 나누어 집니다. 대부분 커맨드라인툴을 이용해서 쿠버네티스의 리소스를 사용하기 때문에 실제 인증정보들은 사용자 홈 디렉토리에 있는 ~/.kube/config에 설정됩니다.

쿠버네티스의 계정 체계는 사용자 어카운트(User)와 서비스 어카운트(Service-Account)로 관리됩니다. 사용자 어카운트는 사용자 아이디의 개념입니다. 쿠버네티스는 사용자 정보를 관리하지 않으며 이것을 인증하는 시스템도 없기 때문에 사용자 어카운트는 외부 시스템을 통해 사용자 인증을 해야합니다(파일을 통해서도 관리가 가능합니다). 그래서 사용자 어카운트는 쿠버네티스의 리소스로 관리되지 않습니다. 서비스 어카운트는 특정 네임스페이스의 리소스가 클러스터 내의 리소스를 사용할 때, kube-api-server에 인증을 받기 위해 사용되는 오브젝트입니다. 서비스 어카운트가 생성될 때 시크릿도 같이 생성됩니다. 아래 소스는 쿠버네티스의 디폴드 서비스 어카운트의 템플릿 예제입니다. 이 서비스어카운트에 연결된 시크릿의 내용을 확인해보면 인증서와 토큰을 확인할 수 있습니다.

```
$ kubectl get sa default -n default -oyaml
apiVersion: v1
kind: ServiceAccount
metadata:
  creationTimestamp: "2019-12-30T02:03:30Z"
  name: default
  namespace: default
  resourceVersion: "345"
  selfLink: /api/v1/namespaces/default/serviceaccounts/default
  uid: a0b59e97-0448-4dd1-bb0a-bd3c47cae530
secrets:
- name: default-token-nvd8j


$ k describe secret default-token-nvd8j
Name:           default-token-nvd8j
Namespace:      default
Labels:         <none>
Annotations:    kubernetes.io/service-account.name: default
                kubernetes.io/service-account.uid: a0b59e97-0448-4dd1-bb0a

Type:   kubernetes.io/service-account-token

Data
```

```
====
namespace:    7 bytes
token:        eyJhbGciOiJSUzI1NiIsIm.....[이하생략]
ca.crt:       1025 bytes
```

이 토큰 정보와 서비스 어카운트 이름을 ~/.kube/config에 설정하면 이 사용자는 default라는 서비스어카운트의 권한을 가지게 됩니다.

쿠버네티스를 설치하고 나서 커맨드라인툴을 통해 별다른 인증 없이 사용할 수 있었던 이유는 kubectl 설정에 TSL 인증정보가 포함되었기 때문입니다. 이는 쿠버네티스 설치 후에 나오는 완료 메시지에서 관리자의 설정을 ~/.kube/config로 복사하도록 지시하기 때문에 가능합니다. 이렇게 복사된 인증정보는 관리자 권한이므로 어떠한 작업에도 인증제한이 없습니다.

```
[이전 생략]
Your Kubernetes control-plane has initialized successfully!
To start using your cluster, you need to run the following as a regular user:

  mkdir -p $HOME/.kube
  sudo cp -i /etc/kubernetes/admin.conf $HOME/.kube/config
  sudo chown $(id -u):$(id -g) $HOME/.kube/config
[이후 생략]
```

이렇게 사용자 인증을 거치고 난 다음 API나 리소스를 사용할 수 있는 권한(Authorization)이 있는지 확인을 합니다. 쿠버네티스는 다양한 방법으로 권한 관리를 제공하지만 RBAC(Role-Based Access Controll, 알백)이라는 방법이 주로 쓰입니다.

RBAC는 롤(Role) 기반 권한 관리를 뜻하는데 API나 리소스를 사용할 수 있는 범위를 롤로 정의하여 그 롤을 사용자에게 부여하는 방법입니다.

롤은 일반 롤과 전역 롤이라고 할 수 있는 클러스터 롤로 나누어집니다. 일반 롤은 해당 롤을 가지고 있는 네임스페이스에 한정됩니다. 물론 네임스페이스에 종속적이지 않은 API나 리소스도 사용할 수 있습니다. 다음 소스는 쿠브플로우의 대쉬보드 롤의 템플릿 일부입니다. 여기서 봐야할 것은 spec대신 rules 필드가 사용되는 것을 알 수 있습니다. 클러스터롤은 여기서 네임스페이스만 빠진 형태입니다.

```
apiVersion: rbac.authorization.k8s.io/v1
kind: Role
metadata:
  labels:
    app: centraldashboard
    app.kubernetes.io/component: centraldashboard
    app.kubernetes.io/instance: centraldashboard-v0.7.1
    app.kubernetes.io/managed-by: kfctl
    app.kubernetes.io/name: centraldashboard
    app.kubernetes.io/part-of: kubeflow
    app.kubernetes.io/version: v0.7.1
    kustomize.component: centraldashboard
  name: centraldashboard
  namespace: kubeflow
rules:
- apiGroups:
  - ""  # core API group
  - app.k8s.io
  resources:
  - applications
  - pods
  - pods/exec
  - pods/log
  verbs:
  - get
  - list
  - watch
- apiGroups:
  - ""
  resources:
  - secrets
  verbs:
  - get
```

rules의 하위 필드는 apiGroups, resources, verbs로 구성됩니다.

- **apiGroups**: API 그룹들을 설정합니다. "" 일 경우에는 core API(/api/v1) 그룹입니다.
- **resources**: 자원을 설정합니다. 쿠버네티스 오브젝트라고 보시면 됩니다.
- **verbs**: 어떤 동작을 할 것인지 설정합니다. Create, Get, List, Update, Patch, Delete 등이 있습니다.

아래는 쿠브플로우의 클러스터롤의 일부입니다.

```
$ kubectl get clusterrole | grep kubeflow
ml-pipeline-viewer-kubeflow-pipeline-viewers-admin            32d
ml-pipeline-viewer-kubeflow-pipeline-viewers-edit             32d
ml-pipeline-viewer-kubeflow-pipeline-viewers-view             32d
notebook-controller-kubeflow-notebooks-admin                  32d
notebook-controller-kubeflow-notebooks-edit                   32d
notebook-controller-kubeflow-notebooks-view                   32d
```

설정한 롤을 사용자와 연결하는 것을 롤 바인딩(RoleBinding) 오브젝트가 담당합니다. 클러스터롤은 클러스터롤 바인딩(ClusterRoleBinding)이 담당합니다.

아래 코드는 amaramusic@gmail이란 유저에게 바인딩된 롤을 보여주는 템플릿 예제 일부입니다. 기본 템플릿에서 spec대신 roleRef와 subjects가 추가되어 있습니다. 2개의 필드는 이름만 틀리고 하위 필드는 동일합니다.

```
apiVersion: rbac.authorization.k8s.io/v1
kind: RoleBinding
metadata:
  annotations:
    role: admin
    user: amaramusic@gmail.com
  creationTimestamp: "2019-12-30T14:20:05Z"
  name: namespaceAdmin
  namespace: amaramusic
roleRef: ......... ①
```

```
    apiGroup: rbac.authorization.k8s.io
    kind: ClusterRole
    name: kubeflow-admin
subjects: ......... ②
- apiGroup: rbac.authorization.k8s.io
    kind: User
    name: amaramusic@gmail.com
```

① **roleRef**: 바인딩 시킬 롤에 대한 정보를 정의합니다.
② **subjects**: 어떤 계정유형을 바인딩할 것인지 지정합니다. ServiceAccount, User, Group# 중 선택 가능합니다.

여기서는 User라는 계정 유형에 kubeflow-admin이라는 ClusterRole이 바인딩 되어 있는 것을 알 수 있습니다. 쿠베플로우 섹션에서 자세히 다루겠지만 쿠베플로우의 사용자 계정 인증은 온프레미스 환경에서는 Dex라는 OpenID 인증방식 시스템으로 사용자 계정관리를 합니다. 사용자가 등록이 되면 Dex는 사용자 명과 동일한 네임스페이스를 생성한 후 쿠베플로우의 리소스를 사용할 수 있게 쿠베플로우 클러스터롤을 바인딩 합니다.

1.4 쿠베플로우 설치

1.4.1 설치 조건

쿠베플로우를 설치하기 위해서는 2가지가 준비되어야 합니다.(v1.0RC 기준에서)

- Kubernetes[14]
- Kustomize[15]

앞서 설명했듯이 쿠버네티스 기반의 ML 툴킷이기 때문에 쿠버네티스는 사전에

---

14 https://kubernetes.io/
15 https://kustomize.io/

설치되어 있어야 합니다. 쿠베플로우의 최소 설치 시스템 사양도 쿠버네티스가 설치되는 최소 사양 기준이 됩니다.

- 4 CPU 이상
- 50 GB storage 이상
- 12 GB memory 이상

물론 퍼블릭 클라우드 서비스에서 제공하는 쿠버네티스 클러스터 서비스를 사용해도 상관없습니다. GCP의 GKE나 AWS의 EKS 같은 서비스입니다.

쿠버네티스 버전에 따라 설치 가능한 쿠베플로우의 버전도 틀립니다. 쿠버네티스 1.11 버전이상 1.15 이하에서 쿠베플로우가 설치 가능합니다. 물론 맞지 않는 버전을 설치할 수 있겠지만 호환성 부분에서 문제를 발생시키기 때문에 되도록 권장 버전을 설치하기 바랍니다.

지원되는 쿠버네티스 버전과 쿠베플로우 버전은 아래 표로 확인할 수 있습니다.

Kubernetes Ver.	Kubeflow 0.4	Kubeflow 0.5	Kubeflow 0.6	Kubeflow 0.7	Kubeflow 1.0
1.11	호환	호환	호환 안됨	호환 안됨	호환 안됨
1.12	호환	호환	호환 안됨	호환 안됨	호환 안됨
1.13	호환	호환	호환 안됨	호환 안됨	호환 안됨
1.14	호환	호환	호환	호환	호환
1.15	호환 안됨	호환	호환	호환	호환
1.16	호환 안됨	호환 안됨	호환 안됨	호환 안됨	호환 안됨

쿠베플로우는 데스크탑이나 서버, 기존의 쿠버네티스 클러스터, 퍼블릭 클라우드 등 다양한 환경에서 설치가 가능합니다. 쿠버네티스 위에서 실행되기 때문에 쿠버네티스의 환경에 따라서도 설치 방법들도 나누어집니다. 온프레미스 환경에서 쿠버네티스를 설치 후 쿠베플로우를 설치하는 방법도 있으며, Vagrant나 Virtual Box를 통해서 MiniKF[16]라는 쿠베플로우 배포판으로 설치를 할 수도 있으며,

---

16 https://www.kubeflow.org/docs/other-guides/virtual-dev/getting-started-minikf/

Minikube[17]라는 VM으로 구성된 싱글노드 쿠버네티스 환경 위에서도 설치가 가능합니다. Mircok8s[18]라는 쿠버네티스 배포판에서는 쿠베플로우를 애드온으로 지원하기도 합니다. 쿠버네티스의 설치는 처음 접하는 사용자들에겐 난이도가 있기 때문에 쿠베플로우만을 사용하는 것이라면 방금 설명한 MiniKF나 Minikube, Microk8s도 좋은 선택입니다.

Kustomize는 쿠버네티스 오브젝트의 배포를 편하게 도와주는 툴입니다. 기존 오브젝트 템플릿을 통해 배포하던 방식은 애플리케이션이 복잡해지면 파일들도 많아지고 배포환경에 따른 변경들도 자주 일어나 관리가 곤란하게 됩니다. 그래서 좀 더 체계화된 배포 방법들이 필요합니다. Kustomize는 이런 문제들을 별도의 템플릿 파일들을 통해서 해결해줍니다. 쿠베플로우도 컴포넌트들이 쿠버네티스 오브젝트로 구성되어 있기 때문에 kustomize를 통해서 설치를 진행합니다. kustomize는 쿠버네티스 1.14 버전부터 쿠버네티스 커맨드라인 툴의 커맨드로 포함되기 시작했습니다. 그래서 쿠버네티스 1.14 버전 이상을 사용하면 별도의 설치가 필요없습니다.

단, 쿠베플로우 0.6이후부터 kustomize로 설치가 진행되며 그 이전 버전에는 ksonnet으로 설치합니다. 하지만 ksonnet은 더 이상 진행되는 프로젝트[19]가 아니기 때문에 kustomize가 적용된 0.6 버전 이후를 추천합니다.

1.4.2 쿠버네티스 설치

이미 쿠버네티스 클러스터 환경이 구축되어 있다면 다음 장으로 넘어가셔도 좋습니다. 여기서는 쿠버네티스 1.15 버젼을 설치해보도록 하겠습니다. 시스템 사양 조건에 맞춘 GCP의 VM 인스턴스 2개를 사용합니다. 하나는 마스터 노드로 사용하며 나머지 하나는 워커 노드로 사용합니다. 쿠버네티스 설치를 위한 VM 인스턴스 사양은 아래와 같습니다.

- Ubunut 18.04 minimal

---

17 https://kubernetes.io/ko/docs/tasks/tools/install-minikube/
18 https://microk8s.io/, VM이 아닌 snap 이라는 packaging/isolation 기술을 사용한다.
19 https://ksonnet.io/get-started/

- 8 CPU, 20GB memory, 100GB Storage, K80 2ea

▲ gcp_instance

정상적으로 VM 생성이 완료되었다면 컨테이너 런타임으로 사용할 도커를 설치합니다.

아래에 사용되는 코드들은 https://github.com/mojokb/kubeflow-book/tree/master/kubernetes_install 에서 확인이 가능합니다.

여기서 사용되는 도커버젼은 docker-ce 18.09입니다.

```
$ sudo apt-get update
### docker-ce install , 18.09
https://docs.docker.com/install/linux/docker-ce/ubuntu/
$ sudo apt-get install -y apt-transport-https ca-certificates curl gnupg-agent software-properties-common
$ curl -fsSL https://download.docker.com/linux/ubuntu/gpg | sudo apt-key add -
$ sudo add-apt-repository "deb [arch=amd64] https://download.docker.com/linux/ubuntu $(lsb_release -cs) stable"
$ sudo apt-get update
$ sudo apt-get install -y docker-ce=5:18.09.9~3-0~ubuntu-bionic docker-ce-cli=5:18.09.9~3-0~ubuntu-bionic containerd.io vim

$ sudo su
$ cat > /etc/docker/daemon.json <<EOF
{
```

```
    "exec-opts": ["native.cgroupdriver=systemd"],
    "log-driver": "json-file",
    "log-opts": {
      "max-size": "100m"
    },
    "storage-driver": "overlay2"
}
EOF
$ mkdir -p /etc/systemd/system/docker.service.d
$ systemctl daemon-reload
$ systemctl restart docker
$ exit
```

도커 설치가 완료되었다면 도커의 GPU 리소스 사용을 위해 nvidia-docker를 설치합니다.

```
$ release="ubuntu"$(lsb_release -sr | sed -e "s/\.//g")
$ sudo apt install sudo gnupg
$ sudo apt-key adv --fetch-keys "http://developer.download.nvidia.com/compute/cuda/repos/"$release"/x86_64/7fa2af80.pub"
$ sudo sh -c 'echo "deb http://developer.download.nvidia.com/compute/cuda/repos/'$release'/x86_64 /" > /etc/apt/sources.list.d/nvidia-cuda.list'
$ sudo sh -c 'echo "deb http://developer.download.nvidia.com/compute/machine-learning/repos/'$release'/x86_64 /" > /etc/apt/sources.list.d/nvidia-machine-learning.list'
$ sudo apt update
$ apt-cache search nvidia
$ sudo apt-get install -y nvidia-XXX
$ sudo apt-get install -y dkms nvidia-modprobe
$ sudo reboot
$ sudo cat /proc/driver/nvidia/version | nvidia-smi
$ curl -s -L https://nvidia.github.io/nvidia-docker/gpgkey | sudo apt-key add -
$ distribution=$(. /etc/os-release;echo $ID$VERSION_ID)
$ curl -s -L https://nvidia.github.io/nvidia-docker/$distribution/nvidia-docker.list | sudo tee /etc/apt/sources.list.d/nvidia-docker.list
$ sudo apt-get update
```

```
$ sudo apt-get install -y nvidia-docker2
# daemon.json에 추가를 한다.
$ sudo vi /etc/docker/daemon.json
    "default-runtime": "nvidia",
    "runtimes": {
        "nvidia": {
            "path": "/usr/bin/nvidia-container-runtime",
            "runtimeArgs": []
        }
    }
$ sudo systemctl resatrt docker
$ sudo docker run --runtime=nvidia --rm nvidia/cuda nvidia-smi
```

```
amaramusic@instance-2:~$ nvidia-smi
Mon Feb 17 06:43:02 2020
+-----------------------------------------------------------------------------+
| NVIDIA-SMI 440.33.01    Driver Version: 440.33.01    CUDA Version: 10.2     |
|-------------------------------+----------------------+----------------------+
| GPU  Name        Persistence-M| Bus-Id        Disp.A | Volatile Uncorr. ECC |
| Fan  Temp  Perf  Pwr:Usage/Cap|         Memory-Usage | GPU-Util  Compute M. |
|===============================+======================+======================|
|   0  Tesla K80           On   | 00000000:00:04.0 Off |                    0 |
| N/A   52C    P0   112W / 149W |  11036MiB / 11441MiB |     51%      Default |
+-------------------------------+----------------------+----------------------+
|   1  Tesla K80           On   | 00000000:00:05.0 Off |                    0 |
| N/A   73C    P0   137W / 149W |  11036MiB / 11441MiB |     47%      Default |
+-------------------------------+----------------------+----------------------+

+-----------------------------------------------------------------------------+
| Processes:                                                       GPU Memory |
|  GPU       PID   Type   Process name                             Usage      |
|=============================================================================|
|    0      5897     C    python                                   11022MiB   |
|    1     25091     C    python                                   11022MiB   |
+-----------------------------------------------------------------------------+
```

▲ nvidia-smi

정상적으로 설치가 되었다면 노드에 설치되어 있는 GPU의 리스트와 각종 상태 및 수행되는 프로세스를 알 수 있는 정보를 확인 할 수 있습니다.

nvidia-docker 까지 설치가 완료되면 쿠버네티스 1.15 버전을 설치합니다.

```
$ curl -s https://packages.cloud.google.com/apt/doc/apt-key.gpg | sudo apt-key add
$ sudo apt-add-repository "deb http://apt.kubernetes.io/ kubernetes-xenial main"
$ sudo apt-get install -y kubelet=1.15.5-00 kubeadm=1.15.5-00 kubectl=1.15.5-00
$ sudo apt-mark hold kubelet kubeadm kubectl
```

```
$ sudo sysctl net.bridge.bridge-nf-call-iptables=1
```

여기까지가 마스터 노드와 워커 노드 공통 설치 영역입니다.

마스터 노드일 경우 kubeadmin init라는 명령을 통해 쿠버네티스 초기화 시킵니다. 여기서 쿠버네티스 사용을 위한 어드민 인증관련 설정을 사용자 홈 디렉토리에 복사하는 과정과 쿠버네티스의 네트워크 정책을 정의하는 부분이 포함됩니다.

```
# kubeadm init
# 192.168.0.0/16이 현재 사용하는 네트워크와 겹친다면 172.16.0.0/16으로 사용합니다.
$ sudo kubeadm init --pod-network-cidr=192.168.0.0/16

(중략)
Your Kubernetes control-plane has initialized successfully!

To start using your cluster, you need to run the following as a regular user:

  mkdir -p $HOME/.kube
  sudo cp -i /etc/kubernetes/admin.conf $HOME/.kube/config
  sudo chown $(id -u):$(id -g) $HOME/.kube/config

You should now deploy a Pod network to the cluster.
Run "kubectl apply -f [podnetwork].yaml" with one of the options listed at:
  /docs/concepts/cluster-administration/addons/

You can now join any number of machines by running the following on each node
as root:

  kubeadm join <control-plane-host>:<control-plane-port> --token <token>
--discovery-token-ca-cert-hash sha256:<hash>

$ mkdir -p $HOME/.kube
$ sudo cp -i /etc/kubernetes/admin.conf $HOME/.kube/config
$ sudo chown $(id -u):$(id -g) $HOME/.kube/config
# enable master node scheduling
$ kubectl taint nodes --all node-role.kubernetes.io/master-
```

```
$ kubectl apply -f https://docs.projectcalico.org/v3.11/manifests/calico.yaml
```

쿠버네티스를 초기화시킨 노드가 마스터 노드가 되며 초기화 과정을 마치면 이 노드에 조인 할 수 있는 토큰값을 포함한 kubeadm 명령어가 노출됩니다. 이 명령어를 워커 노드에 그대로 복사하여 실행시키면 워커 노드가 정상적으로 마스터 노드에 조인됩니다.

```
$ sudo kubeadm join 10.140.0.30:6443 --token gvqzq2.790jhot66r6214y7
--discovery-token-ca-cert-hash sha256:f51f70
98225f661c09183e0da5af1de42eca51ff0d7aaad18af38d2b1ae15740
```

쿠버네티스 설치가 완료되면 정상적으로 쿠버네티스 클러스터가 설치가 되었는지 확인해봅니다. 커맨드 라인 툴을 사용하여 확인합니다. [그림]과 같이 2개의 노드의 STATUS가 Ready가 되면 정상적으로 설치가 완료된 것입니다.

```
amaramusic@instance-1:~$ kubectl get node
NAME         STATUS   ROLES    AGE   VERSION
instance-1   Ready    master   14d   v1.15.5
instance-2   Ready    <none>   14d   v1.15.5
amaramusic@instance-1:~$
```

▲ 노드 조회

이제 쿠버네티스 스토리지를 위한 스토리지클래스(StorageClass)를 설치합니다. 쿠베플로우는 동적 프로비저닝을 지원하는 스토리지클래스가 필요합니다. 대부분의 스토리지클래스가 동적 프로비저닝을 지원해주며, 여기서는 로컬 스토리지를 지원하는 local-path-storage[20]와 NFS 스토리지를 지원하는 nfs-client-provisioner[21]를 설치합니다. 물론 nfs-client-provisioner를 설치하기 위해서는 NFS 서버 정보도 필요합니다. 여기서 확인해야 할 것은 NFS은 버전 4 이상이어야 하며(nfsstat -s) /etc/exports 내 폴더 설정에서 no_root_squash 옵션이 포함되어 있어야 합니다. 그리고 클러스터내의 각각 노드들은 NFS 서버에 접속할 수 있는

---

20 https://github.com/rancher/local-path-provisioner
21 https://github.com/helm/charts/tree/master/stable/nfs-client-provisioner

NFS client가 설치되어 있어야합니다.[22]

```
amaramusic@instance-1:~$ nfsstat -s
Server rpc stats:
calls      badcalls    badfmt      badauth     badclnt
15540145   1           1           0           0

Server nfs v4:
null                   compound
1          0%          15538536 99%
```

▲ NFS 버전 확인

```
amaramusic@instance-1:~$ cat /etc/exports
# /etc/exports: the access control list for filesystems which may be exported
#               to NFS clients. See exports(5).
#
# Example for NFSv2 and NFSv3:
# /srv/homes        hostname1(rw,sync,no_subtree_check) hostname2(ro,sync,no_subtree_check)
#
# Example for NFSv4:
# /srv/nfs4         gss/krb5i(rw,sync,fsid=0,crossmnt,no_subtree_check)
# /srv/nfs4/homes   gss/krb5i(rw,sync,no_subtree_check)
#
/mnt/sharedfolder   10.140.0.30(rw,insecure,sync,no_subtree_check,no_root_squash)
/mnt/sharedfolder   10.140.0.32(rw,insecure,sync,no_subtree_check,no_root_squash)
amaramusic@instance-1:~$
```

▲ no_root_squash

확인이 되었다면 Helm.[23]이라는 쿠버네티스 배포툴을 이용하여 nfs-client-provisioner 패키지를 설치합니다.

```
$ kubectl apply -f https://raw.githubusercontent.com/rancher/local-path-provisioner/master/deploy/local-path-storage.yaml
$ curl https://raw.githubusercontent.com/helm/helm/master/scripts/get > get_helm.sh
$ chmod 700 get_helm.sh
$ ./get_helm.sh
$ kubectl -n kube-system create sa tiller
$ kubectl create clusterrolebinding tiller --clusterrole cluster-admin --serviceaccount=kube-system:tiller
$ helm init --service-account tiller
$ helm repo update
# to install nfs-client-provisioner
```

---

22 https://www.kubeflow.org/docs/other-guides/kubeflow-on-multinode-cluster/#nfs-client
23 https://helm.sh/

```
$ helm install --name my-release --set nfs.server=x.x.x.x --set nfs.path=/
exported/path stable/nfs-client-provisioner
$ kubectl patch storageclass nfs-client -p '{"metadata":
{"annotations":{"storageclass.kubernetes.io/is-default-class":"true"}}}'
```

정상적으로 설치가 된다면 kubectl get storageclass라는 명령으로 설치된 스토리지클래스를 확인할 수 있습니다. 여기선 2개의 스토리지 클래스가 조회되고 nfs-client가 default로 설정되어 있다면 성공적으로 설치된 것입니다.

```
amaramusic@instance-1:~$ kubectl get storageclass
NAME                  PROVISIONER
local-path            rancher.io/local-path
nfs-client (default)  cluster.local/my-release-nfs-client-provisioner
```

▲ storage_class

그 다음은 GPU 리소스를 사용하기 위한 nvidia-gpu-plugin을 설치 합니다. 물론 각 노드들마다 nvidia-docker가 설치되어 있어야 정상 작동되며 도커 데몬 설정 파일에 nvidia가 기본 런타임으로 잡혀 있어야 합니다.

```
$ kubectl create -f https://raw.githubusercontent.com/NVIDIA/k8s-device-
plugin/1.0.0-beta4/nvidia-device-plugin.yml
```

정상적으로 설치가 되었다면 GPU가 설치된 노드갯수 만큼 nvidia-device-plugin 파드가 생성 됩니다.

```
amaramusic@instance-1:~$ kubectl get pod -n kube-system
NAME                                         READY   STATUS    RESTARTS
calico-kube-controllers-6f7894fcb9-2qx7c     1/1     Running   2
calico-node-c4vhz                            1/1     Running   4
calico-node-tfxc9                            1/1     Running   2
coredns-5c98db65d4-9bl5f                     1/1     Running   4
coredns-5c98db65d4-tt4z2                     1/1     Running   14
etcd-instance-1                              1/1     Running   4
kube-apiserver-instance-1                    1/1     Running   4
kube-controller-manager-instance-1           1/1     Running   4
kube-proxy-4fzxk                             1/1     Running   2
kube-proxy-bl5tg                             1/1     Running   4
kube-scheduler-instance-1                    1/1     Running   4
nvidia-device-plugin-daemonset-4hwkf         1/1     Running   4
nvidia-device-plugin-daemonset-dqm2z         1/1     Running   2
tiller-deploy-54f7455d59-tb8fq               1/1     Running   2
```

▲ kube-system

현재 2개의 노드로 구성되어 있기 때문에 nvidia-device-plugin이 2개가 생성된 것을 확인 할 수 있습니다.

1.4.3 프라이빗 도커 레지스트리

앞으로 있을 예제들을 실행시키지 위해서는 도커 이미지를 저장할 프라이빗 도커 레지스트리를 설치해야 합니다. 쿠버네티스가 설치되어 있기 때문에 쿠버네티스 서비스로서 도커 레지스트리 서비스를 올립니다. kubeflow-registry.default. svc.cluster.local:30000 주소로 생성이 됩니다. 이 주소는 쿠버네티스 서비스의 도메인 주소이기 때문에 쿠버네티스 내부에서 파드들이 조회를 할 수 있습니다.

https://github.com/mojokb/handson-kubeflow/blob/master/registry/kubeflow-registry-deploy.yaml

https://github.com/mojokb/handson-kubeflow/blob/master/registry/kubeflow-registry-svc.yaml

```
$ kubectl apply -f kubeflow-registry-deploy.yaml
deployment.extensions/kubeflow-registry created
$ kubectl apply -f kubeflow-registry-svc.yaml
service/kubeflow-registry created
```

하지만 kubeflow-registry.default.svc.cluster.local 이 주소는 쿠버네티스만 아는 주소이기 때문에 호스트에서는 인식을 할 수 있게 /etc/hosts에 입력을 해주어야 합니다.

```
# in /etc/hosts
...
10.X.X.X kubeflow-registry.default.svc.cluster.local
...
```

정상적으로 설치가 되었다면 curl같은 명령어로 확인을 해봅시다. /v2/_catalog 는 현재 도커 레지스트리에 등록된 이미지들의 목록을 보여줍니다.

```
$ curl kubeflow-registry.default.svc.cluster.local:30000/v2/_catalog
{"repositories":[]}
```

현재는 등록된 이미지가 없기 때문에 아무것도 나오지 않습니다. 샘플로 busybox:latest[24] 이미지를 올려봅시다. 그전에 프라이빗 레지스트리 이기 때문에 도커에게 이 친구는 보안을 체크하지 않아도 돼 라고 이야기 해주어야 합니다. /etc/docker/daemon.json 란 파일 안에 아래와 같은 항목을 넣어줍니다. 수정이 완료되면 도커를 재시작합니다.

```
# in /etc/docker/daemon.json
  "insecure-registries": [
    "kubeflow-registry.default.svc.cluster.local:30000"
  ]

$ sudo systemctl restart docker
```

도커가 재시작되었다면 이미지를 올려봅시다.

```
$ sudo docker tag busybox:latest kubeflow-registry.default.svc.cluster.local:30000/busybox:latest
$ sudo docker push kubeflow-registry.default.svc.cluster.local:30000/busybox:latest
The push refers to repository [kubeflow-registry.default.svc.cluster.local:30000/busybox]
195be5f8be1d: Pushed
latest: digest: sha256:edafc0a0fb057813850d1ba44014914ca02d671ae247107ca70c94d b686e7de6 size: 527
```

이미지는 정상적으로 올라갔습니다. 다시 /v2/_catalog를 실행해봅시다.

---

24 https://ko.wikipedia.org/wiki/비지박스 간단한 유닉스도구들이 있습니다.

```
$ curl kubeflow-registry.default.svc.cluster.local:30000/v2/_catalog
{"repositories":["busybox"]}
```

우리는 이제 프라이빗한 도커레지스트리까지 얻었습니다.

여기까지 설치가 되었다면 쿠베플로우를 설치하기 위한 쿠버네티스 설치는 완료됩니다.

1.4.4 k9s

쿠버네티스를 사용하기 위해서 kubectl을 사용하지만 커맨드 라인 툴 특성상 로그 모니터링 등의 작업에 대한 편의성이 떨어집니다. 그래서 터미널상에서 좀 더 편하게 관리할 수 있는 툴들을 사용합니다. 여기서는 k9s라는 툴을 소개합니다. 앞으로도 쿠버네티스 관련 작업들은 k9s[25]를 통해 진행할 예정입니다.

k9s는 2019년 2월에 첫 릴리즈가 나온 이후로 4,900여개의 깃헙 스타를 받은 쿠버네티스 관리 툴입니다. 현재 리눅스, OSX, Window 플랫폼을 지원하며 다양한 설치 방법을 제공합니다. 실행파일도 제공하기 때문에 실행파일을 다운로드 받아서 /usr/bin 경로로 복사한 후 실행시켜봅니다.

```
$ wget https://github.com/derailed/k9s/releases/download/v0.13.7/k9s_0.13.7_Linux_i386.tar.gz
$ tar xzvf k9s_0.13.7_Linux_i386.tar.gz
$ sudo mv k9s /usr/bin
$ k9s
```

---

25 https://github.com/derailed/k9s

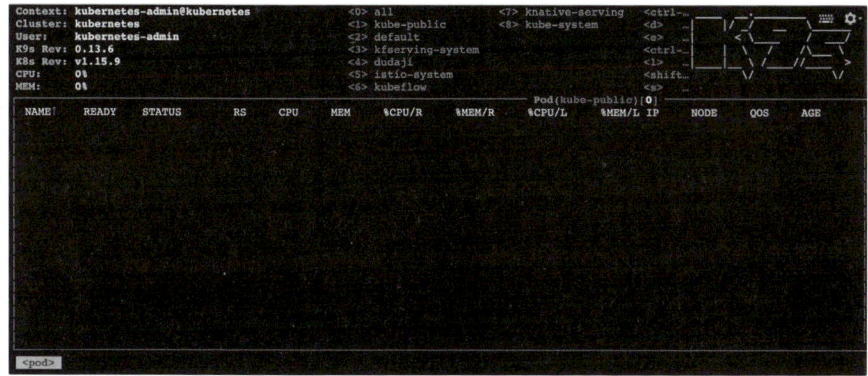

▲ k9s-public

[그림]은 메인화면입니다. 최초로 실행하면 kube-public 네임스페이스내에 있는 파드의 리스트를 보여줍니다. 쿠버네티스를 설치한 후라면 kube-public에는 아무런 파드가 존재하지 않습니다.

콜론(:)을 누르면 명령어를 입력할 수 있는 영역이 노출됩니다.

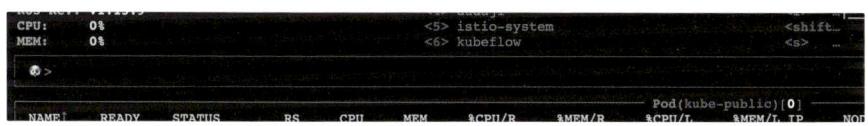

▲ k9s-command

입력창에 쿠버네티스의 오브젝트 이름을 입력하면 해당 오브젝트의 리스트들이 나옵니다.

여기서는 kube-system 네임스페이스에 있는 파드 리스트를 확인해봅시다.

입력창에 ns(namespace)를 입력 후 엔터를 누르면 네임스페이스의 리스트가 노출됩니다.

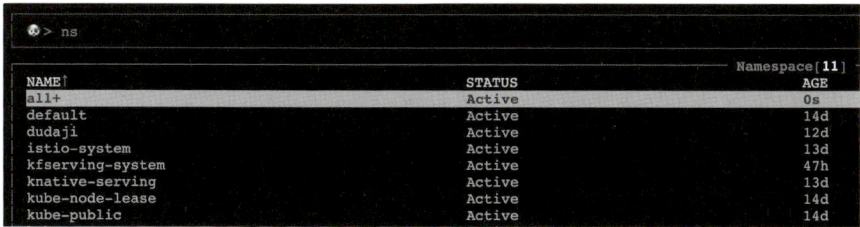

▲ k9s-ns

커서로 kube-system을 선택 후 엔터를 입력하면 kube-system에 속해있는 파드 리스트를 확인 할 수 있습니다.

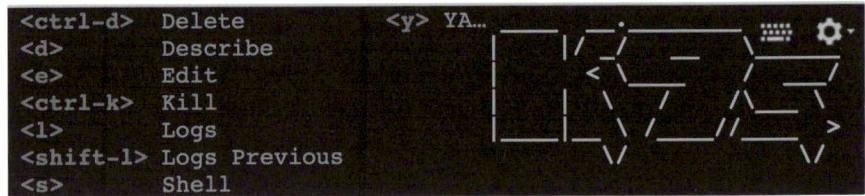

▲ k9s-pod

화면 우상단에는 사용할 수 있는 단축키들도 보여줍니다.

```
<ctrl-d>    Delete
<d>         Describe
<e>         Edit
<ctrl-k>    Kill
<l>         Logs
<shift-l>   Logs Previous
<s>         Shell
```

▲ k9s-command

kubectl에서 사용하는 자주 사용하는 옵션들이 위치해 있습니다.

파드리스트중에 etcd로 시작하는 파드를 선택해 ⓛ키를 눌러 로그를 확인해봅시다.

▲ k9s-log

그 외 삭제나 수정, 구성 등도 단축키를 통해서 실행이 가능하기 때문에 커맨드 라인 툴인 kubectl보다는 편하게 사용할 수 있습니다.

k9s의 종료는 Ctrl - C를 누르면 쉘로 다시 돌아갑니다.

1.4.5 kfctl[26]

kfctl은 쿠베플로우 컴포넌트를 배포/관리 하기 위한 커맨드라인툴입니다. 앞서 설명한 쿠버네티스의 kubectl과 비슷한 역할을 합니다. 쿠베플로우의 설치의 시작도 kfctl을 먼저 설치한 후에 진행됩니다. kfctl의 릴리즈 정보는 https://github.com/kubeflow/kubeflow/releases에서 확인 가능하며 소스코드와 실행파일 둘 다 제공하고 있습니다.

설치하고자 하는 버전의 릴리즈 파일을 다운로두 받은 후 압축을 풀어 PATH에 등록합니다. 책이 나오는 시점에서는 다른 릴리즈 버전일 수도 있으니 릴리즈 페이지를 확인해주세요.

```
$ wget https://github.com/kubeflow/kfctl/releases/download/v1.0-rc.4/kfctl_v1.0-rc.3-1-g24b60e8_linux.tar.gz
$ tar xzvf kfctl_v1.0-rc.3-1-g24b60e8_linux.tar.gz
$ sudo mv kfctl /usr/bin
$ kfctl
```

▲ kfctl1.0

---

26 https://github.com/kubeflow/kfctl/tree/master/cmd/kfctl

1.4.6 배포 플랫폼

쿠베플로우는 배포 플랫폼에 따라 배포 설정 파일을 제공합니다. 몇 가지로 분류할 수 있는데 이미 존재하는 쿠버네티스 클러스터 환경일 경우와 퍼블릭 클라우드 서비스 환경일 경우로 나누어집니다. 또 그 안에서 어떤 인증방식을 택하느냐에 따라 나누어집니다.

먼저 이미 설치된 쿠버네티스 클러스터 환경에서 설치를 진행할 경우

- 쿠베플로우 커뮤니티에서 지원하는 스탠다드 쿠베플로우 버전
- Arrikto[27]라는 벤더사에서 지원하는 Dex for authentication 버전

으로 나누어집니다. 일반 버전에서는 어떠한 외부 디펜던시가 없는 바닐라 버전입니다.

Arrikto라는 벤더사가 지원하는 버전은 Dex[28]라는 기반의 인증이 포함된 버전입니다. 둘 다 설치되는 쿠베플로우 주요 컴포넌트의 차이는 없지만 Dex for authentication 버전은 사용자 인증 시스템을 제공하는 점이 틀립니다. Dex는 여러 가지 인증 방법을 제공합니다.

- 아이디/비밀번호 인증
- LDAP/ Active Directory 인증
- Google, Github을 이용한 외부 인증

---

27 https://github.com/dexidp/dex
28 https://openid.net/connect/

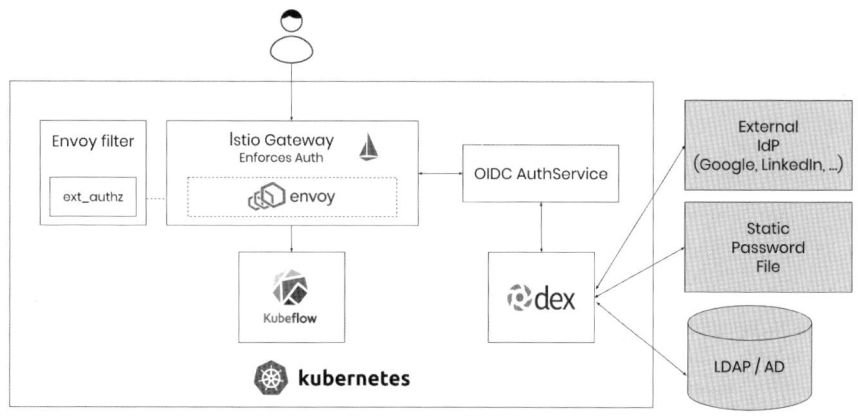

▲ dex-auth
출처 _ https://www.kubeflow.org/docs/started/k8s/kfctl-istio-dex/#architecture-overview

다중 사용자 기능이 필요하면 Dex 버전을 추천드립니다.

퍼블릭 클라우드 환경에서 설치를 진행하는 경우는

- AWS(https://www.kubeflow.org/docs/aws/deploy/install-kubeflow/)
- Azure(https://www.kubeflow.org/docs/azure/deploy/install-kubeflow/)
- Google Cloud(https://www.kubeflow.org/docs/gke/)
- IBM Cloud Private(https://www.kubeflow.org/docs/started/cloud/getting-started-icp/)

로 나누어 집니다. 각 환경에 대해서 간단히 설명을 하면,

AWS는 EKS라는 쿠버네티스 서비스를 제공하기 때문에 먼저 EKS 클러스터를 통해 쿠버네티스 환경을 구축을 합니다. IAM, 클러스터 리전(Cluster region), 워커 롤(Worker roles) 등 리소스 사용 권한 관련 정보들을 확인 후, 쿠베플로우를 설치 진행합니다. 여기서도 보통 버전과 인증 버전으로 나누어지는데 사용자 인증은 Amazon Congnito[29] 서비스를 통해 이루어집니다. 상세 내용은 쿠베플로우 AWS 설치가이드에서 확인 가능합니다.

Azure 또한 AWS와 마찬가지로 AKS라는 쿠버네티스 서비스를 제공하기 때문에

---

29 https://aws.amazon.com/ko/cognito/

AKS 서비스로 쿠버네티스 환경을 구축한 후 설치를 진행하면 됩니다.

Google Cloud Platform(GCP)에서도 GKE라는 쿠버네티스 클러스터 서비스를 제공하고 있습니다. 다른 퍼블릭 클라우드 서비스와는 다르게 쿠베플로우를 배포할 수 있는 Web UI[30]도 제공하고 있습니다. 사용자 인증도 아이디/비밀번호 방식과 GCP IAP[31] 방식을 통해 진행할 수 있기 때문에 손쉽게 쿠베플로우를 배포할 수 있습니다. 단 지원하는 쿠베플로우 버전은 0.7 이상입니다.

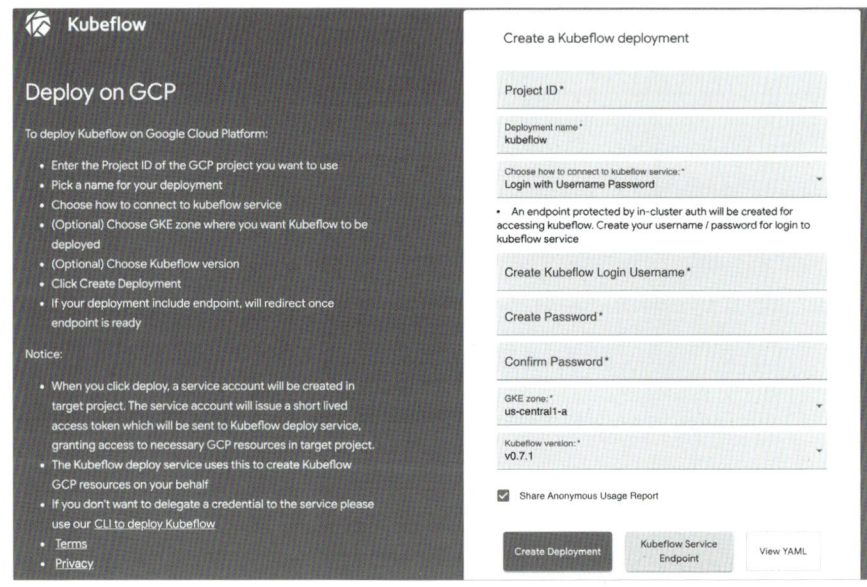

▲ 쿠베플로우 deploy on gcp

IBM Cloud Private는 서비스 자체가 쿠버네티스 환경이기 때문에 NFS 서버 설정, Persistent volume 설정, 컨테이너 이미지 풀링 정책 등만 설정해준 후, 설치 가이드에 맞게 설치를 진행하면 됩니다.

이 책에서는 앞장에서 설치한 쿠버네티스 클러스터 환경에서 설치를 진행합니다 (온-프레미스 환경과 같다고 생각하시면 됩니다).

---

30 https://deploy.kubeflow.cloud/#/
31 https://www.kubeflow.org/docs/gke/deploy/oauth-setup/

1.4.7 스탠다드 쿠베플로우 설치

앞서 설명했듯이 기존 쿠버네티스 클러스 환경에서의 설치는 스탠다드 버전과 Dex 버전이든 동일한 순서를 가집니다. 먼저 스탠다드 버전설치를 진행한 후, Dex 버전과의 차이점을 설명합니다.

먼저 설치에 필요한 환경 변수들을 설정합니다.

쿠베플로우 배포 스크립트들이 설치될 디렉토리 및 배포 템플릿을 설정합니다.

```
$ export KF_NAME=handson-kubeflow
$ export BASE_DIR=/home/${USER}
$ export KF_DIR=${BASE_DIR}/${KF_NAME}

$ export CONFIG_URI="https://raw.githubusercontent.com/kubeflow/manifests/v1.0-branch/kfdef/kfctl_k8s_istio.v1.0.0.yaml"
```

설치될 디렉토리를 생성 후 kfctl을 통해서 설정된 배포 템플릿 파일을 통해 kustomize 패키지를 빌드합니다.

```
$ mkdir -p ${KF_DIR}
$ cd ${KF_DIR}
$ kfctl build -V -f ${CONFIG_URI}
```

```
amaramusic@instance-1:~$ cd ${KF_DIR}
amaramusic@instance-1:~/handson-kubeflow$ kfctl build -V -f ${CONFIG_URI}
```
▲ kubeflow-build

빌드가 완료되면 설치 폴더에 kustomize라는 폴더가 생성되며 [쿠베플로우 컴포넌트 kustomize 구조]과 같은 구조의 kustomize 패키지[32]가 생성되어 있는 것을 확인할 수 있습니다. 또한 로컬 버전의 배포 템플릿도 생성합니다. 만약 커스터마이징을 해야 한다면 이 파일을 수정하면 됩니다.

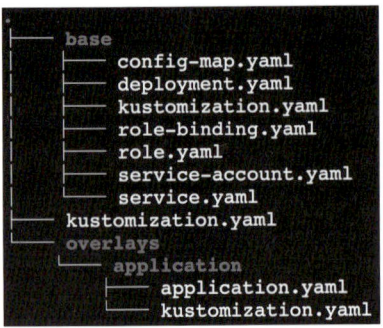

▲ 쿠베플로우 컴포넌트 kustoimze

---

32 https://www.kubeflow.org/docs/other-guides/kustomize/#more-about-kustomize

정상적으로 패키지 생성이 완료되면 kftcl을 이용하여 패키지를 실행합니다.

```
$ export CONFIG_FILE=${KF_DIR}/kfctl_k8s_istio.v1.0.0.yaml
$ kfctl apply -V -f ${CONFIG_FILE}
```

▲ 쿠베플로우 패키지 설치

쿠버네티스 오브젝트들이 등록되며, 정상적으로 등록이 완료되면 INFO[0XXX] Applied the configuration Successfully! 라는 메시지를 확인할 수 있습니다.

만약 Istio가 기존 쿠버네티스 클러스터에 깔려 있다면 설치시 중복 오류가 발생합니다. 이럴때는 kfctl_k8s_istio.X.X.X.yaml의 부분 중 istio-install, istio-crds 영역만 주석처리후 재배포하면 됩니다.

만약 Certmanager 관련 오류가 계속 뜨게 된다면 관련 컴포넌트들이 아직 로딩이 되지 않았거나 관련 스토리지가 올라가는 중이니 조금 기다리시면 됩니다.

```
# in kfctl_k8s_istio.1.0.0.yaml
apiVersion: kfdef.apps.kubeflow.org/v1beta1
kind: KfDef
metadata:
[이상생략]
#   - kustomizeConfig:
#       parameters:
#       - name: namespace
#         value: istio-system
#       repoRef:
```

```
#       name: manifests
#       path: istio/istio-crds
#    name: istio-crds
# - kustomizeConfig:
#     parameters:
#     - name: namespace
#       value: istio-system
#     repoRef:
#       name: manifests
#       path: istio/istio-install
#    name: istio-install
```
[이하생략]

설치가 완료되면 kubeflow와 knative-serving, istio-system, 3개의 네임스페이스가 생성됩니다. k9s를 이용하여 파드들의 Status를 확인해 봅시다.

▲ k9s-pod

시스템 사양에 따라 다르지만 모든 컴포넌트가 다 올라가기까지 대략 10여분 전후가 소요됩니다. 만약 쿠베플로우 파드들 중 PVC를 사용하는 Mysql, ml-pipeline-persistenceagent, katib-db-75975d8dbd-95pfx 등이 chown, mysql 관련 Crash가 난다면 NFS 설정을 확인해야 합니다(1. 4. 2. 쿠버네티스 설치, NFS 설정관련 참조).

모든 파드가 정상적으로 Running 상태가 되면 쿠베플로 배포는 완료된 것입니다. 이제 쿠베플로우 대쉬보드에 접속할 수 있습니다. 쿠베플로우의 대쉬보드는 istio-system의 istio-ingressgateway 서비스를 통해서 접속 가능합니다.

```
amaramusic@instance-1:~/handson-kubeflow/kustomize/api-service$ kubectl get service -n istio-system
NAME                    TYPE        CLUSTER-IP        EXTERNAL-IP   PORT(S)                                                                      AGE
grafana                 ClusterIP   10.108.144.83     <none>        3000/TCP                                                                     9m56s
istio-citadel           ClusterIP   10.105.188.151    <none>        8060/TCP,15014/TCP                                                           9m56s
istio-egressgateway     ClusterIP   10.111.55.223     <none>        80/TCP,443/TCP,15443/TCP                                                     9m56s
istio-galley            ClusterIP   10.97.124.109     <none>        443/TCP,15014/TCP,9901/TCP                                                   9m56s
istio-ingressgateway    NodePort    10.106.153.236    <none>        15020:32477/TCP,80:31380/TCP,443:31390/TCP,15029:31636/TCP,15030:30093/TCP,15031:30791/TCP,15032:30243/TCP,15443:32642/TCP   9m56s
istio-pilot             ClusterIP   10.98.241.169     <none>        15010/TCP,15011/TCP,8080/TCP,15014/TCP                                       9m56s
istio-policy            ClusterIP   10.103.59.177     <none>        9091/TCP,15004/TCP,15014/TCP                                                 9m56s
istio-sidecar-injector  ClusterIP   10.111.134.7      <none>        443/TCP
```

▲ istio-system

istio-ingressgateway 서비스가 31380 NodePort로 80포트에 매핑되어 있는 것을 알 수 있습니다. 브라우저 경로창에서 http://{서버주소}:31380으로 접속해봅시다.

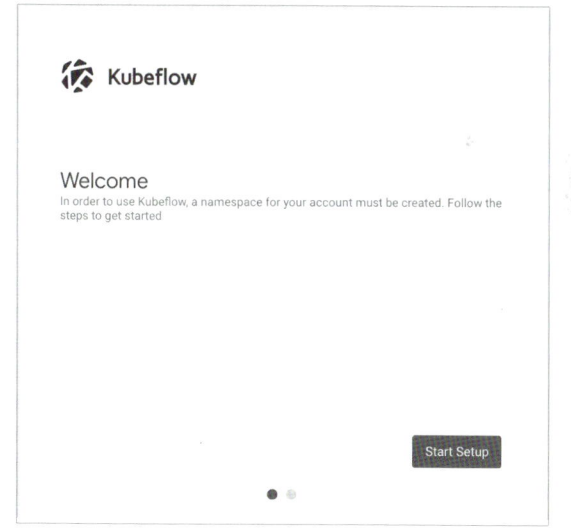

▲ 첫화면

[쿠베플로우 대쉬보드 첫 화면]과 같이 나오면 대쉬보드는 정상적으로 실행된 것입니다.

그리고 Start Setup을 눌러 사용할 네임스페이스를 설정 화면으로 이동합니다.

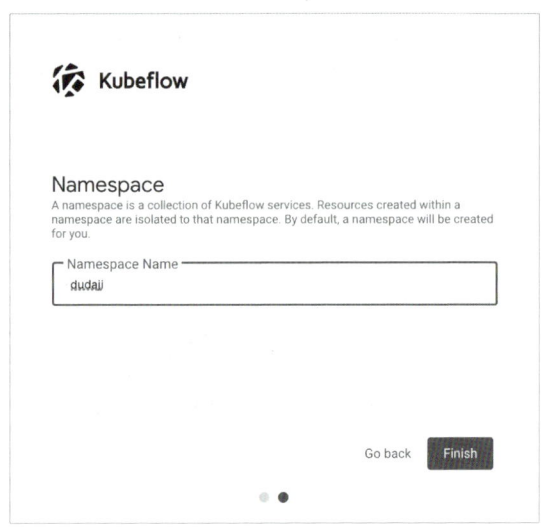

▲ 네임스페이스

네임스페이스를 정하고 Finish 버튼을 누르면 선택한 네임스페이스 기반의 대쉬보드로 이동합니다.

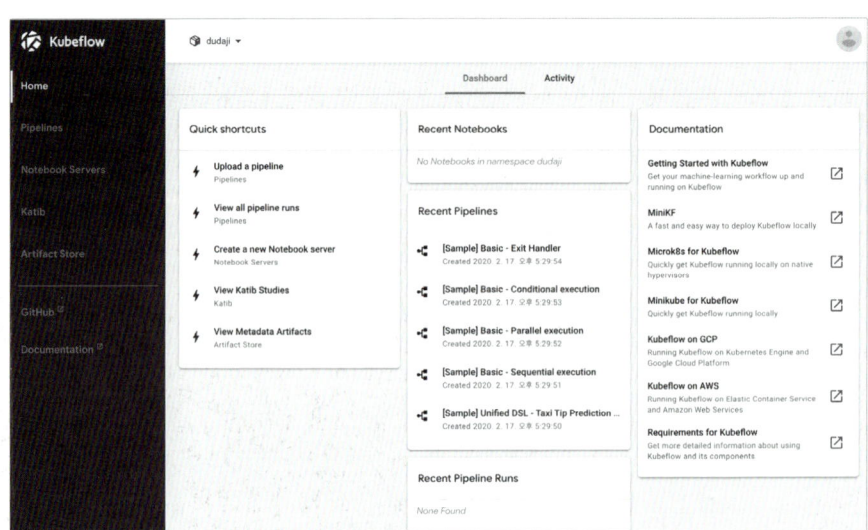

▲ kubeflow-dashboard

각각의 메뉴를 눌러 각 컴포넌트의 UI가 정상적으로 노출되면 쿠베플로우 설치는 마무리된 것입니다.

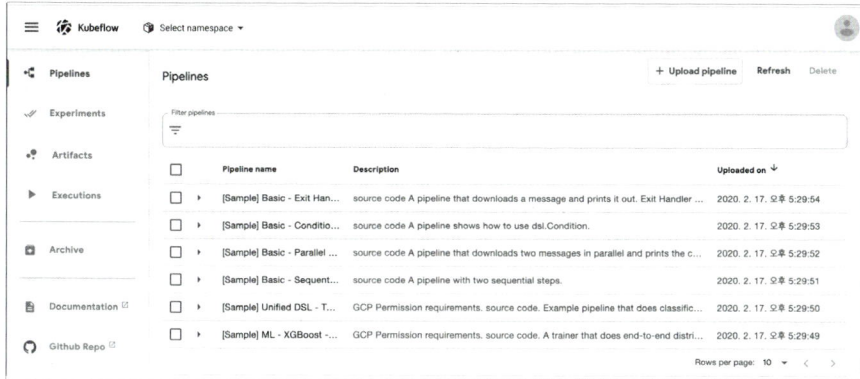

▲ pipeline

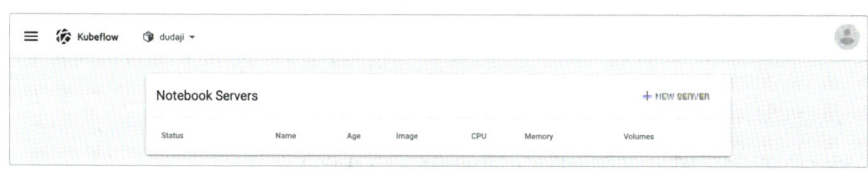

▲ notebook

▲ katib

▲ artifact

1.4.8 Dex 버전 설치

앞서 설명했듯이 스탠다드 버전과 Dex 버전의 설치 과정은 똑같으며 배포 패키지 파일만 다릅니다.

```
$ export KF_NAME=handson-kubeflow
$ export BASE_DIR=/home/${USER}
$ export KF_DIR=${BASE_DIR}/${KF_NAME}

$ export CONFIG_URI="https://raw.githubusercontent.com/kubeflow/manifests/v1.0-branch/kfdef/kfctl_istio_dex.v1.0.0.yaml"

$ mkdir -p ${KF_DIR}
$ cd ${KF_DIR}
$ kfctl build -V -f ${CONFIG_URI}

$ export CONFIG_FILE=${KF_DIR}/kfctl_istio_dex.v1.0.0.yaml
$ kfctl apply -V -f ${CONFIG_FILE}
```

배포 패키지에는 스탠다드 버전에서 인증을 위한 Dex, Cert-manager[33], 모니터링을 위한 프로메테우스[34]와 그라파나[35]가 추가됩니다.

설치 과정을 거친 후, istio의 ingressgateway 서비스에 접속하면 첫 화면이 스탠다드 버전과 다르게 로그인 화면으로 시작합니다.

---

33 https://github.com/jetstack/cert-manager 1.0에는 둘다 포함
34 https://prometheus.io/
35 https://grafana.com/

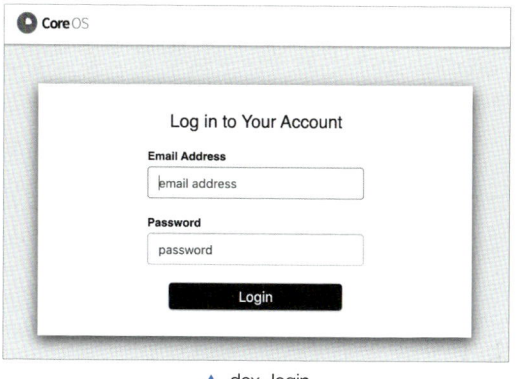

▲ dex-login

별도의 수정이 없었더라면 최초 로그인 정보는 admin@kubeflow.org:12341234 로 접속할 수 있습니다. 로그인에 성공하게 되면 [쿠베플로우 대쉬보드 첫 화면] 으로 이동되며 그 이후로는 스탠다드 버전과 같습니다.

Dex 버전의 대쉬보드는 커뮤니티 버전에서 2가지가 추가되었습니다.

- 네임스페이스 옆 (Owner) 표기: 네임스페이스의 Owner 권한
- Managed Contributors 메뉴: 다른 사용자와 프로파일 공유 관리

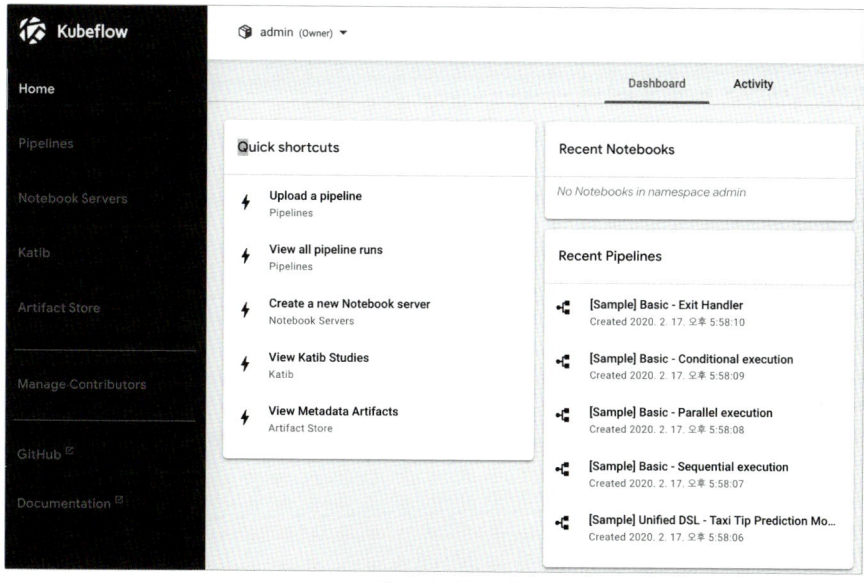

▲ Dex-dashboard

Dex 버전은 기본 인증이 Basic Auth로 설정되어 있습니다. auth 네임스페이스의 dex란 이름의 configmap에서 로그인 정보를 관리합니다. 사용자를 추가/삭제 하기 위해서

```
# 사용자 인증 정보가 담긴 configmap에서 data.confg.yaml 영역만 추출
$ kubectl get configmap dex -n auth -o jsonpath='{.data.config\.yaml}' > dex-config.yaml
$ cat dex-config.yaml
```

```
amaramusic@instance-1:~/handson-kubeflow$ cat dex-config.yaml
issuer: http://dex.auth.svc.cluster.local:5556/dex
storage:
  type: kubernetes
  config:
    inCluster: true
web:
  http: 0.0.0.0:5556
logger:
  level: "debug"
  format: text
oauth2:
  skipApprovalScreen: true
enablePasswordDB: true
staticPasswords:
- email: admin@kubeflow.org
  hash: $2y$12$ruoM7FqXrpVgaol44eRZW.4HWS8SAvg6KYVVSCIwKQPBmTpCm.EeO
  username: admin
  userID: 08a8684b-db88-4b73-90a9-3cd1661f5466
staticClients:
- id: kubeflow-oidc-authservice
  redirectURIs: ["/login/oidc"]
  name: 'Dex Login Application'
  secret: pUBnBOY80SnXgjibTYM9ZWNzY2xreNGQok
```

▲ dex-config

staticPassword영역에 같은 형태로 추가하면 됩니다. hash 영역은 사용하고자 하는 비밀번호를 넣습니다. 비밀번호는 bcrypt로 해쉬[36]된 텍스트이어야 합니다.

예) 사용자 아이디는 amarmusic@gmail.com 이며 goodallnight를 bcrypt hash

```
- email: amaramusic@gmail.com
  hash: $2b$10$GjXbO2a6xH/aFvBTQls3JuoT3dVLi20/fJEAZV3MIg9fmJCQHwR/2
  username: amaramusic
```

---

36 https://passwordhashing.com/BCrypt에서 작업이 가능합니다.

```
userID: 18a4384b-db88-4b73-90a9-12d1661f5461
```

```
# 수정하였다면 dex configmap에 업데이트합니다.
$ kubectl create configmap dex --from-file=config.yaml=dex-config.yaml -n auth
--dry-run -oyaml | kubectl apply -f -
# Dex를 롤아웃 합니다.
$ kubectl rollout restart deployment dex -n auth
```

정상적으로 반영되었다면 amaramusic@gmail.com 으로 로그인이 가능합니다.

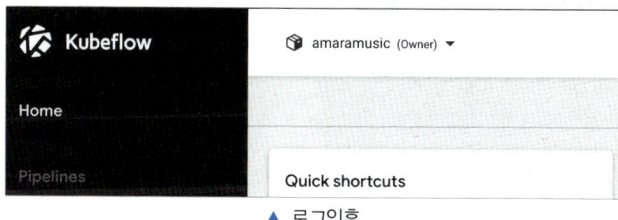

▲ 로그인후

Manage Contributors 메뉴를 통해 네임스페이스 소유자(Owner)는 다른 사용자에게 자신의 네임스페이스를 공유할 수 있습니다. 여기서는 admin 사용자가 방금 만든 amaramusic 사용자에게 자신의 네임스페이스를 공유해보도록 하겠습니다.

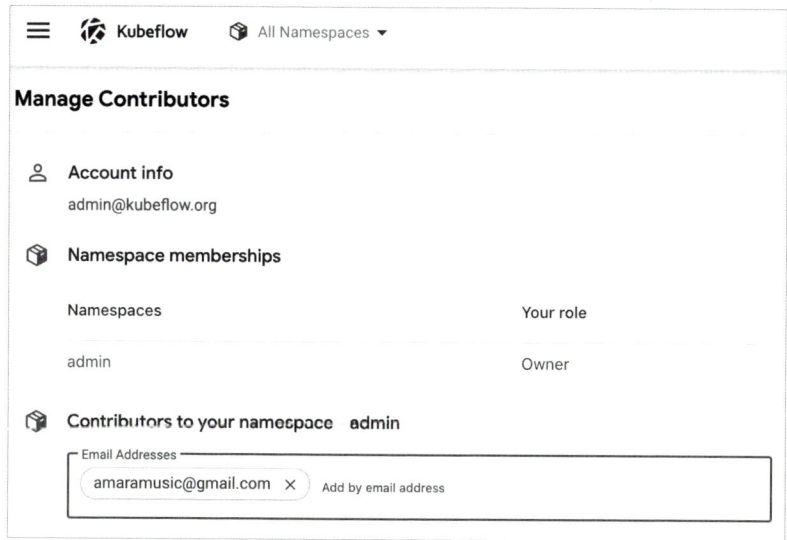

▲ manage_contributor

Manage Contributors 메뉴 화면에서 Contributors to your namespace - admin 입력항목에 amaramusic@gmail.com을 입력하면 공유가 완료됩니다. 이렇게 되면 amaramusic 사용자의 네임스페이스에 admin사용자의 네임스페이스 리소스를 볼 수 있는 롤과 롤바인딩이 생성됩니다.

amaramusic@gmail로 로그인을 하면 대쉬보드 상단의 네임스페이스 설정에서 2개의 네임스페이스가 확인됩니다.

▲ 공유후_네임스페이스

그리고 Manage Contributors 메뉴에서 admin 네임스페이스의 롤이 Contributor 인 것을 확인할 수 있습니다.

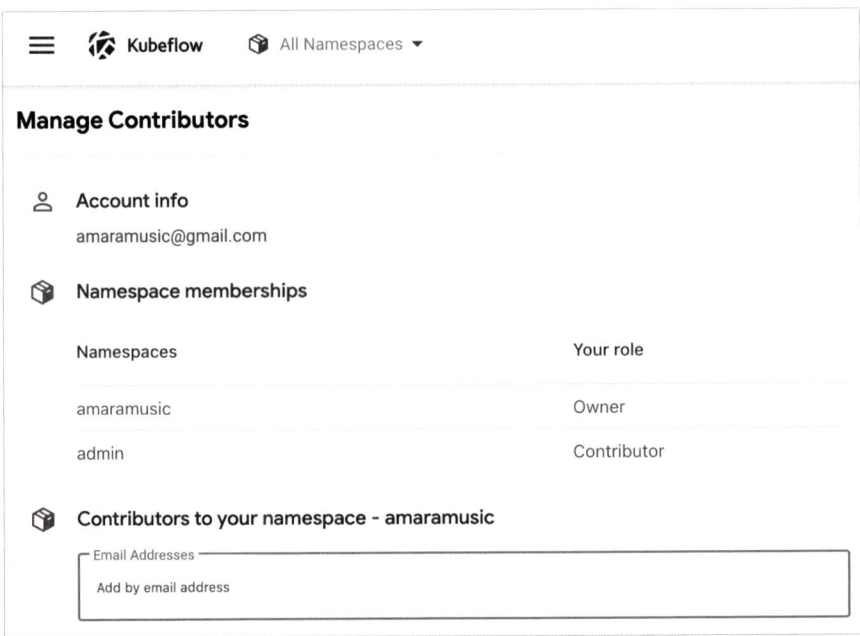

▲ manage_con2

1.4.9 프로파일

v0.6 버전 이전에는 다중 사용자에 대한 지원이 없었습니다. v0.6 버전 이후로 프로파일(Profile)이라는 쿠베플로우 오브젝트를 제공하여 다중 사용자에 대한 지원을 시작했습니다. 프로파일이란 프로파일명과 같은 네임스페이스의 리소스와 쿠버네티스 리소스의 모음입니다. 프로파일에 속한 사용자는 프로파일 내의 리소스를 사용(조회/수정)할 수 있는 권한을 가지게 됩니다. 프로파일에 속하지 않은 사용자는 해당 프로파일내의 리소스를 사용할 수 없습니다. 또한 프로파일의 소유자(Owner)는 다른 사용자에게 자신의 프로파일의 조회/수정 권한을 부여할 수 있습니다. 하지만 다중 사용자 지원 기능이 프로파일내의 특정 리소스에 대한 보안침해 시도에 안전하다고 볼 수는 없기 때문에 리소스에 대한 보안관리는 별도의 솔루션이 필요합니다.

프로파일을 관리하기 위한 UI는 아직 없기 때문에 프로파일 템플릿을 통해 관리할 수 있습니다. 물론 프로파일 템플릿을 관리할 수 있는 사용자는 클러스터 어드민룰을 가지고 있어야 합니다. 예를 들어 쿠베플로우를 쿠버네티스 클러스터에 배포할 수 있는 권한이면 가능합니다.

```
$ cat << EOF > profile.yaml
apiVersion: kubeflow.org/v1beta1
kind: Profile
metadata:
  name: profileName
spec:
  owner:
    kind: User
    name: userid@email.com
EOF
```

v0.62 버전 이후로 처음 로그인한 사용자에게 프로파일 자동 생성기능을 제공합니다. 처음 설치의 첫 화면이 바로 그것입니다. 스탠다드 버전에서는 로그인 기능이 없기 때문에 바로 프로파일 자동 생성 화면으로 이동했으며, Dex 버전은 첫 Dex 로그인을 거친 사용자에게 제공됩니다. 퍼블릭 클라우드에서는 각 리소스

사용 인증 시스템(GCP IAM 같은)의 인증을 거친 후에 프로파일 자동 생성 화면을 제공합니다.

프로파일 생성이 진행되면 아래의 리소스가 생성이 됩니다.

- 프로파일 이름과 같은 네임스페이스
- **namespaceAdmin 쿠버네티스 RBAC 롤바인딩 리소스**: 프로파일 소유자를 네임스페이스의 어드민으로 설정
- **ns-access-istio 서비스롤**: 네임스페이스내의 서비스가 istio 라우팅할 수 있는 권한
- **owner-biding-istio 서비스롤 바인딩**: ns-access-istio를 프로파일 소유자에 바인딩
- **default-editor, default-viewer 서비스어카운트**: 사용자가 생성한 리소스에 대한 조회/접근 권한

프로파일과 네임스페이스는 1:1 대응이며 비슷한 성격이기 때문에 공식 홈페이지에서도 같은 의미로 번갈아 쓰이기도 합니다.

현재 버전(v1.0.0RC)에서는 쥬피터 노트북 서버만 완벽하게 다중 사용자를 지원합니다. 그 외의 컴포넌트들은 아직 다중 사용자 지원이 불완전합니다.

1.4.10 삭제

쿠베플로우의 삭제는 최초 설치를 했던 컨피그 파일을 가지고 진행합니다. 쿠버네티스의 쿠베플로우 리소스를 지우는 것입니다.

```
$ cd ${DF_DIR}
$ kfctl delete -f ${CONFIG_FILE}
```

가 홈페이지에서 설명하는 방법입니다.

하지만, 모든 리소스가 삭제되는 것이 아닌 kubeflow namespace 영역에 속해있는 리소스만 삭제 합니다. 그래서 namespace 영역이 아닌 리소스는 여전히 남아 있습니다. 클러스터롤, 프로파일, 각 컴포넌트들의 서비스어카운트, 그 외 CRD들

많이 남아 있습니다. 이 남아있는 리소스들은 쿠베플로우를 재설치할 경우에 이슈가 발생하기 때문에 완벽한 삭제를 위해서는 조금 수고를 들여야 합니다. 0.6버전부터 나온 이슈지만 아직 현재(1.0RC) 시점에서도 여전히 픽스되진 않았습니다. 들어오는 건 자유지만 나가는 건 아닌 쿠베플로우입니다.... 제일 베스트는... 쿠버네티스 클러스터의 재설치(!) 입니다만, 다행히도 쿠베플로우의 이슈보드[37] 에서 완전 깨끗하게는 아니지만 다음 설치에 무리가 없을 정도로 삭제를 해주는 코드를...![38] 자! 이제 자유를...

---

37 https://github.com/kubeflow/kubeflow/issues/3767
38 https://github.com/mojokb/kubeflow-book/blob/master/uninstall/kubeflow-uninstall.txt

02 Kubeflow Components
CHAPTER

2.0 서론

쿠베플로우는 ML 워크플로우에 필요한 컴포넌트들로 이루어진 툴킷입니다. 대표적인 컴포넌트로 쥬피터 노트북 서버, 카티브, 파이프라인을 들 수 있습니다. 이 컴포넌트들은 모델개발, 하이퍼파라미터 최적화, 워크플로우 구축의 일을 합니다. 이들 중 몇몇은 파이선 SDK를 가지고 있습니다. 각각의 컴포넌트들은 독립적이기도 하며 서로 유기적인 관계를 맺기도 합니다. 이 장에서는 컴포넌트들과 지원하는 SDK에 대해 설명하며 그것들을 사용하기 위해 쿠버네티스 리소스 사용에 대한 내용들도 설명합니다.

2.1 Dashboard

2.1.1 개요

쿠베플로우를 설치하고 처음 만나는 대쉬보드(Dashboard)는 각 컴포넌트의 UI를 접근할 수 있는 게이트웨이(Gateway)입니다. 쿠버네티스 게이트웨이를 통해서 쿠베플로우의 컴포넌트들의 엔드포인트(Endpoint)를 접근할 수 있습니다. 0.6 버전 이전에는 Envoy[1]로 구성된 Ambassador[2]라는 API 게이트웨이를 사용하였지만 적용 당시 불안정함으로 인해 0.6 이후로는 Istio[3]라는 서비스메쉬(Service Mesh) 오픈소스가 적용되었습니다. 그래서 쿠베플로우의 컴포넌트들은 Istio를

---

1 https://www.envoyproxy.io/
2 https://www.getambassador.io/
3 https://istio.io/

통해 사용자의 접근을 허용합니다.

대쉬보드에서 접근할 수 있는 컴포넌트는

- Jupyter Notebook Server
- Katib
- Pipeline
- Artifact Store
- Manage Contirbutors

입니다. 여기서 Managed Contributors는 현재 사용자가 현재 네임스페이스의 소유자일 경우에만 노출됩니다.

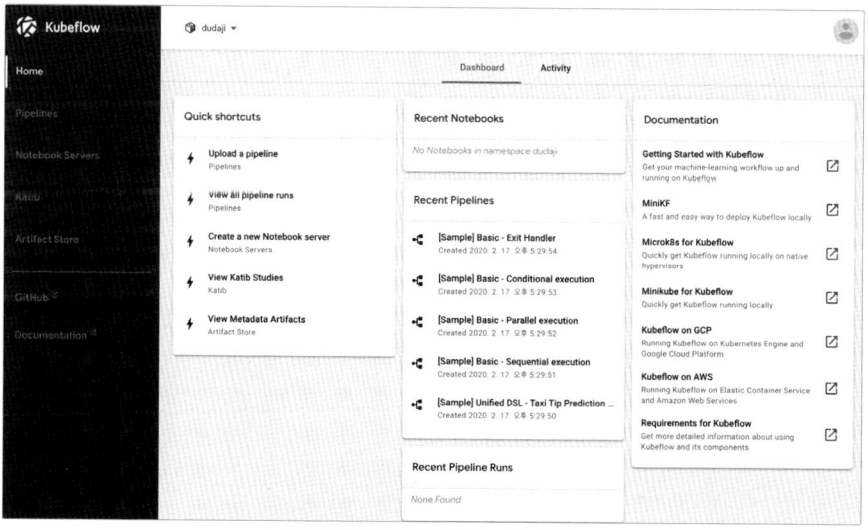

▲ 쿠베플로우 스탠다드 버전 메인 대쉬보드

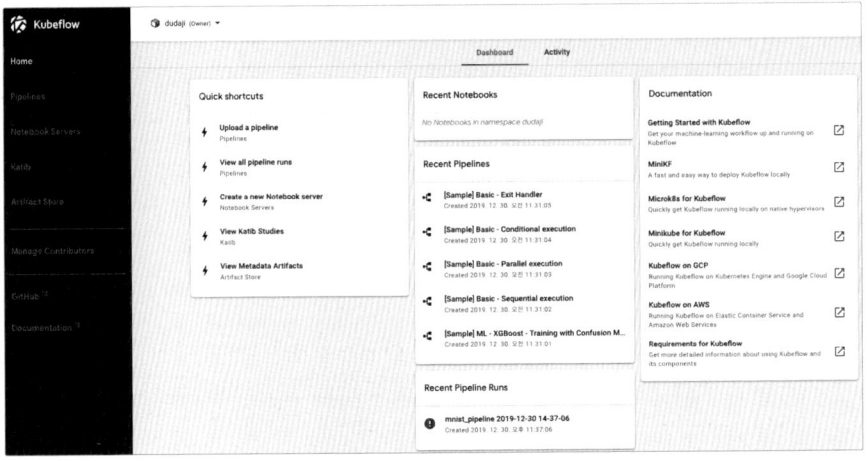

▲ 쿠베플로우 Dex 버전 메인 대쉬보드

2.1.2 로컬에서 대쉬보드 접속하기

kubectl을 사용해 포트-포워딩(Port-forwading)으로 로컬호스트 주소로 대쉬보드를 접근할 수 있습니다. 그러기 위해서는 로컬호스트에서 kubectl을 사용하여 쿠베플로우가 설치되어 있는 클러스터로 접근할 수 있어야합니다.

먼저 로컬호스트에 kubectl을 설치한 후 쿠버네티스 클러스터에 접근을 해봅시다. kubectl을 통해 쿠버네티스의 리소스에 접근할 수 있다면 이 부분은 넘어가셔도 좋습니다.

kubectl의 설치는 리눅스, 맥, 윈도우를 지원하고 있습니다. 단, 설치시 현재 쿠버네티스의 버전을 확인 후 맞는 버전(마이너버젼의 차이가 3이하면 됩니다)을 설치하는 것이 중요합니다.

여기선 맥버젼을 설치해보도록 하겠습니다. 다른 OS의 설치는 쿠버네티스 홈페이지[4] 에서 확인 가능합니다. 아까 설치한 쿠버네티스 버전이 1.15대이기 때문에 똑같이 맞추어 줍니다.

---

4 https://kubernetes.io/docs/tasks/tools/install-kubectl/

```
$ curl -LO https://storage.googleapis.com/kubernetes-release/release/v1.15.9/
bin/darwin/amd64/kubectl
# 최신버젼은 curl -LO "https://storage.googleapis.com/kubernetes-release/
release/$(curl -s https://storage.googleapis.com/kubernetes-release/release/
stable.txt)/bin/darwin/amd64/kubectl" 로 설치가 가능합니다.

$ chmod +x ./kubectl
$ sudo mv ./kubectl /usr/local/bin/kubectl
$ kubectl version --client
Client Version: version.Info{Major:"1", Minor:"15", GitVersion:"v1.15.9", GitC
ommit:"2e808b7cb054ee242b68e62455323aa783991f03", GitTreeState:"clean",
BuildDate:"2020-01-18T23:33:14Z", GoVersion:"go1.12.12", Compiler:"gc",
Platform:"darwin/amd64"}
```

클라이언트의 버전은 서버와 같은 v1.15.9으로 확인할 수 있습니다.

이제 로컬호스트에서 쿠버네티스 클러스터의 API서버에 접속할 수 있도록 설정을 진행합니다.

kubectl이 쿠버네티스 클러스터에 접속하기 위해서 필요한 정보는 API서버에 접근 가능한 인증서 정보입니다. 인증서 정보는 $HOME/.kube/config에 저장됩니다. 만약 클러스터롤의 권한으로 로컬호스트에서 사용하기 원한다면 클러스터에 있는 config를 그대로 복사해서 사용하면 됩니다. 그게 아니라면 서비스어카운트의 인증정보를 가져와 추가하면 됩니다.

config의 구조는 쿠버네티스의 리소스 템플릿 형태를 가지고 있습니다. 사용자는 client-certificate-data정보 외에도 서비스어카운트의 토큰정보를 사용할 수도 있습니다.

```
apiVersion: v1
kind: Config
clusters:
- name: default-cluster
  cluster:
    certificate-authority-data: ${ca}
```

```
        server: ${server}
contexts:
- name: default-context
  context:
    cluster: default-cluster
    namespace: default
    user: default-editor
current-context: default-context
users:
- name: default-user
  user:
    client-certificate-data: ${crt_data}
    client-key-data: ${key_data}
```

여기선 추가로 생성한 dudaji 네임스페이스의 서비스어카운트의 인증정보를 가져와 봅시다.

쿠베플로우 설치 후 첫 프로파일을 생성하면 프로파일 명과 같은 이름의 네임스페이스가 생성된다고 설명하였습니다. 그 네임스페이스 안에는 3개의 서비스어카운트가 생성됩니다.

- default
- default-viewer
- default-editor

우리는 여기서 default-editor 서비스어카운트를 사용할 것이며, default-editor가 가지고 있는 시크릿 정보를 사용자 토큰으로 사용할 예정입니다.

```
$ kubectl get sa default-editor -n dudaji -oyaml
apiVersion: v1
kind: ServiceAccount
metadata:
  creationTimestamp: "2020-02-04T07:20:01Z"
  name: default-editor
  namespace: dudaji
```

```
  ownerReferences:
  - apiVersion: kubeflow.org/v1beta1
    blockOwnerDeletion: true
    controller: true
    kind: Profile
    name: dudaji
    uid: 2d74082e-8b03-46d7-bedc-1c5b78df725f
  resourceVersion: "309168"
  selfLink: /api/v1/namespaces/dudaji/serviceaccounts/default-editor
  uid: 217396bc-7a43-4ef0-a3bc-11f6f8ce14b5
secrets:
- name: default-editor-token-dhlmq
```

이 시크릿 정보를 이용하여 로컬호스트에서 kubectl를 통해 쿠베플로우가 설치된 쿠버네티스 클러스터에서 접근해봅시다.

먼저 쿠버네티스 클러스터에서 서비스 어카운트의 certificate-authority-data의 값을 기저옵니다.

```
$ name=default-editor-token-dhlmq
$ ca=$(kubectl get secret/$name -o jsonpath='{.data.ca\.crt}' -n dudaji)
```

서비스어카운트의 시크릿을 base64 디코딩을 통하여 토큰으로 변환합니다.

```
$ token=$(kubectl get secret/$name -o jsonpath='{.data.token}' -n dudaji |
base64 --decode )
```

생성된 값들을 가지고 config 파일을 생성합니다.

```
echo "
apiVersion: v1
kind: Config
clusters:
- name: kubeflow-cluster
```

```
    cluster:
        certificate-authority-data: ${ca}
        server: ${server}
contexts:
- name: kubeflow-cluster
  context:
        cluster: kubeflow-cluster
        namespace: dudaji
        user: default-editor
current-context: kubeflow-cluster
users:
- name: default-editor
  user:
      token: ${token}
" > sa.kubeconfig
```

생성된 sa.kubeconfig 파일을 로컬호스트의 ${HOME}/.kube/config로 저장합니다. 이제 kubectl get po -n dudaji를 통해 파드 정보를 가져와 봅니다.

```
/Users/leemyounghwan/.kube [leemyounghwan@leeui-MacBookPro-2] [16:30]
> kubectl get po -n dudaji
No resources found.
```

▲ 쿠버네티스 클러스터 연결 확인

연결이 확인 되었다면, kubectl을 사용하여 포트포워딩을 진행합니다. Istio gateway의 인그레스게이트웨이 서비스를 포트포워딩합니다.

```
$ export NAMESPACE=istio-system
$ kubectl port-forward -n istio-system svc/istio-ingressgateway 8080:80
```

```
> kubectl port-forward -n istio-system svc/istio-ingressgateway 8080:80
Error from server (Forbidden): services "istio-ingressgateway" is forbidden: User "system:serviceaccount:dudaji:default-editor
" cannot get resource "services" in API group "" in the namespace "istio-system"
```

명령을 실행시키면 권한이 부족하다는 메시지를 확인할 수 있습니다. 즉, default-editor는 istio-system 네임스페이스의 API group가 ""인 "services"라는 리소스를 사용할 권한이 없다고 나옵니다. 클러스터 어드민이 있다면 요청을 하면 되지만 클러스터롤을 가지고 있다면 직접 롤을 바인딩 해줘야 합니다. default-editor에 관련 롤을 바인딩 해봅시다.

```yaml
# role-bind-default-editor.yaml
apiVersion: rbac.authorization.k8s.io/v1beta1
kind: Role
metadata:
  name: access-instio-ingress
  namespace: istio-system
rules:
- apiGroups: [""]
  resources: ["services"]
  verbs: ["get"]
---
apiVersion: rbac.authorization.k8s.io/v1
kind: RoleBinding
metadata:
  name: istio-service-access-role
  namespace: istio-system
roleRef:
  apiGroup: rbac.authorization.k8s.io
  kind: Role
  name: access-instio-ingress
subjects:
- kind: ServiceAccount
  name: default-editor
  namespace: dudaji ……ⓐ
```

```
$ kubeclt apply -f role-bind-default-editor.yaml
```

여기서 ⓐ 영역인 namespace는 쿠베플로우 설치 후 정의한 네임스페이스로 넣으시면 됩니다. 생성이 된 다음 다시 진행하시면 정상적으로 포트포워딩이 가능합니다.

그리고 로컬피시의 브라우저에서 http://localhost:8080으로 입력하면 대쉬보드를 확인하실 수 있습니다.

2.2 Notebook Servers

2.2.1 개요

노트북 서버(Notebook Servers)는 쿠버네티스 위에서 실행되는 쥬피터 노트북 서버입니다. 쿠버네티스에서 리소스를 스케쥴링하기 때문에 사용자는 노트북의 설정만으로도 간단히 노트북 할당을 받을 수 있습니다. 즉, 쿠베플로우를 설치하고 나서 별다른 설정없이 바로 사용할 수 있는 컴포넌트입니다.

▲ notebook-dashboard

노트북 생성시 해당 쿠베플로우 및 namespace의 리소스를 사용할 수 있는 권한을 바인딩하기 때문에 노트북 상에서도 kubectl을 통해 쿠버네티스의 리소스를 관리할 수 있습니다. 이로 인해 다른 컴포넌트들이 제공하는 파이선 라이브러리를 가지고 노트북상에서 다른 컴포넌트의 리소스를 생성하며 실행시킬 수 있습니다. 즉, 노트북상에서 쿠베플로우의 대부분 컴포넌트들을 사용할 수 있다는 뜻이 됩니다. 또한, 네임스페이스 별로 격리되어 있어 사용자별 작업공간을 별도로 사용할 수 있습니다.

2.2.2 노트북 생성하기

노트북 대쉬보드에서 노트북을 생성할 수 있습니다. 순서대로 따라 해봅시다.

① 노트북을 생성하기 위해서 대쉬보드에서 NEW SERVER를 클릭합니다.

▲ [new server]

② 생성화면으로 이동이 되면 노트북 이름과 자신의 네임스페이스를 설정합니다.

▲ name

노트북 이름은 숫자와 영문자가 가능하며, 공백은 사용할 수 없습니다. 단 노트북의 이름은 워크스페이스 볼륨에 자동으로 workspace-{이름} 으로 입력되기 때문에, 쿠버네티스의 볼륨 네이밍 규칙(DNS-1123)에 맞지 않을 경우는 볼륨영역에서 오류가 발생합니다. 네임스페이스는 현재 사용자가 사용하는 네임스페이스가 자동으로 설정됩니다.

③ 노트북에 사용할 도커 이미지를 선택합니다.

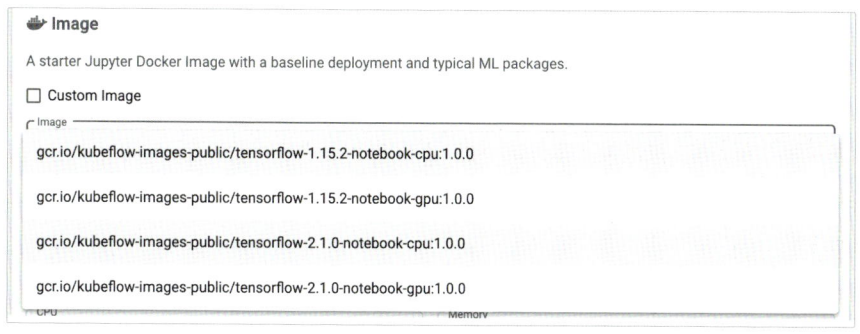

▲ image

쿠베플로우 노트북에서는 스탠다드 이미지와 커스텀 이미지를 지원합니다.

- **스탠다드 이미지**: 텐서플로우와 kubectl, gcp 관련 라이브러리, 쿠베플로우 라이브러리등이 포함되어 있는 도커 이미지입니다. 1.0버젼에서는 1.15/2.1

버전의 CPU/GPU 이미지를 제공합니다.
- **커스텀 이미지**: 사용자가 만든 이미지입니다. 이미지를 만들려면 제공된 가이드대로 만들어야합니다. 생성하는 방법은 다음 장에서 상세히 설명합니다.

④ 트북이 사용할 CPU, MEMORY를 입력합니다.

```
CPU / RAM
Specify the total amount of CPU and RAM reserved by your Notebook Server. For CPU-intensive workloads, you can choose more than 1 CPU (e.g. 1.5).

CPU        Memory
0.5        1.0Gi
```

▲ cpu.memory

소수점 이하의 값을 입력 가능하며 MEMORY는 Gi 단위입니다. CPU의 기본값은 0.5이며, MEMORY의 기본값은 1.0Gi입니다. 노트북 상에서 사용가능한 현재 리소스를 확인하기가 어렵기 때문에 쿠버네티스 클러스터에서 현재 가용한 리소스를 확인해야 합니다.

```
$ kubectl get nodes "-o=custom-columns=NAME:.metadata.name,CPU:.status.
allocatable.cpu,MEMORY:.status.allocatable.memory"
NAME         CPU    MEMORY
instance-1   4      32835736Ki
instance-2   8      32835000Ki
```

⑤ 워크스페이스 볼륨, 데이터 볼륨을 입력합니다.

```
Workspace Volume
Configure the Volume to be mounted as your personal Workspace.
☐ Don't use Persistent Storage for User's home

Type    Name                      Size    Mode             Mount Point
New     workspace-{notebook-nam   10Gi    ReadWriteOnce    /home/jovyan

Data Volumes
Configure the Volumes to be mounted as your Datasets.
+ ADD VOLUME
```

▲ volume

쥬피터 노트북에서 사용할 볼륨(PV)을 만듭니다. 사용자의 홈을 PV로 쓸건지 정할 수 있으며, 데이터 셋을 위한 볼륨도 별도로 제공합니다. 앞서 노트북 이름 정하기에서 언급했다 싶이,

볼륨의 이름은 쿠버네티스 볼륨 네이밍룰과 동일합니다. 유저 홈의 볼륨의 이름은 workspace-{notebook-name}형태가 기본값입니다.

볼륨명의 규칙은 소문자 알파벳, 하이픈(-), 닷(.)만 사용할 수 있으며, 반드시 첫글자와 마지막 글자는 영문이어야합니다. 체크 정규식은 '[a-z0-9]([-a-z0-9]*[a-z0-9])?(\.[a-z0-9]([-a-z0-9]*[a-z0-9])?)*'입니다. 만약 올바른 이름이 아니라면 노트북 런칭시 아래와 같은 팝업을 노출합니다.

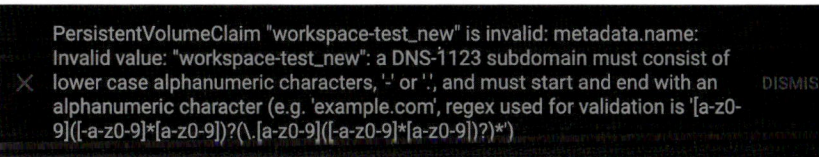

▲ volume validation

볼륨은 이미 만들어져 있는 것도 사용가능하며, 신규 볼륨도 생성이 가능합니다.

⑥ (옵션) 추가 설정을 입력합니다.

▲ option

별도의 환경변수나 시크릿 같은 값들을 별도로 정의할 때 사용합니다. 이 값은 PodDefault[5] 라는 커스텀 리소스로 설정이 가능합니다.

---

5 https://github.com/kubeflow/kubeflow/blob/master/components/admission-webhook/README.md

⑦ (옵션) 추가 리소스 설정을 합니다.

```
⌘ GPUs
Specify the number and Vendor of GPUs that will be assigned to the Notebook Server's Container.
  Number of GPUs                              GPU Vendor
  1                                           NVIDIA

✿ Miscellaneous Settings
Other possible settings to be applied to the Notebook Server.
  ⬤ Enable Shared Memory
```

▲ extra_resource

1.0이전에는 gpu를 사용하기 위해서 {"nvidia.com/gpu": 2} 같이 입력해야 했는데 1.0이 릴리즈 되고 나서 아예 풀다운메뉴로 바뀌었습니다. JSON 형태와 마찬가지로

```
(이상생략)
      image: "k8s.gcr.io/cuda-sample:v1.2"
      resources:
        limits:
          nvidia.com/gpu: 2
(이하생략)
```

로 요청하게 됩니다. 아까 CPU, MEMORY 리소스와 마찬가지로 GPU의 수를 알려면

```
$ kubectl get nodes "-o=custom-columns=NAME:.metadata.name,GPU:.status.
allocatable.nvidia\.com/gpu"
NAME          GPU
instance-1    <none>
instance-2    2
```

GPU의 수가 확인되면 됩니다. 단 여기서 지원하는 GPU Vendor는 현재 NVIDIA만 가능하며,

GPU 수도 1, 2, 4, 8만 가능합니다.

또한 공유 메모리 설정을 할 수 있습니다. 공유 메모리 설정은 사용함이 기본으로 설정되어 있습니다. 파이토치 같은 라이브러리는 멀티프로세싱을 위해서 공유메모리를 사용합니다. 현재 쿠버네티스에서는 공유메모리에 대한 구현은 없지만, 그 해결 방법으로 쿠베플로우는 /dev/shm이라는 빈 디렉토리를 생성합니다.

⑧ 하단의 Launch 버튼을 클릭하면 노트북 생성을 시작합니다.

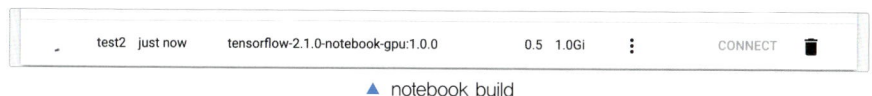
▲ notebook build

상태 애니메이션에 마우스를 올려보면 현재 진행 상태를 알 수 있습니다.

⑨ 생성이 완료되면 이름 옆에 녹색 체크로 바뀝니다. CONNECT 버튼을 눌러서 노트북에 접속합니다.

2.2.3 쿠버네티스 리소스 확인하기

앞서 설명하였듯이 쥬피터 노트북은 쿠버네티스의 리소스를 사용할 수 있습니다. 노트북 터미널 창에서 kubectl get pod를 실행하면 현재 네임스페이스에 생성되어 있는 파드의 리스트를 확인할 수 있습니다.

```
tf-docker ~ > kubectl get pod
NAME              READY   STATUS    RESTARTS   AGE
fashion-mnist-0   2/2     Running   0          44h
lab-test-0        2/2     Running   0          5d6h
mnist-worker-0    1/2     Error     0          2d5h
test-new2-0       2/2     Running   0          2m4s
tf-docker ~ >
```
▲ kubectl in notebook

물론 권한이 없는 다른 네임스페이스의 리소스를 확인할 수는 없습니다.

```
tf-docker ~ > kubectl get pod -n kube-system
Error from server (Forbidden): pods is forbidden: User "system:serviceaccount:duda
ji:default-editor" cannot list resource "pods" in API group "" in the namespace "k
ube-system"
```
▲ no access

노트북을 사용하기 위해 생성된 권한은 네임스페이스 내에서 아래와 같은 쿠버네티스 리소스를 사용할 수 있습니다

- Pods
- Deployments
- Services
- Jobs
- TFJobs
- PyTorchJobs

이 외의 리소스는 관리권한이 없습니다.

2.2.4 커스텀 이미지 생성

쿠베플로우에서 제공하는 이미지 대신 사용자가 이미지를 생성할 수 있습니다. 몇가지 규칙만 지키면 쿠베플로우 노트북 컨트롤러에서 인식하는 이미지를 손쉽게 만들 수 있습니다. 물론 쥬피터 노트북이 실행되는 이미지여야 합니다. 아래 항목은 주피터 노트북 실행시에 포함되어야 하는 것입니다.

- 작업 디렉토리 설정

```
--notebook-dir=/home/jovyan
```

- 쥬피터 노트북이 모든 아이피에 대응할 수 있도록 설정

```
--ip=0.0.0.0
```

- 쥬피터 노트북을 사용자가 루트권한으로 사용

```
--allow-root
```

- 포트 번호 설정

```
--port=8888
```

- 인증 해제

```
--NotebookApp.token=''  --NotebookApp.password=''
```

- Allow origin

```
--NotebookApp.allow_origin='*'
```

- base URL 설정

```
--NotebookApp.base_url=NB_PREFIX
```

쿠베플로우 노트북 컨트롤러는 NB_PREFIX라는 환경변수로 base URL을 관리합니다. 이 변수는 필히 설정되어야 합니다.

해당 항목들을 조합한 예는 아래와 같습니다.

```
ENV NB_PREFIX /

CMD ["sh","-c", "jupyter notebook --notebook-dir=/home/jovyan --ip=0.0.0.0
--no-browser --allow-root --port=8888 --NotebookApp.token='' --NotebookApp.
password='' --NotebookApp.allow_origin='*' --NotebookApp.base_url=${NB_
PREFIX}"]
```

여기서는 쥬피터 랩 이미지를 쿠베플로우 쥬피터 노트북용으로 만들어 보겠습니다.

아래는 쥬피터 랩의 기본 이미지의 Dockerfile입니다.

```
FROM python:3.6

WORKDIR /jup

RUN pip install jupyter -U && pip install jupyterlab

EXPOSE 8888
```

```
ENTRYPOINT ["jupyter", "lab","--ip=0.0.0.0","--allow-root"]
```

여기서 쿠베플로우 노트북이 되기 위한 항목들과 kubectl, 그 외 필요한 유틸들을 포함합니다.[6]

```
FROM python:3.6

WORKDIR /home/jovyan

USER root

RUN pip install jupyter -U && pip install jupyterlab

RUN apt-get update && apt-get install -yq --no-install-recommends \
  apt-transport-https \
  build-essential \
  bzip2 \
  ca-certificates \
  curl \
  g++ \
  git \
  gnupg \
  graphviz \
  locales \
  lsb-release \
  openssh-client \
  sudo \
  unzip \
  vim \
  wget \
  zip \
  emacs \
  python3-pip \
  python3-dev \
```

---

6   https://github.com/mojokb/handson-kubeflow/blob/master/notebook/Dockerfile

```
    python3-setuptools \
    && apt-get clean && \
    rm -rf /var/lib/apt/lists/*

RUN curl -s https://packages.cloud.google.com/apt/doc/apt-key.gpg | sudo apt-
key add -
RUN echo "deb https://apt.kubernetes.io/ kubernetes-xenial main" | sudo tee -a
/etc/apt/sources.list.d/kubernetes.list
RUN apt-get update
RUN apt-get install -y kubectl

RUN pip install jupyterlab && \
    jupyter serverextension enable --py jupyterlab --sys-prefix

ARG NB_USER=jovyan

EXPOSE 8888

ENV NB_USER $NB_USER
ENV NB_UID=1000
ENV HOME /home/$NB_USER
ENV NB_PREFIX /

CMD ["sh", "-c", "jupyter lab --notebook-dir=/home/jovyan --ip=0.0.0.0 --no-
browser --allow-root --port=8888 --LabApp.token='' --LabApp.password=''
--LabApp.allow_origin='*' --LabApp.base_url=${NB_PREFIX}"]
```

빌드가 완료되면 노트북에서 커스텀 이미지를 선택 후 실행시켜 봅시다.

아래는 쿠베플로우의 페어링과 파이프라인 라이브러리까지 포함한 이미지입니다.

- brightfly/kubeflow-jupyter-lab:tf2.0-cpu
- brightfly/kubeflow-jupyter-lab:tf2.0-gpu

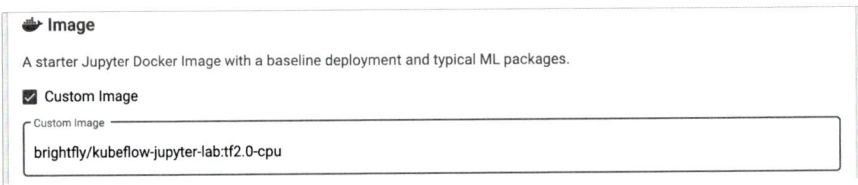

▲ 커스텀 이미지 적용

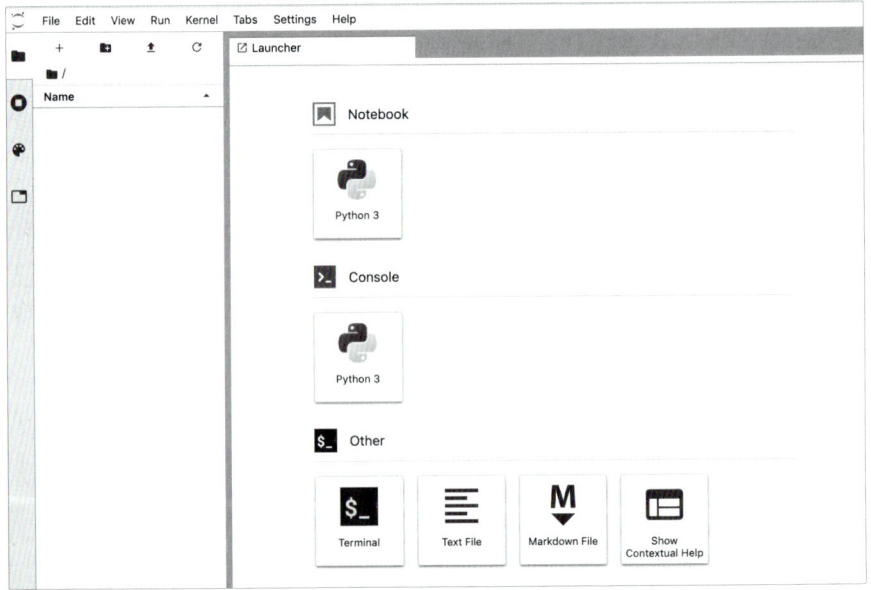

▲ 쥬피터랩 메인

2.2.5 TroubleShooting

- 볼륨이 pending 상태라 노트북이 생성되지 않는 경우

노트북이 볼륨을 생성할 경우 PVC를 생성하게 됩니다. 정상적으로 PVC가 PV에 마운트되었다면 노트북 실행이 정상적으로 됩니다. 하지만 노트북 생성이 pending 상태라면 PVC가 정상적으로 마운트 되었는지 확인을 합니다. 디폴트로 볼륨을 생성하는 스토리지 클래스가 동적 할당 방식이 아니라면 노트북이 사용할 PV를 별도로 생성해야 합니다. 동적 할당을 지원하는 스토리지 클래스를 디폴트로 설정하는 것이 권장됩니다.

- 노트북의 실행 로그 보기

노트북도 하나의 파드이기 때문에 노트북이 실행될 때 로그를 확인할 수 있습니다. 자신의 네임스페이스내의 파드로 생성됩니다. 스테이트풀셋으로 관리 되기 때문에 노트북의 파드명은 {노트북명}-n 형태로 구성됩니다.

```
# 로그 보기
$ kubectl logs -f ${노트북명-n} -c {파드명} -n {네임스페이스}
```

```
amaramusic@instance-1:~$ kubectl logs -f test-0 -n dudaji
Error from server (BadRequest): a container name must be specified for pod test-0, choose one of: [test istio-proxy] or one of the init containers: [istio-init]
amaramusic@instance-1:~$ kubectl logs -f test-0 -n dudaji -c test
[W 10:28:13.106 LabApp] All authentication is disabled.  Anyone who can connect to this server will be able to run code
[I 10:28:13.116 LabApp] JupyterLab extension loaded from /usr/local/lib/python3.6/dist-packages/jupyterlab
[I 10:28:13.116 LabApp] JupyterLab application directory is /usr/local/share/jupyter/lab
[I 10:28:13.120 LabApp] Serving notebooks from local directory: /home/jovyan
[I 10:28:13.120 LabApp] The Jupyter Notebook is running at:
[I 10:28:13.120 LabApp] http://test-0:8888/notebook/dudaji/test/
[I 10:28:13.120 LabApp] Use Control-C to stop this server and shut down all kernels (twice to skip confirmation).
[I 10:28:36.985 LabApp] 302 GET /notebook/dudaji/test/ (127.0.0.1) 1.07ms
[W 10:28:39.772 LabApp] Could not determine jupyterlab build status without nodejs
[I 10:30:10.802 LabApp] 302 GET /notebook/dudaji/test/ (127.0.0.1) 0.60ms
[W 10:30:11.931 LabApp] Could not determine jupyterlab build status without nodejs
```

▲ 쥬피터 로그

노트북이 생성되면 노트북 페이지로 이동할 수 있는 istio-proxy라는 프록시가 같이 실행되어 [lab-test istio-proxy] 2개의 컨테이너가 실행되고 있는 것을 알 수 있습니다.

- 노트북 상태 체크

노트북은 스테이트풀셋으로 관리되기 때문에 kubectl describe statefulsets 명령어로 노트북에 대한 상세정보도 확인할 수 있습니다.

```
# 상태 보기
$ kubectl describe statefulsets  {노트북명} -n {네임스페이스}
```

```
amaramusic@instance-1:~$ kubectl describe statefulsets test -n dudaji
Name:                test
Namespace:           dudaji
CreationTimestamp:   Mon, 17 Feb 2020 10:28:08 +0000
Selector:            statefulset=test
Labels:              <none>
Annotations:         <none>
Replicas:            1 desired | 1 total
Update Strategy:     RollingUpdate
  Partition:         824640608088
Pods Status:         1 Running / 0 Waiting / 0 Succeeded / 0 Failed
Pod Template:
  Labels:            app=test
                     notebook-name=test
                     statefulset=test
  Service Account:   default-editor
  Containers:
   test:
    Image:           brightfly/kubeflow-jupyter-lab:tf2.0-cpu
    Port:            8888/TCP
    Host Port:       0/TCP
    Requests:
      cpu:           500m
      memory:        1Gi
    Environment:
      NB_PREFIX:     /notebook/dudaji/test
    Mounts:
      /dev/shm from dshm (rw)
      /home/jovyan from workspace-test (rw)
```

▲ notebook status

2.3 Fairing

2.3.1 소개

페어링(Fairing)은 쿠베플로우가 설치된 환경에서 손쉽게 ML 모델을 학습/배포할 수 있는 파이선 패키지입니다. 파이선 패키지만 설치한다면 몇 줄의 코드만 추가함으로써 로컬피씨의 PyCharm에서도 쿠베플로우의 쥬피터 노트북에서도 ML 모델의 생성, 학습, 배포 등의 작업을 쿠버네티스 클러스터로 요청이 가능합니다.

쿠베플로우 페어링 프로젝트의 목표는 다음과 같습니다.

- **쉬운 ML 모델 트레이닝 잡 패키징**: 작성한 모델 코드를 도커화
- **쉬운 학습**: 클라우드에서 트레이닝 잡을 실행시킬 수 있는 고차원 API지원으로 인해 클라우드 인프라스트럭처에 대한 깊은 지식이 필요 없음
- **쉬운 배포**: 고차원 API지원으로 인해 학습된 모델의 배포를 쉽게 만듬

이 장에서는 간단한 예제들을 통해 페어링 패키지를 살펴봅니다.

2.3.2 아키텍처

페어링은 쥬피터 노트북, 파이선 함수, 파이선 파일을 도커 이미지로 빌드합니다. 이미지가 빌드되면 설정한 도커 레지스트리에 푸시합니다. 푸시가 완료되면 설정한 배포 리소스 타입에 따라 쿠버네티스 Job, TFJob, KFServing 등의 리소스로 변환하여 쿠버네티스 API 서버로 요청을 합니다. 이 과정을 페어링 패키지는 크게 preprocessor, builder, deployer 구조로 나누어서 실행합니다.

- **preprocessor**: 작성된 코드를 도커이미지에 넣을 수 있도록 패키지화
- **builder**: 패키지된 파일을 도커 이미지화
- **deployer**: 생성된 이미지를 쿠버네티스 클러스터에 배포

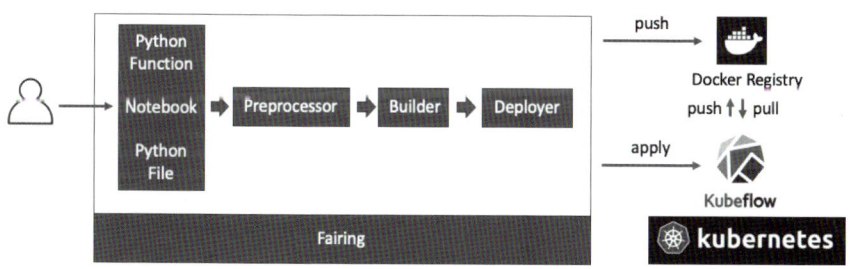

▲ [페어링 아키텍처]

2.3.3 페어링 설치

페어링은 파이선 3.6버전 이상에서 사용가능합니다.

① 로컬 개발환경에서의 설치

파이선 개발 환경에서 파이선 패키지를 설치하면 완료됩니다.

```
$ pip install kubeflow-fairing

$ pip show kubeflow-fairing
Name: kubeflow-fairing
```

```
Version: 0.7.0.1
Summary: Kubeflow Fairing Python SDK.
Home-page: https://github.com/kubeflow/fairing
Author: Kubeflow Authors
Author-email: hejinchi@cn.ibm.com
License: Apache License Version 2.0
Location: /usr/local/lib/python3.6/dist-packages
Requires: python-dateutil, requests, numpy, docker, six, google-cloud-storage,
cloudpickle, notebook, google-api-python-client, oauth2client, urllib3, boto3,
tornado, setuptools, kfserving, kubernetes, future, azure, google-auth,
httplib2
Required-by:
```

도커이미지의 빌드방법에 따라서 틀리긴 하지만 로컬개발 환경에서는 도커 클라이언트가 설치되어 있어야 합니다.

② 쥬피터 노트북에서의 설치

일반 쥬피터 노트북에서의 설치는 로컬개발환경에서의 설치와 마찬가지로 pip install을 통해서 페어링 패키지를 설치할 수 있습니다. 그러나 쿠베플로우 노트북 서버에서 제공하는 이미지는 페어링 패키지를 기본으로 포함하고 있으므로 쿠베플로우의 쥬피터노트북을 사용할 경우에는 별도의 설치과정이 필요 없습니다.

2.3.4 페어링 설정

앞서 설명하였듯이 페어링은 도커이미지와 쿠버네티스 리소스를 사용하는 패키지이기 때문에 도커이미지를 저장 할 수 있는 도커레지스트리 정보와 쿠베플로우 클러스터에 접속할 수 있는 권한이 필요합니다.

- **도커레지스트리**: 페어링이 생성한 도커이미지가 레지스트리에 pull/push가 되어야 하기 때문에 도커레지스트리는 공인인증서를 가지고 있는 서버여야 합니다. 그리고 로그인 정보가 필요한 레지스트리인 경우에 도커 클라이언트가 해당 레지스트리의 로그인 정보를 가지고 있어야합니다.(${HOME}/.docker/config.json 같은) 쿠버네티스의 리소스로 사용될 때는 쿠버네티스의 해당 리소스를 실행하는 서비스어카운트에도 로그인

정보가 필요합니다.

- **kubectl**: 쿠베플로우 클러스터를 접속하기 위해서 kubeconfig[7] 정보를 사용하기 때문에 kubectl이 설치[8] 되어 있어야 합니다. 쿠베플로우 쥬피터 노트북 이미지에는 kubectl이 설치되어 있기 때문에 별도의 설치과정이 필요없습니다.

```
$ which kubectl
/usr/bin/kubectl
```

2.3.5 fairing.config

페어링 패키지의 핵심 클래스는 Config입니다. 페어링을 코드에 적용할 때, 코드를 건드리지 않고 fairing.config로 시작하는 몇 줄의 코드만 넣어주면 페어링이 적용됩니다.

```
import os
import tensorflow as tf
from kubeflow import fairing

DOCKER_REGISTRY = 'kubeflow-registry.default.svc.cluster.local:30000'
fairing.config.set_builder(    ①
    'append',
    base_image='tensorflow/tensorflow:1.14.0-py3',
    registry=DOCKER_REGISTRY, push=True)
fairing.config.set_deployer('job')    ②

def train():
    hostname = tf.constant(os.environ['HOSTNAME'])
    sess = tf.Session()
    print('Hostname: ', sess.run(hostname).decode('utf-8'))
```

---

7 https://kubernetes.io/docs/reference/access-authn-authz/authentication/
8 https://kubernetes.io/docs/tasks/tools/install-kubectl/

```
if __name__ == '__main__':
    remote_train = fairing.config.fn(train)   ③
    remote_train()
```

이 예제는 'HOSTNAME'이라는 os 환경변수를 출력하는 함수를 쿠버네티스의 잡으로 실행하는 소스입니다. ①, ②, ③ 구문이 페어링 Config가 적용된 예시입니다.

실행이 되면 tensorflow/tensorflow:1.14.0-py3를 베이스 이미지를 삼고 train() 함수를 실행하는 도커이미지를 생성합니다.

▲ 페어링 – 도커이미지 빌드

이미지 생성이 완료되면 kubeflow-registry.default.svc.cluster.local:30000/fairing-job:E90A25C7란 이미지로 레지스트리에 푸쉬를 시작합니다. 푸시가 완료되면 fairing-job-fp5xc이라는 이름의 쿠버네티스 잡이 쿠버네티스 클러스터에 실행요청 됩니다.

▲ 페어링–쿠버네티스 잡 실행

쿠버네티스 잡이 실행 요청되고 잠시 기다리면 잡이 실행됩니다.

▲ 페어링–쿠버네티스잡–실행결과

잡이 실행 되어 Hostname: fairing-job-fp5xc-42x5b라는 결과를 확인할 수 있습니다. 이 호스트네임은 쿠버네티스 클러스터에서 실행된 잡 컨테이너의 호스트네임입니다. 실행된 잡은 자동으로 삭제됩니다.

실제로 비즈니스 로직영역에 대해서 수정하지 않은채 Config 클래스의 메소드 몇 개만으로 이미지 생성, 배포까지 완료했습니다.

Config 클래스는 페어링 패키지 구조인 preprocessor, builder, deployer에 대응하는 setter들을 가지고 있습니다. 최초 Config 클래스가 생성이 되면 preporcessor, builder, deployer는 기본 값을 가집니다. 기본값은 아래와 같습니다.

- **preprocessor**: 노트북 환경이라면 "notebook", 아니라면 "python"
- **builder**: "append"
- **deployer**: "job"

2.3.6 preprocessor

전처리기(preprocessor)는 도커 이미지로 패키지화될 대상을 설정합니다. 4개의 타입으로 나누어져 있습니다.

- **python**: 파이선 파일을 패키징합니다. 아래의 소스[9]는 python 전처리기를 사용한 예제입니다. 페어링 실행시 도커 이미지에서는 python /app/파일명으로 cmd가 생성됩니다. 파이선 파일을 그대로 사용하기 때문에 분기문으로 페어링 실행과 train()을 구분합니다. 페어링 이미지 생성시 환경변수로 FAIRING_RUNTIME값이 설정되므로 이미지가 빌드된 후 그 이후로 train()으로 실행됩니다.

```
(이상생략)
if __name__ == '__main__':
    if os.getenv('FAIRING_RUNTIME', None) is not None:
        train()
    else:
        from kubeflow import fairing
```

---

9 https://github.com/mojokb/handson-kubeflow

```
DOCKER_REGISTRY = 'kubeflow-registry.default.svc.cluster.local:30000'
file_name = os.path.basename(__file__)
print("Executing {} remotely.".format(file_name))
fairing.config.set_preprocessor('python',
                                executable=file_name,
                                input_files=[file_name])
fairing.config.set_builder(
    'append',
    base_image='pytorch/pytorch:1.0-cuda10.0-cudnn7-devel',
    registry=DOCKER_REGISTRY, push=True)
fairing.config.run()
```

```
        "PYTHON_VERSION=3.6"
    ],
    "Cmd": [
        "python",
        "/app/torch_job.py"
    ],
    "ArgsEscaped": true,
```

▲ docker-inspect

- **notebook**: 파라미터로 받은 쥬피터 노트북 파일(.ipynb)을 파이선 파일로 변환한 후 그 파이선 파일을 패키징합니다. 아래 소스는 notebook 전처리기를 사용한 예제[10]입니다.

```
import os
from kubeflow import fairing

DOCKER_REGISTRY = 'kubeflow-registry.default.svc.cluster.local:30000'
file_name = os.path.basename(__file__)
print("Executing {} remotely.".format(file_name))
fairing.config.set_preprocessor('notebook', notebook_file="test_notebook.ipynb")
fairing.config.set_builder('append',
                base_image='pytorch/pytorch:1.0-cuda10.0-cudnn7-devel',
                registry=DOCKER_REGISTRY, push=True)
```

---

10 https://github.com/mojokb/handson-kubeflow/tree/master/fairing/preprocessor/notebook

```
fairing.config.run()
```

입력값을 쥬피터 노트북 파일을 받고 있습니다. 해당 노트북 파일은 test_notebook.py로 변환되어 도커이미지로 패키징이 됩니다.

```
tf-docker ~ > python preprocessor_notebook.py
Executing preprocessor_notebook.py remotely.
[I 200217 10:55:12 config:123] Using preprocessor: <kubeflow.fairing.preprocessors.full_notebook.FullNotebookPreProces
[I 200217 10:55:12 config:125] Using builder: <kubeflow.fairing.builders.append.append.AppendBuilder object at 0x7f101
[I 200217 10:55:12 config:127] Using deployer: <kubeflow.fairing.builders.append.append.AppendBuilder object at 0x7f10
[W 200217 10:55:12 append:50] Building image using Append builder...
[I 200217 10:55:12 base:105] Creating docker context: /tmp/fairing_context_ahewr_di
[I 200217 10:55:12 docker_creds_:234] Loading Docker credentials for repository 'pytorch/pytorch:1.0-cuda10.0-cudnn7-d
```

▲ 노트북 전처리기

노트북내의 실행 가능한 셀들은 다 포함됩니다.

```
[ ]: import os
     import time

     def train():
         print("Training...")
         import torch
         x = torch.Tensor(5, 3)
         print(x)
         time.sleep(1)

     if __name__ == '__main__':
         train()

[ ]: print('is running?')
```

▲ [notebook_con]

```
[W 200212 17:03:50 manager:227] Waiting for fairing-job-8qwrt-vzp82 to start...
[I 200212 17:03:51 manager:233] Pod started running True
Training...
tensor([[-1.2379e+09,  3.0637e-41,  5.7453e-44],
        [ 0.0000e+00,         nan,  4.5071e+16],
        [ 1.3733e-14,  6.4076e+07,  2.0706e-19],
        [ 7.3909e+22,  2.4176e-12,  1.1625e+33],
        [ 8.9605e-01,  1.1632e+33,  5.6003e-02]])
is running?
[W 200212 17:03:53 job:162] Cleaning up job fairing-job-8qwrt...
tf-docker ~ >
```

▲ notebook 전처리기 - 실행결과

쥬피터 노트북내 페어링을 적용하기가 불편할 경우에 사용하기 적절합니다.

- **full_notebook**: 쥬피터 노트북 파일의 내용을 수행한 후 결과를 다시 노트북 파일로 생성합니다.
- **function**: 단일 함수를 패키징 합니다.

또한 전처리기는 페어링이 추가된 소스가 아닌 다른 리소스들의 리스트를 파라미터로 받습니다. requirement.txt 나 데이터셋 파일, 다른 소스패키지들이 그 대상입니다. 아래의 소스는 data.csv와 requirements.txt 파일을 패키지에 포함하는 소스[11]입니다.

```
(이상생략)
    file_name = os.path.dirname(os.path.realpath('__file__'))
    fairing.config.set_preprocessor('function',
                                    function_obj=train,
                                    input_files=["data.csv", "requirements.txt"])
(이하생략)
```

생성된 이미지를 확인해보면 2개의 파일이 추가되어 있는 것을 확인 할 수 있습니다.

```
amaramusic@instance-1:~$ sudo docker run -it kubeflow-registry.default.svc.cluster.local:30000/fairin
g-job:EB1956D8 ls /app
cloudpickle      fairing              pickled_fn.p        train.py
data.csv         function_shim.py     requirements.txt
```

▲ input_files

2.3.7 Builder

빌더는 전처리기가 생성한 패키지를 도커 이미지화시킵니다. 기본적인 사용 예제는 아래와 같습니다.

---

11 https://github.com/mojokb/handson-kubeflow/tree/master/fairing/input_files_example

```
(이상생략)
        DOCKER_REGISTRY = 'kubeflow-registry.default.svc.cluster.local:30000'
            fairing.config.set_builder(
①              'append',
②              image_name='fairing-job',
③              base_image='brightfly/kubeflow-jupyter-lab:tf2.0-gpu',
④              registry=DOCKER_REGISTRY,
⑤              push=True)
(이하생략)
```

① **빌드 타입**: 지원하는 빌드타입은 3가지가 있습니다.

- **append**: 도커 클라이언트를 사용하지 않고[12]라는 파이선 라이브러리를 통해서 이미지를 생성합니다. 도커 클라이언트를 사용할 수 없는 환경에서 사용하기 좋습니다. 단, 도커 클라이언트를 사용하지 않기 때문에 도커 데몬의 설정값을 사용할 수 없습니다. 즉, self-singed로 인증된 레지스트리에는 사용할 수 없습니다. 다행히 .local로 끝나는 레지스트리 주소는 허용합니다. 쿠버네티스의 서비스로 도커레지스트리를 올리면 .local로 끝나는 서비스 도메인을 사용할 수 있기 때문에 클러스터 로컬 레지스트리로 사용할 수 있습니다. 그리고 만약 로그인이 필요한 레지스트리라면, 도커 로그인으로 생성되는 config.json을 직접 만들어줘야 합니다.

- **cluster**: 구글 컨테이너 툴인 Kaniko[13]를 이용하여 도커이미지를 만듭니다. 직렬화된 파이선 파일을 클러스터의 스토리지에 업로드 한 후 Kaniko job을 쿠버네티스 클러스터에 요청합니다. 요청된 Kaniko job은 스토리지에서 직렬화된 파이선 파일을 다운로드한 후 이미지를 생성합니다. 스토리지는 퍼블릭 클라우드 서비스의 스토리지(AWS S3, gcp storage 등)와 클러스터 내의 minio를 사용할 수 있습니다. 레지스트리로 푸시는 kaniko에서 처리하기 때문에 클러스터가 해당 레지스트리에 푸쉬할 수 있는 권한을 가지고 있어야 합니다.

- **docker**: 로컬 도커 클라이언트로 도커이미지를 생성합니다. 로컬에서 진

---

12 https://github.com/google/containerregistry
13 https://github.com/GoogleContainerTools/kaniko

행하기 때문에 로컬 환경이 대상 레지스트리에 push/pull의 권한이 있어야 합니다.

공통적으로 이미지가 빌드되면 이미지안에 "FAIRING_RUNTIME=1"이라는 환경변수가 입력됩니다.

② **생성될 이미지의 이름**: 도커이미지의 이름입니다. 이미지의 태그는 CRC-32 체크섬 값으로 설정됩니다.
③ **베이스 이미지**: 빌드될 이미지의 베이스 이미지를 설정합니다. 기본 값은 gcr.io/kubeflow-images-public/fairing:dev입니다.
④ **도커 레지스트리**: 생성된 도커이미지가 푸시될 레지스트리입니다. 기본값은 도커허브(index.docker.io)
⑤ **레지스트리 푸시 여부**: 이미지가 생성되면 레지스트리에 푸시할 것인지를 결정합니다.

2.3.8 Deployer

도커이미지 생성이 완료되면 해당 이미지의 배포를 진행합니다. 여기서 배포는 ML Job이 될 수도 있고, 서빙 모델 배포가 될 수도 있습니다. 기본적인 사용예제는 아래와 같습니다.

```
(이상생략)
①         fairing.config.set_deployer('job',
②                      namespace='test',
③                      pod_spec_mutators=[
④                      k8s_utils.get_resource_mutator(cpu=2, memory=5)])
(이하생략)
```

① **배포 형태**: 배포 형태는 아래과 같은 여러 가지의 형태를 제공합니다.
- **job**: 쿠버네티스 잡
- **tfjob**: 텐서플로우의 트레이닝 잡을 쿠버네티스에서 실행(tf-operator)
- **pytorchjob**: 파이토치 잡
- **serving**: 쿠버네티스의 디플로이먼트와 서비스를 이용한 예측모델서빙

- **kfserving**: 쿠베플로우의 예측모델서빙
- **gcpjob**: gcp의 training job
- **gcpserving**: 학습된 모델을 gcp의 서빙 모델로 배포

② **네임스페이스**: 배포가 실행될 네임스페이스
③ **pod_spec_mutators**: 배포가 될 파드의 스펙을 정의합니다. PVC 설정이나 퍼블릭 클라우드에서의 credential 정보, 리소스 설정 등을 정의합니다.
④ **k8s_utils.get_resource_mutator(cpu=2, memory=5)**: 생성될 파드의 리소스 limit을 cpu 2개, memory 5Gi로 정의합니다.

k8s_utils에서는 get_resource_mutator, mounting_pvc 두 메소드를 통해 쿠버네티스 리소스중 cpu, memory, pvc를 설정할 수 있게 합니다.

2.3.9 Config.run

run 메소드는 설정된 값을 기준으로 페어링을 실행하는 일을 합니다. 순서대로 전처리기를 통해서 빌더를 생성하고 빌더를 실행합니다. 그리고 그 빌더의 도커 이미지 작업이 완료되면 이미지 정보 및 전처리기의 설정 정보를 디플로이어에게 던져 줍니다. 디플로이어는 전달받은 정보로 쿠버네티스 리소스를 생성합니다.

2.3.10 Config.fn

함수를 입력값으로 받아 전처리기를 function으로 설정하고 run()을 실행하는 함수를 반환하는 함수입니다.

```
(이상생략)
    remote_train = fairing.config.fn(train)
    remote_train()
```

2.3.11 fairing.ml_tasks

페어링은 Config 클래스에서 좀 더 ML 트레인에 특화된 클래스를 제공합니다.

- **BackendInterface**: 백엔드 인터페이스는 training job이나 serving job을

실행할 때 클러스터의 환경을 제공해주는 기본 클래스입니다. 이 클래스를 상속하여 특정 클러스터의 특성에 맞게 preprocessor, builder, deployer 및 부가 기능을 제공합니다. AWSBackend, GKEBackent, GCPManaged-Backend, AzureBackend 등이 지원되지만 온프렘환경에서의 백엔드 지원은 아직 부족합니다.

- **TrainJob**: Config class에서 나누어 설정하던 것을 한 클래스에 모았습니다. Backend 클래스의 설정이 필요합니다.
- **PredictionEndpoint**: 예측모델의 서비스를 생성합니다. 모델 생성, 모델 학습, 예측까지 하나의 클래스에서 설정이 가능합니다.

2.4 Katib

2.4.1 소개

▲ katib_logo

카티브(Katib)는 쿠베플로우를 설치하면 주피터 노트북과 함께 손쉽게 실행할 수 있는 컴포넌트 중 하나입니다. 카티브는 크게 하이퍼파라미터 최적화(Hyperparameter Optimization, HyperOpt)와 뉴럴 아키텍처 탐색(Neural Architecture, NAS)으로 나누어져 있습니다.

여기서 카티브는 아랍어로 비서를 뜻합니다. 구글의 'Vizier'[14]에서 시작된 프로젝트라, 존경의 의미로 카티브라 이름 붙였다고 합니다. 추가로 'Vizier'는 '고관(high officer)'을 의미하는 아랍어입니다.

2.4.2 하이퍼파라미터와 하이퍼파라미터 최적화

하이퍼파라미터는 모델 학습과정을 컨트롤하는 변수를 이야기합니다. 예를 들어

- Learning Rate
- Dropout rate
- 뉴럴넷의 레이어 수
- Cost 함수

등을 말합니다.

이 변수들은 사용자가 입력하는 값들입니다. 즉, 학습되는 값들이 아닙니다. 이 값들은 모델의 성능을 좌우하며 예측 정확도에 큰 영향을 미칩니다. 최고의 정확도를 내는 모델로 만들기 위해 이 값들을 조성하는 행위를 하이퍼파라미터 최적화라고 부릅니다. 실제로 하이퍼파라미터 최적화는 전체 ML 워크플로우에서 매우 많은 시간을 차지합니다. 최적값이 나올 때까지 다람쥐 쳇바퀴 돌 듯 과정을 반복합니다.

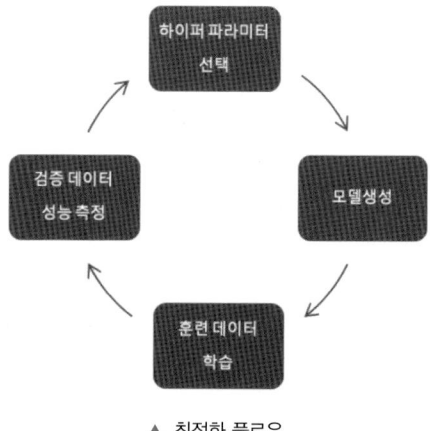

▲ 최적화 플로우

---

14 https://research.google/pubs/pub46180/

이 과정을 자동화 할 수 있다면, 개발자들은 그 시간에 다른 작업에 몰두하여 전체 ML 수행 시간을 줄일 수 있습니다. 카티브는 하이퍼 파라미터 선택을 검색 알고리즘에 따라 자동 수행합니다. 설정한 최적값이 나올 때까지 계속 반복함으로 수동으로 진행했던 과정들을 자동화 시켜 줍니다.

2.4.3 뉴럴 아키텍처 탐색

Automated machine learning(AutoML)의 하나인 뉴럴 아키텍처 탐색은 높은 예측 정확도와 최적 성능을 내는 인공신경망(Artifical neural network)을 디자인하기 위해 사용합니다.

현재는 알파버젼이기 때문에 사용이 제한적이긴 하지만 직접 Neural Architecture를 만드는 것보다는 괜찮은 성능을 보여주고 있습니다.

일반적으로 NAS는 최적의 뉴럴 네트워크 디자인을 위해 다양한 방법을 사용합니다. 카티브의 NAS는 강화 학습(reinforcement learning, RL)[15]을 사용하고 있습니다.

이 책에서는 NAS는 간략하게 다루며 기본적으로 하이퍼파라미터 최적화에 대한 내용을 다룰 것입니다.

2.4.4 아키텍처

카티브는 크게 4가지의 개념으로 이루어져 있습니다.

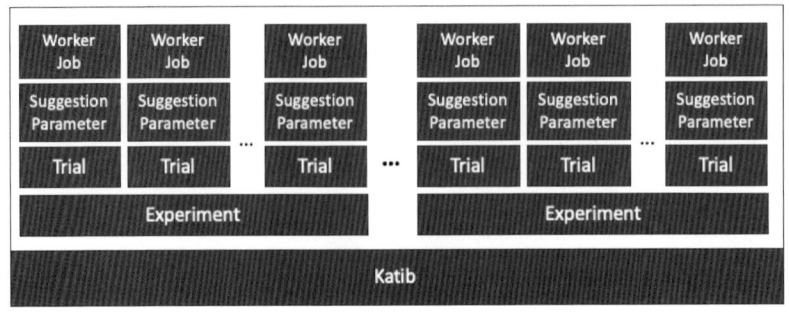

▲ [카티브 아키텍처]

---

15 https://ko.wikipedia.org/wiki/강화학습

① **Experiment**: 하나의 최적화 실행단위입니다. 하나의 Job이라고 보면 됩니다. 쿠버네티스 Custom Resource입니다. Trial을 실행합니다. 각 Experiment는 총 5개 영역으로 나누어집니다.
- **Trial Count**: 실행 횟수, 병렬 실행 횟수
- **Trial Template**: trial 파드 명세
- **Objective**: 목표 수치, 최곳값, 최젓값
- **Search Parameter**: 탐색 할려는 파라미터와 값의 범위
- **Search Algorithm**: 탐색 알고리즘

② **Trial**: 최적화 과정의 반복 단위입니다. Experiment의 Trial count 수만큼 Trial이 생성되며, 하나의 Trial이 종료되면 그 다음 Trial이 생성됩니다. 하나의 Trial에서 하나의 worker job이 실행됩니다. Trial도 쿠버네티스 Custom Resource입니다.

③ **Suggestion**: 쿠버네티스 Custom Resource이며 검색 알고리즘을 통해 생성된 하이퍼파라미터=값의 모음입니다. 하나의 Experiment당 하나의 Suggestion이 생성됩니다. Experiment에서 설정된 Parameter와 검색 알고리즘이 만들어 낸 Value를 각 Trial에 제공합니다.

④ **Worker Job**: Parameter와 Suggention 값을 가지고 Trial을 평가하며 목푯값을 계산하는 프로세스입니다. 실제로 학습을 수행하는 일을 하며 Worker는 단일 실행인 쿠버네티스 잡과 분산 실행이 가능한 텐서플로우 TFJob과 쿠베플로우 PyTorch을 사용할 수 있습니다.

2.4.5 Experiment

Experiment는 CRD(Custom Resource Definition)로 정의되어 있습니다. 아래는 MNIST Job Experiment 예제[16] 입니다.

```
apiVersion: "kubeflow.org/v1alpha3"
kind: Experiment
metadata:
```

---

16 https://github.com/mojokb/handson-kubeflow/blob/master/katib/mnist_experiment_random.yaml

```
  namespace: kubeflow
  labels:
    controller-tools.k8s.io: "1.0"
  name: handson-experiment-1
spec:
  parallelTrialCount: 5      ········ ①
  maxTrialCount: 30          ········ ②
  maxFailedTrialCount: 3     ········ ③
  objective:      ········ ④
    type: maximize
    goal: 0.99
    objectiveMetricName: Validation-accuracy
    additionalMetricNames:
      - accuracy
  algorithm:      ········ ⑤
    algorithmName: random
  trialTemplate:      ········ ⑥
    goTemplate:
      rawTemplate: |-
        apiVersion: batch/v1
        kind: Job
        metadata:
          name: {{.Trial}}
          namespace: {{.NameSpace}}
        spec:
          template:
            spec:
              containers:
              - name: {{.Trial}}
                image: brightfly/katib-job:handson
                command:
                - "python"
                - "/app/katib_keras_mnist.py"
                {{- with .HyperParameters}}      ········ ⑦
                {{- range .}}
                - "{{.Name}}={{.Value}}"
                {{- end}}
```

```
                     {{- end}}
                 restartPolicy: Never
  parameters: ......... ⑧
    - name: --learning_rate
      parameterType: double
      feasibleSpace:
        min: "0.01"
        max: "0.03"
    - name: --dropout_rate
      parameterType: double
      feasibleSpace:
        min: "0.1"
        max: "0.9"
```

① **parallelTrialCount**: 5

병렬로 실행될 Trial의 수입니다. 여기서는 리소스가 허용하는 한도에서 동시에 5개의 Trial이 실행됩니다. maxTrialCount가 만약 30이라면 병렬로 동시에 5개의 Trial이 실행되고 총 6번 반복됩니다.

② **maxTrialCount**: 30

최대로 실행될 Trial의 수입니다. 여기서는 총 30개가 실행됩니다.

③ **maxFailedTrialCount**: 3

Trial의 실패 한도 수입니다. 여기선 maxTrialCount만큼 수행되면서 3번의 실패를 하게 되면 experiment가 멈춥니다. 이때 Experiment의 Status 는 Failed 로 바뀝니다.

④ **objective**: 수집할 대상에 대한 메트릭을 설정합니다.
- **type**: 목표 메트릭의 최댓값, 최솟값 설정
- **goal**: 목표 수치, 여기선 0.99를 목표로 잡고 있습니다. 만약 0.99에 도달하게 되면 그 Trial이 종료되는 시점에서 Experiment가 종료됩니다.
- **objectiveMetricName**: 목표 수치를 수집할 메트릭 이름입니다. 여기서는 Validation-accuracy를 메트릭 이름으로 사용하고 있습니다.
- **additionalMetricNames**: 추가로 수집할 메트릭 리스트입니다. 여기서는 Accuracy를 수집합니다.

⑤ **algorithm**: 하이퍼파라미터를 검색할 알고리즘을 선택합니다. 그리드, 랜덤, 하이퍼밴드, 베이지안최적화를 선택할 수 있습니다. 여기선 Random을 선택하였습니다.

⑥ **trialTemplate**: trial의 템플릿을 정의합니다. ML 트레이닝 코드가 패키징된 도커이미지를 사용해야 합니다. 그리고 모델의 하이퍼파라미터를 커맨드라인 인자값이나 환경변수로 설정할 수 있어야 합니다.

⑦ **{{- with .HyperParameters}}**: 설정한 파라미터의 이터레이션 구문입니다. ⑦ 설정된 값들이 "{{.Name}}={{.Value}}" 형태로 삽입됩니다.

⑧ **parameters**: 하이퍼파라미터 입력값입니다. 설정된 값에 따라 값이 생성됩니다.

- **name**: 모델이 받을 파라미터 값입니다. 여기선 --learning_rate로 정의되었습니다.
- **parameterType**: 숫자형은 int, double을 사용하며, 문자열은 category를 사용합니다.
- **feasibleSpace**: 연속된 범위의 값을 설정할 수 있는 field입니다. 만약 연속되지 않은 값들을 정의할려면 list 필드로 정의하면 됩니다.

실제로 하나의 Trial이 실행될 때는

```
$ python /app/katib_keras_mnist.py –learning_rate=0.012--dropout_rate=0.381
```

와 같이 실행됩니다.

2.4.6 검색 알고리즘

카티브는 하이퍼파라미터 최적화를 위해서 하이퍼파라미터의 값을 검색하는 여러 가지의 알고리즘을 제공합니다.

① **Grid search(그리드 검색)**
grid라는 이름으로 사용합니다.

모든 변수들이 연속적이지 않으며 검색해야 할 가짓수가 적을 때 유용한 방법입니다. 모든 조합가능성에 대해서 수행하기 때문에 같은 가짓수라면 상대적으로 다른 알고리즘들보다 검색 시간이 깁니다.

Chocolate optimization framework[17]을 사용합니다.

② **Random search(랜덤 검색)**

random 이라는 이름으로 사용합니다.

그리드 검색의 대안으로 나온 랜덤 검색은 최적화해야할 변수들이 많고 연속된 변수의 수가 많을 때 사용합니다. 특히 조합 탐색이 어려울 경우에 좋은 성능을 내어줍니다.

hyperot optimizaton framework[18]를 사용합니다.

③ **Bayesian opimization(베이지안 최적화)**[19]

skopt-bayesian-optimization라는 이름으로 사용합니다.

베이지안 최적화는 가우스 프로세스 회귀방법을 사용하여 검색공간을 모델링합니다. 즉, 어떤 입력값을 받는 함수를 만들어 그 함수값을 최대로 만드는 최적해를 찾는 것을 반복하여 점점 그 최적해를 좁혀나가는 방법입니다. 랜덤이 무작위 추출을 통해 최적의 값을 찾는 것이리먼 베이지인은 추출된 값들을 기반으로 다시 검색하여 최적의 값을 찾는 것이기 때문에 시간대비 성능이 좋습니다. 현재 AWS SageMaker나 google에서도 주력으로 삼고 있습니다.

skopt라고 불리는 Scikit-Optimize library[20]를 사용합니다. 그리고 추가로 몇가지 설정을 지원합니다.[21]

④ **HYPERBAND(하이퍼밴드)**

hyperband라는 이름으로 사용합니다.

HYPERBAND framework[22]를 사용합니다. 적은 리소스로 좋은 성능을 내는 탐

17　https://chocolate.readthedocs.io/
18　http://hyperopt.github.io/hyperopt/
19　https://ettrends.etri.re.kr/ettrends/178/0905178004/34-4_32-42.pdf
20　https://github.com/scikit-optimize/scikit-optimize
21　https://www.kubeflow.org/docs/components/hyperparameter-tuning/experiment/#bayesian-optimization
22　https://arxiv.org/pdf/1603.06560.pdf

색 알고리즘입니다. 단 설정에 따라 성능이 결정되며, 자원이 많으면 랜덤 검색보다는 효율이 떨어집니다.

⑤ Hyperopt TPE

NAS에서 사용하며, tpe라는 이름으로 사용합니다.

hyperopt의 Tree-structured Parzen Estimators를 사용하는 방법입니다. forward and reverse gradient-based search[23]을 제공합니다.

⑥ NAS based on reinforcement learning

NAS에서 사용하며, nasrl 라는 이름으로 사용됩니다.

현재 알파버젼이기 때문에 제한이 존재합니다. 별도의 리포지토리[24]에서 확인 가능하며, Neural Architecture Search with Reinforcement Learning[25]에서 착안한 알고리즘입니다. LSTM 셀과 함께 순환 신경망을 컨트롤러로 이용하여 suggestion을 생성합니다.

2.4.7 Metric collector

카티브는 메트릭 컬렉터(Metric collector)를 통해서 각 trial의 메트릭을 수집합니다. trial에서 실행되는 트레이닝 코드에 메트릭(accuracy, loss 같은)값을 stdout이나 파일 형태로 기록해야 합니다. 메트릭 컬렉터는 사이드카 컨테이너로 실행됩니다. 사이드카 컨테이너란 메인 컨테이너의 기능을 확장하거나 강화하는 용도의 컨테이너입니다. 사이드카 패턴(Sidecar Pattern)이라고도 불리며 여기선 트레이닝 코드를 실행하는 메인 컨테이너가 출력하는 stdout이나 파일을 메트릭 컬렉터가 사이드카 컨테이너로 실행되어 수집하는 형태입니다.

---

23 https://arxiv.org/pdf/1703.01785.pdf
24 https://github.com/kubeflow/katib/tree/master/pkg/suggestion/v1alpha3/NAS_Reinforcement_Learning
25 https://arxiv.org/abs/1611.01578

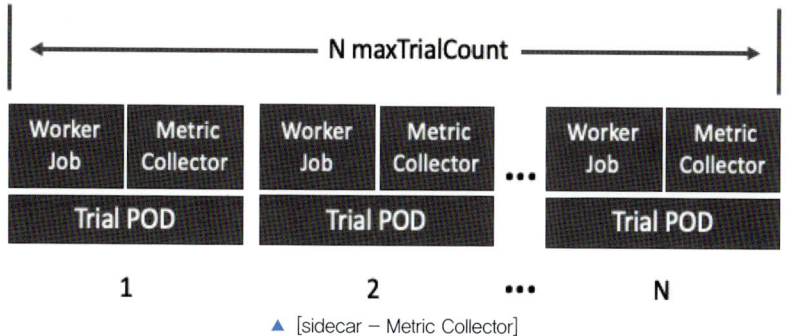

▲ [sidecar – Metric Collector]

Experiment에 메트릭 컬렉터의 타입을 정의하여 원하는 형태의 결과를 수집할 수 있습니다.

- **StdOut**: 운영체제의 스탠다드 아웃풋에서 나오는 메트릭을 수집합니다. 기본값입니다.
- **File**: 파일에서 메트릭을 수집합니다. source라는 필드를 통해 경로를 설정합니다.
- **TensorflowFlowEvent**: tf.Event가 저장되어 있는 디렉토리에서 메트릭을 수집합니다. source라는 필드를 통해 경로를 설정합니다.
- **Custom**: 사용자 정의 메트릭 컬렉터를 사용합니다. 별도의 컬렉터 컨테이너를 사용합니다. collector.customCollector 필드를 반드시 설정해야 합니다.
- **None**: 카티브의 메트릭 컬렉터를 사용할 필요가 없다면 이 값을 설정합니다.

MetricsCollectorSpec type[26]을 참고하여 source 필드에 메트릭 출력 위치를 정의할 수 있습니다.

수집될 메트릭을 출력하는 양식을 metricsCollectorSpec.source.filter.metricsFormat 필드를 통해서 정의할 수 있습니다. 포맷은 정규식을 통해 정의할 수 있으며 기본 값은 ([\w|-]+)\s*=\s*((-?\d+)(\.\d+)?) 형태입니다. 즉, {메트릭 이

---

26 https://github.com/kubeflow/katib/blob/master/pkg/apis/controller/common/v1alpha3/common_types.go#L74-L143

름}={메트릭 값}입니다.

아래는 메트릭 컬렉터가 정의된 Experiment CRD의 일부 예제들입니다.

```
# 파일 메트릭컬렉터 일 경우
  metricsCollectorSpec:
    source:
      filter:
        metricsFormat:
        - "{metricName: ([\\w|-]+), metricValue: ((-?\\d+)(\\.\\d+)?)}"
      fileSystemPath:
        path: "/katib/mnist.log"
        kind: File
    collector:
      kind: File


# TensorFlowEvent 인 경우
  metricsCollectorSpec:
    source:
      fileSystemPath:
        path: /train
        kind: Directory
    collector:
      kind: TensorFlowEvent


# Custom type 인 경우
  metricsCollectorSpec:
    source:
      fileSystemPath:
        path: "/katib/mnist.log"
        kind: File
    collector:
      kind: Custom
      customCollector:
        args:
        - -m
        - accuracy
```

```
    - -s
    - katib-db-manager.kubeflow:6789
    - -path
    - /katib/mnist.log
    image: kubeflowkatib/custom-metrics-collector:latest
    imagePullPolicy: Always
    name: custom-metrics-logger-and-collector
    env:
    - name: TrialNamePrefix
      valueFrom:
        fieldRef:
          fieldPath: metadata.name
```

메트릭컬렉터를 설정하지 않을 경우에는 스탠다드 아웃풋에서 나오는 {메트릭 명}={메트릭 값}을 수집합니다.

2.4.8 Component

카티브는 여러 종류의 컴포넌트로 이루어져 있습니다. 각 컴포넌트는 쿠버네티스의 Deployment로 실행되고 있습니다. 각 컴포넌트는 GRPC를 통해 서로 통신을 합니다. API는 카티브의 레포지토리에서 확인이 가능합니다.[27]

- katib-manager: GRPC API server
- katib-db: 카티브의 백엔드 데이터 저장소. mysql이 사용됩니다.
- katib-ui: 카티브 유저인터페이스
- katib-controller: katib CRD의 컨트롤러

---

27 https://github.com/kubeflow/katib/blob/master/pkg/apis/manager/v1alpha3/api.proto

2.4.9 카티브 Web UI

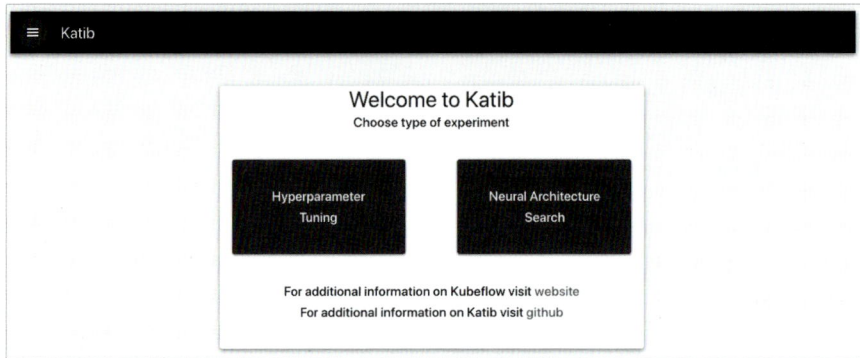

▲ [카티브 Web UI] – 1.4katib.png

카티브는 Web UI를 제공합니다. 메인 화면에 Hypterparmeter Tuning(HP), Neural Architecture Search(NAS)이란 2개의 메뉴가 존재합니다.

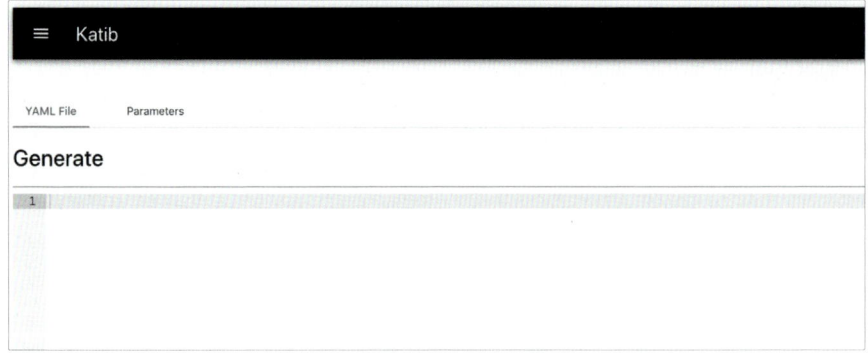

▲ generate

각각의 메뉴를 클릭했을 경우 바로 YAML 파일의 내용을 입력할 수 있는 페이지로 이동합니다. 각각의 Experiment CRD를 입력하면 됩니다. 입력페이지에서는 YAML 형태 말고 UI로 Experiment를 구성할 수 있는 페이지도 제공합니다.

- HP일 경우

▲ katib-param

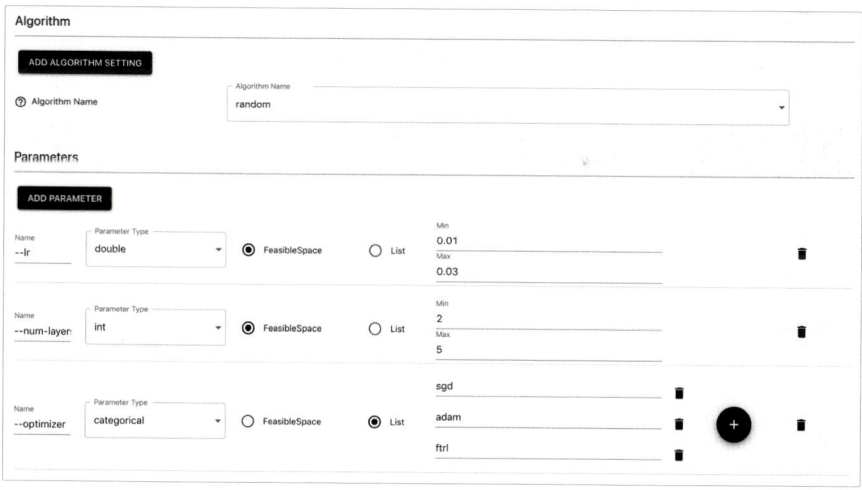

▲ algo_param

▲ trial_spec

- NAS일 경우

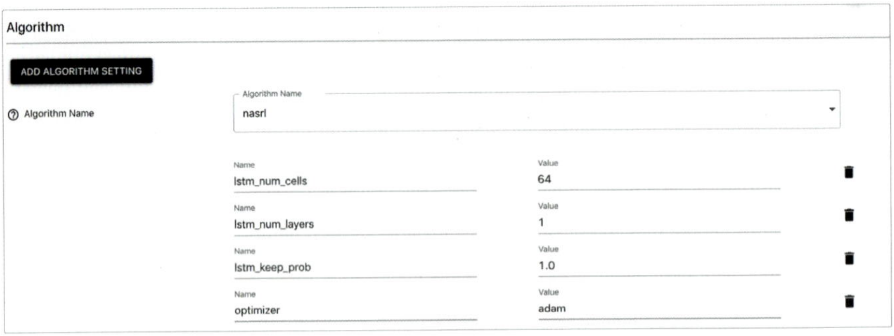

▲ NAS-algor

▲ [NAS-config]

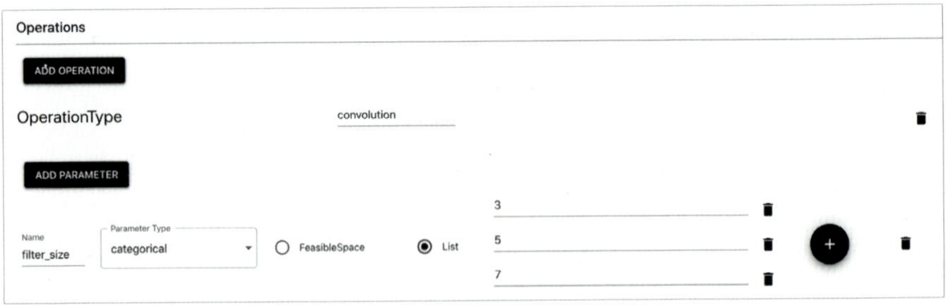

▲ [Operation-type]

좌측 햄버거(≡) 메뉴를 클릭하면 Monitor 메뉴를 확인할 수 있습니다.

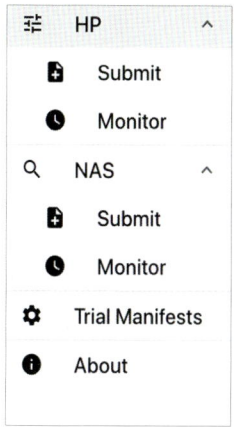

HP의 모니터 페이지는 현재 실행되거나 종료된 Experiment의 리스트를 보여줍니다.

▲ experiment list

Experiment를 클릭하면 현재 진행상황과 결과 등을 확인할 수 있습니다.

결과는 트라이얼 기준으로 검색한 메트릭 값들을 그래프와 차트를 보여줍니다.

▲ trial list

Chapter 02 Kubeflow Components   185

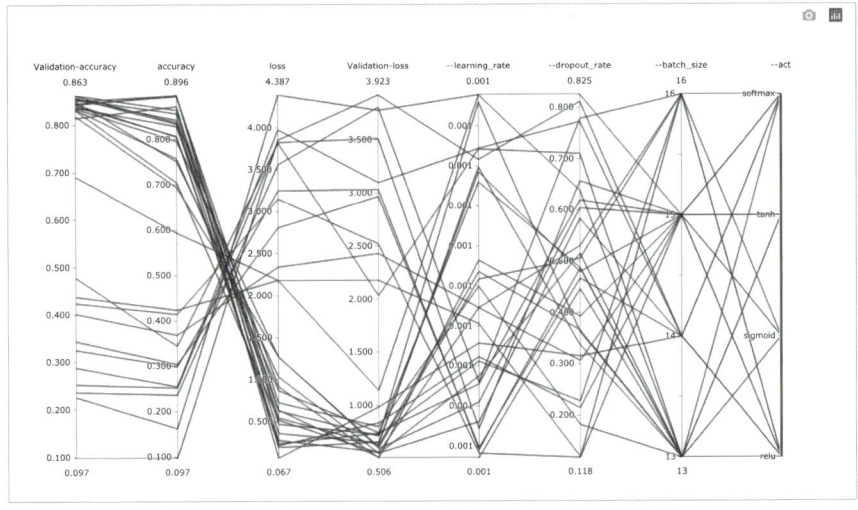

▲ Trial Graph

그리고 결과표 밑으로 Experiment가 수행된 상세정보들을 JSON 형태로 보여줍니다. 여기에는 Experiment의 metadata, Experiment의 설정된 메트릭 및 실행 설정들이 담긴 spec, 그리고 Experiment의 진행 상태 및 현재 최적화의 값을 가지는 트라이얼의 정보, 트라이얼의 횟수, 성공/실패의 수를 나타내는 status가 포함되어 있습니다.

```
▼ "root" : { 3 items
    ▼ "metadata" : { 9 items
        "name" : string "handson-experiment-11"
        "namespace" : string "kubeflow"
        "selfLink" : string "/apis/kubeflow.org/v1alpha3/namespaces/kubeflow/experiments/handson-experi
        "uid" : string "723920f2-e33e-421e-807f-5e916954edee"
        "resourceVersion" : string "4636364"
        "generation" : int 1
        "creationTimestamp" : string "2020-02-13T05:49:22Z"
        ▼ "labels" : { 1 item
            "controller-tools.k8s.io" : string "1.0"
        }
        ▼ "finalizers" : [ 1 item
            0 : string "update-prometheus-metrics"
        ]
    }
}
```

▲ Experiment metadata

```
"spec" : { 8 items
    "parameters" : [ 2 items
        0 : { 3 items
            "name" : string "--learning_rate"
            "parameterType" : string "double"
            "feasibleSpace" : { 2 items
                "max" : string "0.03"
                "min" : string "0.01"
            }
        }
        1 : { 3 items
            "name" : string "--dropout_rate"
            "parameterType" : string "double"
            "feasibleSpace" : { 2 items
                "max" : string "0.9"
                "min" : string "0.1"
            }
        }
    ]
    "objective" : { 4 items
        "type" : string "maximize"
        "goal" : float 0.99
        "objectiveMetricName" : string "Validation-accuracy"
        "additionalMetricNames" : [ 3 items
            0 : string "accuracy"
            1 : string "loss"
            2 : string "Validation-loss"
        ]
```

▲ experiment spec

```
"currentOptimalTrial" : { 2 items
    "parameterAssignments" : [ 2 items
        0 : { 2 items
            "name" : string "--learning_rate"
            "value" : string "0.019588137681487403"
        }
        1 : { 2 items
            "name" : string "--dropout_rate"
            "value" : string "0.10030254717447235"
        }
    ]
    "observation" : { 1 item
        "metrics" : [ 1 item
            0 : { 2 items
                "name" : string "Validation-accuracy"
                "value" : float 0.9781
            }
        ]
    }
}
"trials" : int 30
"trialsSucceeded" : int 30
```

▲ [현재 최적 Trial]

[현재 최적 trial] 이미지에서 최적의 Trial은 learning rate가 0.019이며 dropout_rate가 0.10일 때 validation accuracy가 0.9781가 나온다는 것을 확인할 수 있습니다.

그리고 총 30개의 trials에 30개 다 성공했다는 내용도 확인할 수 있습니다.

NAS의 모니터 페이지도 마찬가지로 현재 실행되거나 종료된 Experiment의 리스트를 보여줍니다.

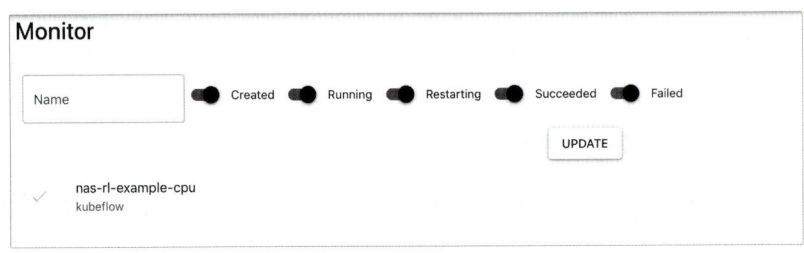

▲ NAS Experiment monitor

해당 항목을 클릭하면 검색 알고리즘으로 생성된 세대별 모델 다이어그램과 목표 메트릭의 값을 보여줍니다.

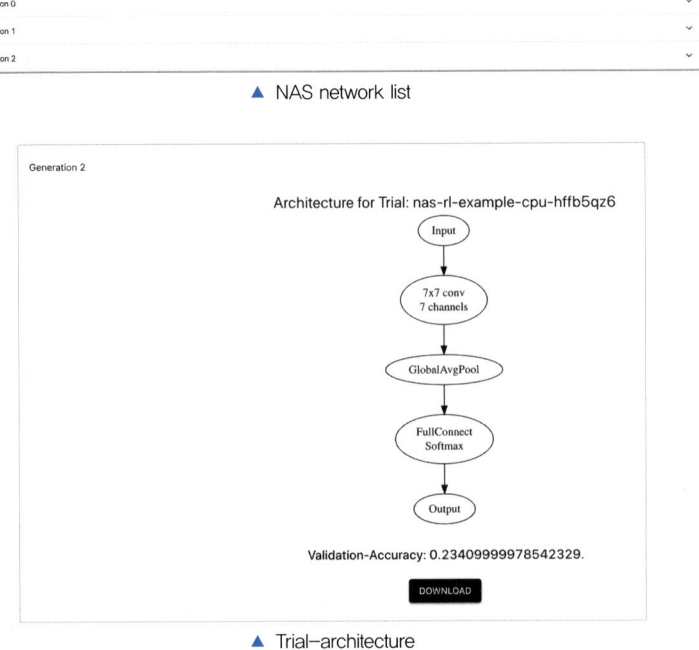

▲ Trial-architecture

2.4.10 Rest API

0.7 이전에는 katib-manager-rest가 있었지만 그 이후로는 지원하지 않습니다.[28]

2.4.11 Command-line interfaces

Kfctl, kubectl을 통해서도 Experiment를 실행시킬 수 있습니다. 단 Experiment 리소스를 사용할 수 있는 권한이 있어야 합니다.

```
$ kubectl apply -f mnist_experiment_random.yaml[29]
```

2.4.12 카티브 단독 설치

카티브는 쿠베플로우가 설치될 때 같이 설치되는 컴포넌트지만 쿠버네티스 클러스터 환경만 있다면 단독으로도 설치가 가능합니다. 단 설치시는 클러스터롤을 가지고 있는 사용자여야만 합니다.

```
$ git clone https://github.com/kubeflow/katib
$ bash ./katib/scripts/v1alpha3/deploy.sh
```

또한 카티브는 mysql을 사용하기 때문에 mysql가 사용할 스토리지도 필요합니다. 만약 쿠버네티스의 스토리지클래스가 동적으로 퍼시스턴트 볼륨(PV)를 생성하지 않는다면 카티브의 정상적인 설치를 위해서는 PV를 먼저 생성해주어야 합니다.

```
$ kubectl apply -f https://raw.githubusercontent.com/kubeflow/katib/master/manifests/v1alpha3/pv/pv.yaml


# pv.yaml
apiVersion: v1
```

---

28 https://github.com/kubeflow/katib/pull/876
29 https://github.com/mojokb/handson-kubeflow/blob/master/katib/mnist_experiment_random.yaml

```
kind: PersistentVolume
metadata:
  name: katib-mysql
  labels:
    type: local
    app: katib
spec:
  storageClassName: katib
  capacity:
    storage: 10Gi
  accessModes:
    - ReadWriteOnce
  hostPath:
    path: /tmp/katib
```

2.5 Pipeline

2.5.1 소개

쿠베플로우 파이프라인은 컨테이너 기반의 end-to-end ML 워크플로우를 만들고 배포할 수 있는 쿠버네티스 플랫폼입니다. 컨테이너 기반으로 구성되어 있기 때문에 확장성 및 재사용성이 좋기 때문에 쿠베플로우의 대표적인 플랫폼이라고 볼 수 있습니다. 쿠버네티스의 자원을 관리하기 위해서 백엔드 프레임워크로 argo[30] 라는 워크플로우 툴을 사용합니다.

쿠베플로우 파이프라인은 아래와 같이 구성되어 있습니다.

- 실험(Experiment), 잡(Job), 런(Run)을 추적하고 관리하는 유저 인터페이스
- ML 워크플로우 단계별 스케쥴링 엔진
- 파이프라인과 그 컴포넌트들을 생성하는 SDK
- SDK와 연동하는 쥬피터 노트북

---
30 https://argoproj.github.io/

그리고 쿠베플로우 파이프라인이 지향하는 바는 아래와 같습니다.

- **쉬운 파이프라인 구성**
- **쉬운 파이프라인 생성**: Trial/ Experiments 컴포넌트들을 통해 다양한 기술을 적용할 수 있습니다.
- **쉬운 재사용**: 컨테이너 기반이기 때문에 한번 작성해 둔 파이프라인 컴포넌트는 어디서 든 재사용이 가능합니다.

2.5.2 파이프라인(Pipeline)[31]

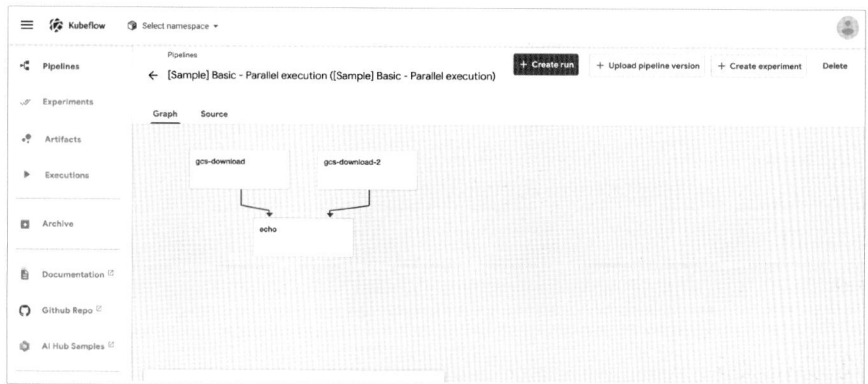

▲ pipeline

파이프라인은 워크플로의 컴포넌트들과 그것을 그래프 형태로 결합하는 것을 포함한 ML 워크플로우의 한 형식이라고 설명할 수 있습니다. 또한 파이프라인을 실행하기 위한 입·출력에 대한 정의도 포함됩니다.

사용자가 파이프라인을 개발한 후 쿠베플로우 파이프 라인을 통해 업로드·공유를 할 수 있습니다. 사용자가 작성한 파이프라인 컴포넌트는 도커이미지로 패키징되며 그래프의 결합형태에 따라 순서대로 실행됩니다.

파이프라인이 실행되면 시스템은 각 단계에 맞는 쿠버네티스 파드를 실행시킵니다. 그리고 그 파드는 설정된 컨테이너를 실행 시키고, 컨테이너안에 있는 애플리케이션을 실행시킵니다. 스케쥴러에 따라서 순서대로 컨테이너들이 실행됩니다.

---

31 쿠베플로우 파이프라인의 파이프라인이라는 이름의 컴포넌트입니다.

2.5.3 아키텍처

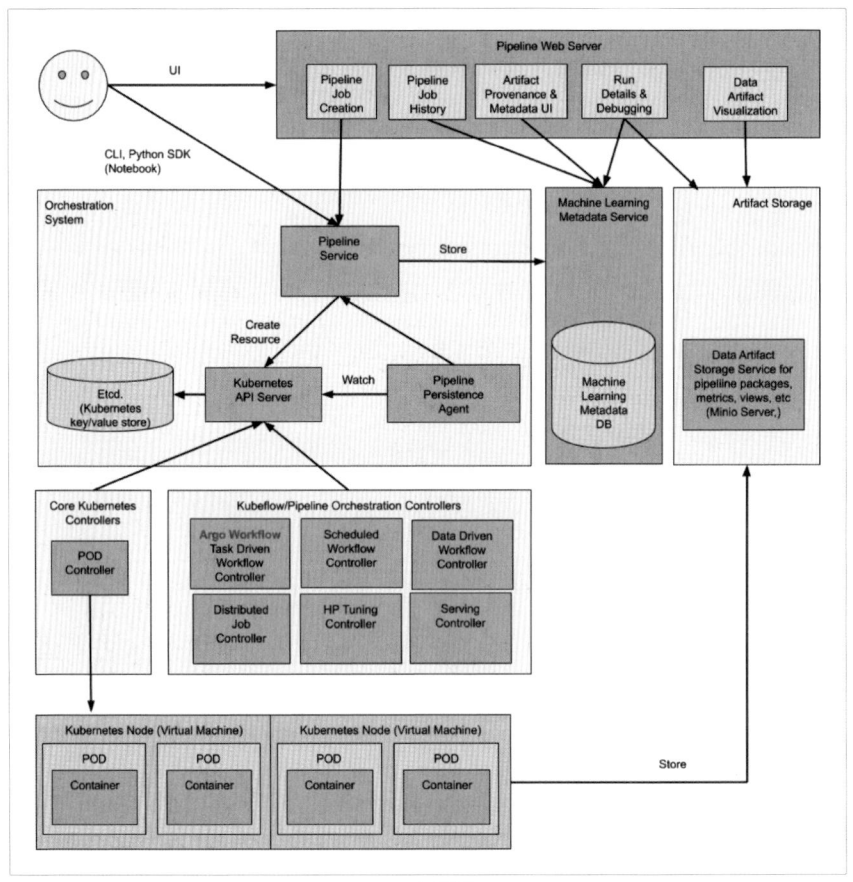

▲ 아키텍처

출처 _ https://www.kubeflow.org/docs/pipelines/overview/pipelines-overview/#architectural-overview

파이프라인의 실행은 다음과 같이 진행됩니다.

- Python SDK: 파이프라인 DSL을 통해서 컴포넌트를 작성합니다.
- DSL Compiler: 파이선 코드를 쿠버네티스 리소스 양식(YAML)로 변환합니다.
- Pipeline Service: 쿠버네티스 리소스 양식에서 파이프라인을 생성하기 위해 Pipeline Service를 호출합니다.
- Kubernetes resources: Pipelien Service는 쿠버네티스 API 서버를 호출

하여 파이프라인을 실행하기 위한 쿠버네티스 리소스를 생성합니다.
- **Orchestration controllers**: 오케스트레이션 컨트롤러는 생성된 쿠버네티스 리소스에 정의된 파이프라인을 실행하기 위한 컨테이너를 실행합니다. 이 컨테이는 쿠버네티스 파드에서 실행됩니다.
- **Artifact storage**: 실행된 파드는 파이프라인의 실험정보들을 담는 Metadata를 준비된 database(mysql)서버에 담고 그 외의 큰 사이즈의 정보들인 Arifacts를 Minio[32] 서버나 혹은 클라우드 스토리지에 저장합니다.
- **Pipeline web server**: 실행된 파이프라인은 웹UI를 통해 진행 상황과 생성되는 데이터 및 정보 등을 보여줍니다.

2.5.3 컴포넌트(Component)

컴포넌트는 ML 워크플로우의 한 단계 수행하는 코드 집합입니다. 인풋, 아웃풋, 이름, 상세구현 등 함수와 유사합니다. 파이프라인 DSL로 작성된 파이선 코드가 YAML파일로 컴파일되는데 쿠베플로우 파이프라인의 컨테이너 컴포넌트 데이터 모델 형식으로 변환됩니다. Metadata, Interface, Implentation이라는 필드들로 구성되며, 여기에는 파이프라인의 이름, 인풋/아웃풋 타입 등이 기재됩니다. 자세한 내용은 쿠베플로우 레퍼런스[33]를 참고하시면 됩니다.

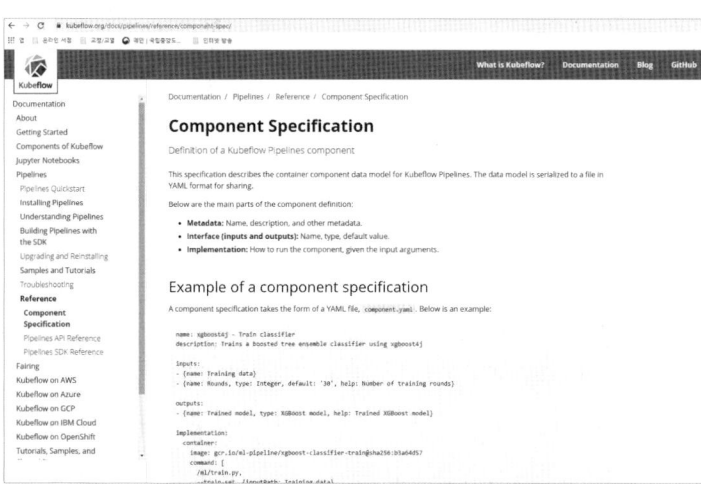

---

32 https://min.io/
33 https://www.kubeflow.org/docs/pipelines/reference/component-spec/

2.5.4 그래프(Graph)

그래프는 파이프라인 UI에서 파이프라인의 런타임 실행을 나타내는 그림입니다.

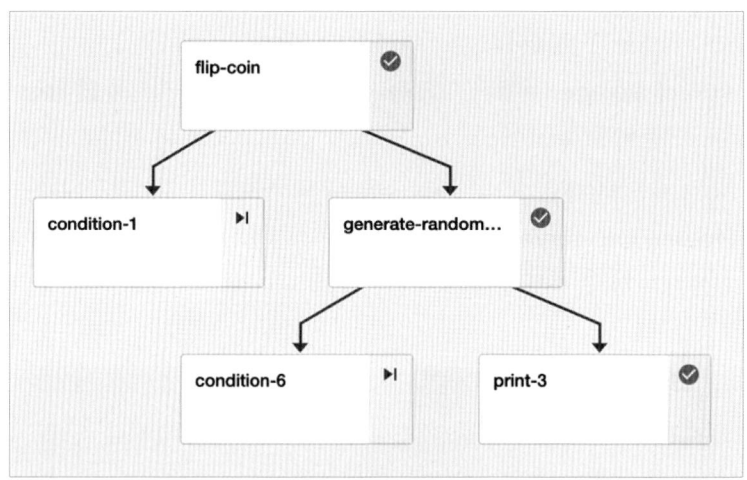

▲ 파이프라인 - 그래프

파이프라인을 실행했거나 실행중면 그 단계가 색깔로 구분되어 표시됩니다(실행 대기중인 그래프는 보이지 않습니다). 파이프라인을 잇는 화살표는 파이프라인의 상-하위 관계를 나타냅니다. 그래프 내의 각 노드는 파이프라인 내의 단계에 해당하며 그에 따라 conditional-execution-pipeline-pz4tg-1117811634 같은 레이블이 지정됩니다.

2.5.5 런(Run), 리커링 런(Recurring Run)

런(Run)은 파이프라인의 단일 실행 단위입니다. 즉, 런은 파이프라인 명세를 실행합니다. 객체와 인스턴스의 관계라고 보시면 됩니다. 파이프라인 UI를 통해서 상세정보를 확인할 수 있습니다.

리커링 런(Recurring Run)은 파이프라인을 주기적으로 실행하는 런입니다. Cron 형태도 가능하며 특정 기간을 정의할 수도 있습니다. 배치성 작업이나 모니터링 작업에 적합합니다. 이 반복적이 작업은 런 트리거(Run Trigger)가 담당합니다.

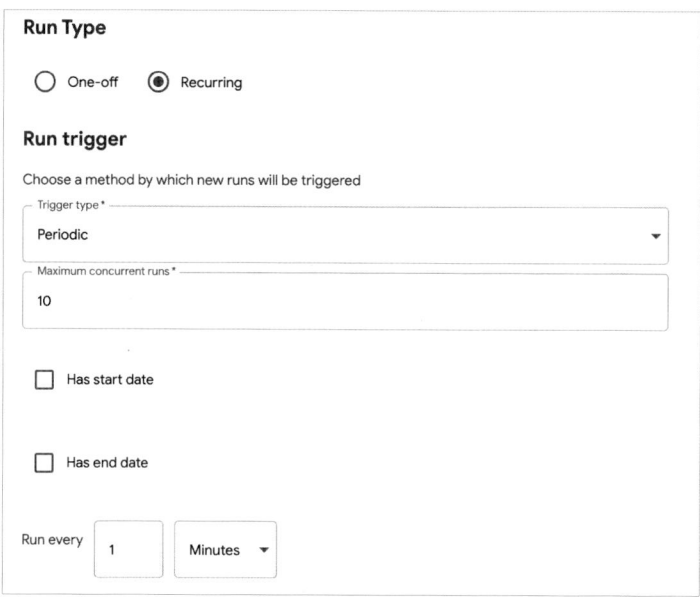

▲ 러커링 잡 설정

2.5.6 런 트리거(Run Trigger)

런 트리거(Run Trigger)는 런을 새롭게 생성해야 하는지 말아야하는지를 시스템에게 알려주는 플랙(flag)입니다. 2가지 타입의 런 트리거를 제공합니다.

① Periodic: 간격 기반의 스케줄링을 제공해줍니다. 매 30분마다 실행 이런 식입니다.
② Cron: cron 형태의 스케줄링

2.5.7 스텝(Step)

스텝은 파이프라인에서 하나의 컴포넌트의 실행을 뜻합니다. 복잡한 파이프라인에서 컴포넌트들은 중첩되어 실행되기도 하며, if/else 분기에 따라서 선택적으로 실행되기도 합니다.

2.5.8 Experiment

파이프라인을 실행하는 워크스페이스입니다. 파이프라인 실행의 논리적 그룹으로 보아도 상관은 없습니다. 파이프라인 설치시 default라는 experiment가 생성됩니다. 특별한 experiment를 정하지 않는 한, run은 default에서 실행됩니다.

2.5.9 Output Artifact

아티팩트(Output Artifact)는 파이프라인 컴포넌트의 출력입니다. 아티팩트를 통해서 파이프 라인의 다양한 구성 요소가 어떻게 작동하는지 이해할 수 있습니다. 아티팩트는 데이터의 일반 텍스트보기에서 풍부한 대화식 시각화에 이르기까지 다양합니다.

2.5.10 파이프라인 인터페이스

파이프라인은 총 3가지의 인터페이스를 제공합니다. 각 인터페이스를 통해 ML 워크플로우를 생성, 실행가능합니다.

① Web UI

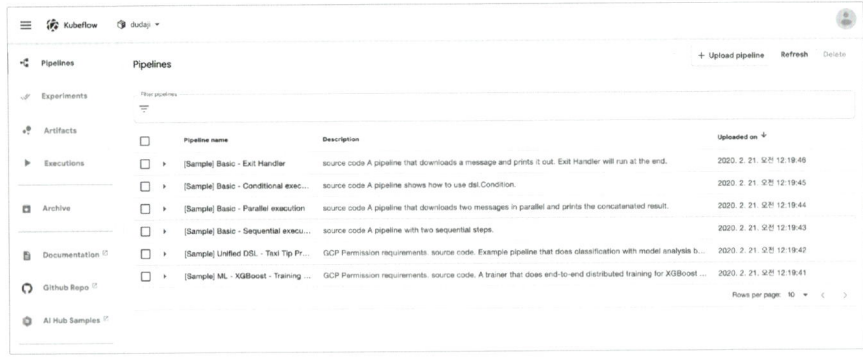

▲ 파이프라인 webui

쿠베플로우의 대시보드에서 pipeline을 선택하면 파이프라인 대시보드로 이동이 가능합니다.

Web UI에서 수행할 수 있는 일들은 아래와 같습니다.

- 준비된 파이프라인 샘플을 실행
- 압축형태의 파이프라인을 업로드(URL형태도 가능합니다)
- Experiment, 런(Run), 리커링런(Recurring Run)을 생성
- 런의 결과, 그래프, 설정 등의 탐색
- Experiment내의 런끼리의 비교
- Google AI Hub에서 파이프라인 가져오기(GCP)

② **Python SDK**: 쿠베플로우 파이프라인은 파이프라인을 생성할 수 있는 파이선 SDK를 제공합니다. SDK를 통해 파이프라인의 생성 및 실행까지 할 수 있습니다. 파이프라인이 설치되어 있는 쿠버네티스 클러스터에 접속할 수 있는 로컬 호스트의 PyCharm[34]에서나 쥬피터 노트북 등에서 사용할 수 있습니다.

③ **REST API**: 쿠베플로우 파이프라인 REST API는 외부 시스템에서 유용하게 활용할 수 있습니다. 예를 들어 CI/CD의 과정 중에 어떤 조건이 만족된다면 파이프라인의 실행을 요청할 수도 있습니다.

2.5.11 파이프라인 단독 설치

파이프라인은 쿠베플로우가 설치될 때 같이 설치되지만 단독으로도 설치가 가능합니다.

아직 공식 홈페이지에서는 GCP 기반의 가이드만 제공해주고 있으며, 버전이 높아짐에 따라 다른 플랫폼에서도 별도 설치에 대한 가이드가 제공될 예정입니다.

① **GCP 설치**:https://www.kubeflow.org/docs/pipelines/installation/standalone-deployment/에서 진행하실 수 있습니다.

② **GKE에서 설치**:(현재 알파버젼) GCP 마켓플레이스[35]를 통해 Google Kubernetes Engine(GKE)로 배포를 지원합니다. https://github.com/kubeflow/pipelines/blob/master/manifests/gcp_marketplace/guide.md에서 자세한 내용을 확인할 수 있습니다.

---

34 https://www.jetbrains.com/ko-kr/pycharm/
35 https://console.cloud.google.com/marketplace/details/google-cloud-ai-platform/kubeflow-pipelines

2.5.12 파이프라인 SDK 설치

앞서 인터페이스 챕터에서 설명했듯이 파이프라인 SDK는 파이썬 패키지로 구성되어 있습니다. 파이썬 3.5버전 환경에서 설치가 가능합니다. pip 명령어를 통해 설치를 진행합니다.

```
$ pip3 install kfp --upgrade
```

만약 아래와 같은 오류가 난다면 --user라는 옵션을 추가합니다.

```
ERROR: Could not install packages due to an EnvironmentError: [Errno 13]
  Permission denied: '/usr/local/lib/python3.5/dist-packages/kfp-0.2.0.dist-info'
Consider using the `--user` option or check the permissions.

$ pip3 install kfp --upgrade --user
```

명령을 실행하면 파이프라인 라이브러리들과 실행파일인 dsl-compile과 kfp가 /usr/local/bin과 같은 실행 가능한 경로로 복사됩니다.

아래과 같이 확인이 되면 설치는 완료된 것입니다.

```
$ which kfp
/usr/local/bin/kfp
$ which dsl-compile
/usr/local/bin/dsl-compile
```

2.5.13 파이프라인 SDK 패키지 둘러보기

파이프라인 SDK 패키지는 크게 5개의 영역으로 나누어져 있습니다. 물론 버전에 따라서 패키지에 포함된 메소드나 클래스들의 작은 변화는 있을 수 있습니다.

① **kfp.compiler**: 파이프라인 컴포넌트를 빌드하는 클래스와 메소드들의 패키지
  - **.Compiler.compile**: 파이썬 DSL 코드를 파이프라인 YAML 파일로 변환

② kfp.components: 파이프라인 컴포넌트들을 다루는 클래스와 메소드들의 패키지
- .func_to_container_op: 파이션 함수를 파이프라인 컴포넌트로 변환
- .load_component_from_file: 파일을 파이프라인 컴포넌트로 변환.
- .load_component_from_url: URL에서 파이프라인 컴포넌트로 변환

③ kfp.dsl: domain-specific language(DSL)을 포함하고 있습니다. 실제로 파이프라인을 파이션 코드로 작성할 때 사용하는 클래스와 메소드, 모듈들의 패키지
- .ContainerOp: 컨테이너 이미지로 구성되는 파이프라인 Op
- .PipelineParam: 파이프라인끼리 전달할 파라미터
- .ResourceOp: kubernetes resource를 다루는 파이프라인 Op(create, apply, get, ···)
- .VolumeOp: 쿠버네티스 PVC를 생성하는 파이프라인 Op
- .VolumeSnapshotOp: 볼륨의 스냅샷을 생성하는 파이프라인 Op
- .PipelineVolume: 기존의 PVC를 사용하거나, 파이프라인끼리 데이터 공유용으로 사용되는 볼륨을 설정, ContainerOp에서 pvolume 옵션으로 마운트 가능합니다.

④ kfp.Client: 파이프라인 API와 통신하는 파이션 클라이언트 라이브러리 패키지
- .create_experiment: experiment 생성
- .run_pipeline: 런 생성
- .create_run_from_pipeline_func: DSL의 op를 포함하는 python function을 파이프라인의 run으로 생성, 노트북에서 실행시 Experiment,Run link 제공 파이션파일을 pipeline package로 컴파일한 후 create_run_from_pipeline_package 실행
- .create_run_from_pipeline_package: 컴파일된 pipeline package를 run으로 생성
- .upload_pipeline: 컴파일된 pipeline package를 kf pipeline cluster로 upload, 이때 노트북일 경우 link 제공

⑤ kfp.containers: 컨테이너 이미지관련 메소드와 클래스들의 패키지

2.5.14 SDK로 파이프라인 만들기

앞서 설명했듯이 파이프라인은 컨테이너 이미지 기반으로 실행되기 때문에 개발 환경에서 도커 클라이언트가 설치되어 있어야 합니다. 당연하지만 파이프라인 SDK 도 설치되어 있어야합니다.

파이프라인은 파이프라인 DSL을 통해서 작성되며, 컴파일 과정을 거쳐 쿠버네티스 파이프라인 리소스로 변환되어 사용됩니다.

파이프라인을 작성하는 방법은 2가지로 나누어집니다.

첫 번째, kfp.dsl 패키지 내의 ContainerOp를 이용하는 방법입니다.

먼저 ML 워크플로우의 특정 스텝에서 필요한 테스크를 수행하는 애플리케이션이 작성되어 있어야 하며, 그 애플리케이션이 도커 이미지로 패키징되어 단독으로도 실행할 수 있어야 합니다. ContainerOp는 그 도커 이미지를 매개변수로 작성됩니다.

ContainerOp 생성자는 아래와 같습니다.

```
ContainerOp(
    name: str, ······ ①
    image: str, ······ ②
    command: StringOrStringList = None, ······ ③
    arguments: StringOrStringList = None, ······ ④
    init_containers: List[UserContainer] = None, ······ ⑤
    sidecars: List[Sidecar] = None, ······ ⑥
    container_kwargs: Dict = None, ······ ⑦
    artifact_argument_paths: List[InputArgumentPath] = None, ······ ⑧
    file_outputs: Dict[str, str] = None, ······ ⑨
    output_artifact_paths: Dict[str, str]=None, ······ ⑩
    pvolumes: Dict[str, V1Volume] = None ······ ⑪
)
```

① **name**: str 필수값, 컴포넌트의 이름, 중복이름일 경우에는 새로운 이름으로 생성합니다.

② **image**: str 필수값, 컨테이너 이미지 이름

③ **command**: StringOrStringList 컨테이너 실행 명령어

④ **arguments**: StringOrStringList 컨테이너 실행 인자값

⑤ **init_containers**: List[UserContainer] 메인 컨테이너가 실행되기 전에 실행되는 컨테이너

  예) [dsl.InitContainer('print', 'busybox:latest', command='echo "hello"')]

⑥ **sidecars**: List[Sidecar] 메인 컨테이너와 같이 실행되는 컨테이너

  예) [dsl.Sidecar('print', 'busybox:latest', command='echo "hello"')]

⑦ **container_kwargs**: Dict 컨테이너 환경변수 값

  예) {'env': [V1EnvVar('foo', 'bar')]}

⑧ **artifact_argument_paths**: List[InputArgumentPath] 인풋파일경로가 애플리케이션에서 하드코딩되어 있을 때 사용

⑨ **file_outputs**: Dict[str, str] [아웃풋 라벨:로컬파일] 파이프라인 실행 시점에서 PipelineParam의 값이 설정한 로컬파일에 저장됩니다. 컨테이너의 결과를 외부로 노출시키는 유일한 방법입니다.

  예) {'merged': '/tmp/message.txt'}

⑩ **output_artifact_paths**: Dict[str, str] [아티팩트라벨:로컬아티팩트경로]

  예) {'mlpipeline-ui-metadata': '/mlpipeline-ui-metadata.json', 'mlpipeline-metrics': '/mlpipeline-metrics.json'}

⑪ **pvolumes**: Dict[컨테이너 경로, V1Volume] 다른 파이프라인의 볼륨이나 VolumeOp으로 만들어진 볼륨을 정의한 컨테이너 경로에 마운트

  예) {"/my/path": vol, "/mnt": other_op.pvolumes["/output"]}

ContainerOp을 활용하여 파이프라인을 생성할 때의 예제는 아래와 같습니다. bash 컨테이너 이미지를 이용하여 콘솔창에 Hello World라는 메시지를 찍는 작업을 수행하는 파이프라인입니다.

```
import kfp
```

```python
from kfp import dsl

def echo_op():
    return dsl.ContainerOp(
        name='echo',  ...... ①
        image='library/bash:4.4.23',
        command=['sh', '-c'],
        arguments=['echo "Hello World"']
    )

@dsl.pipeline(  ...... ②
    name='ContainerOp pipeline',
    description='ContainerOp'
)
def hello_world_pipeline():
    echo_task = echo_op()

## 쥬피터 노트북에서 사용할 경우
if __name__ == '__main__':
    kfp.compiler.Compiler().compile(hello_world_pipeline, 'containerop.pipeline.tar.gz')  ...... ③

## dsl-compile 툴을 이용할 경우
$ dsl-compile --py containerop.py --output containerop.pipeline.tar.gz
```

① **name='echo'**: 컴포넌트의 이름
② **@dsl.pipeline**: 쿠버네티스의 리소스 메타정보 데코레이션, 필수입니다.
③ **compiler.Compiler().compile**: 함수 명을 매개변수로 받고 파이프라인 리소스를 포함하는 containerop.pipeline.tar.gz 파일 생성.

두 번째로 파이선 함수를 파이프라인으로 변환하는 방법이 있습니다. 여기서는 별도의 컨테이너 이미지가 필요없습니다.

파이선 함수를 파이프라인으로 생성할 때의 예제는 아래와 같습니다.

```python
import kfp.dsl as dsl
```

```python
@dsl.pipeline(
    name='exampe_1',
    description='description'
)
def my_pipeline(a: int = 1, b: str = "default value"):
    print(a)
    print(b)

if __name__ == "__main__":
    import kfp.compiler as compiler
    compiler.Compiler().compile(my_pipeline, 'my_pipeline.pipeline.tar.gz')
```

실행하면 my_pipeline.pipeline.tar.gz을 생성시키고 아래와 같은 메시지를 노출합니다.

```
if __name__ == "__main__":
    import kfp.compiler as compiler
    compiler.Compiler().compile(my_pipeline, 'my_pipeline.pipeline.tar.gz')
{{pipelineparam:op=;name=a}}
{{pipelineparam:op=;name=b}}
```

▲ 파이프라인_파일생성

함수의 매개변수는 파이프라인의 PipelineParam 형태로 변환되어집니다.

이제 만들어진 파일을 파이프라인 UI를 통해서 등록해보겠습니다. 대쉬보드의 우측상단의 Upload pipeline 버튼을 누르면 파이프라인 등록창으로 이동합니다. 1.0이 되면서 드디어 파이프라인들의 버전별 관리가 가능해졌습니다. 즉 버전별 파일이 업로드가 가능해졌습니다.

▲ 파이프라인 등록 UI

여기에 아까 생성한 containerop.pipeline.tar.gz을 선택합니다. 파이프라인의 이름은 압축파일명의 제일 앞부분인 containerop으로 자동입력됩니다. 물론 파이프라인의 이름 중복 불가이며 수정은 가능합니다. 그리고 Create 버튼을 누르면 파이프라인이 등록됩니다.

▲ 파이프라인 파일등록

등록이 완료되면 파이프라인 리스트에서 containerop를 확인할 수 있습니다.

containerop를 클릭하면 파이프라인 그래프를 확인할 수 있으며, 그 그래프를 클릭하면 해당 컴포넌트의 상세정보를 확인할 수 있습니다.

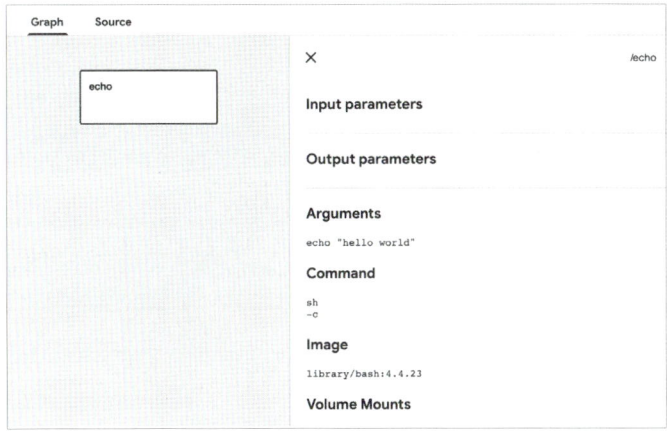

▲ 컴포넌트 상세정보

만들어진 파이프라인으로 런(Run)을 하나 만들어 봅시다. 여기서 테스트로 containerop라는 Experiment도 같이 만들어서 그 안에 런을 실행시켜봅시다.

Experiment 메뉴로 이동하여 Create Experiment 버튼을 눌러 생성을 합니다.

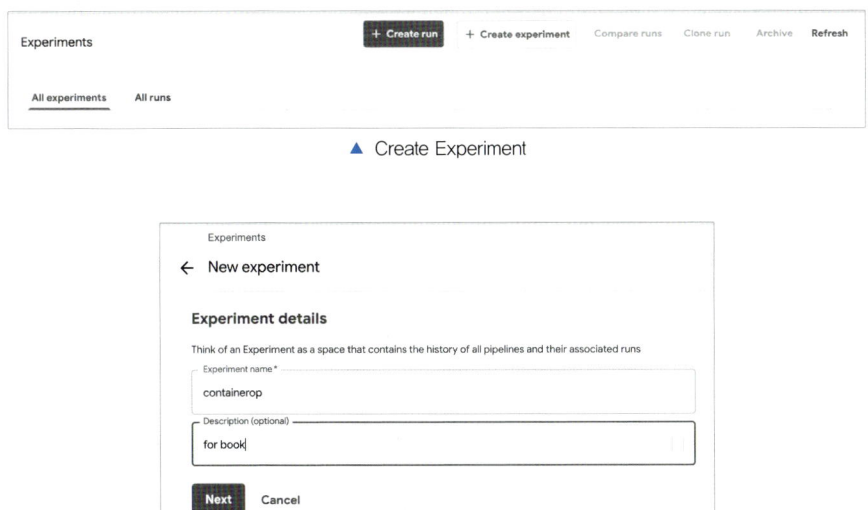

▲ Create Experiment

▲ Fill experiment

Experiment 생성을 하면 바로 런 생성 메뉴로 넘어갑니다. 이 과정을 그냥 패스할 수도 있습니다.

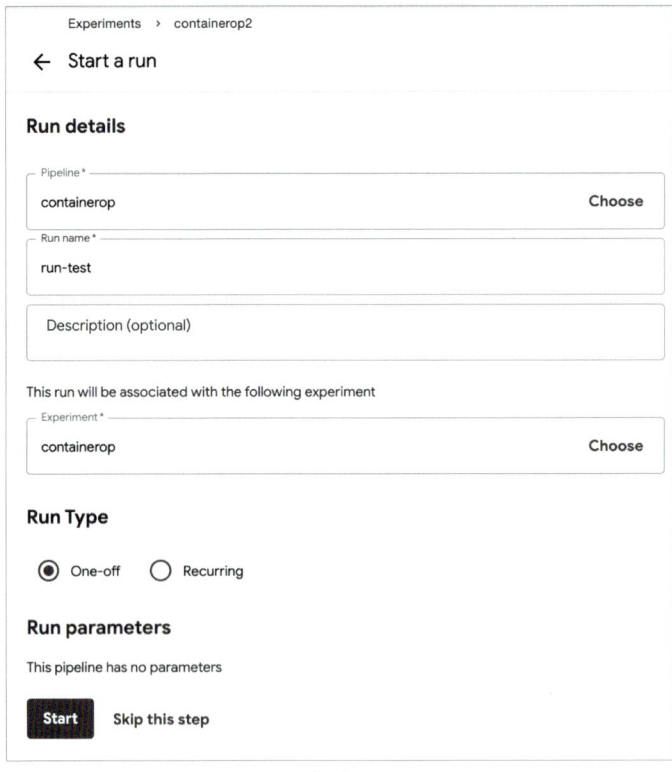

▲ Start a run

실행할 파이프라인을 선택하고 런 이름을 정한 후 Start를 누릅니다.

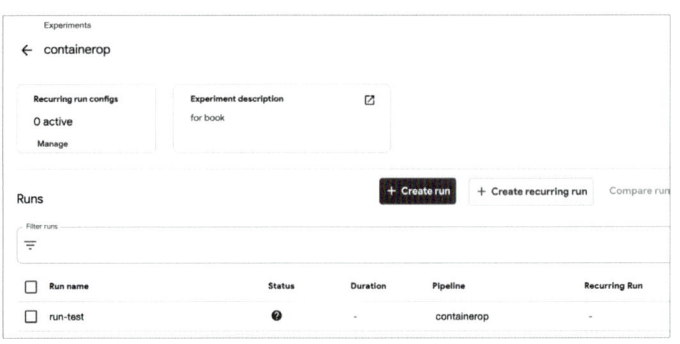

▲ run list

containerop이라는 Experiment안에 run-test라는 런이 등록된 것을 확인할 수 있습니다.

run-test를 클릭하면 런이 실행된 것을 확인할 수 있으며 logs라는 탭에서 Hello World를 확인할 수 있습니다.

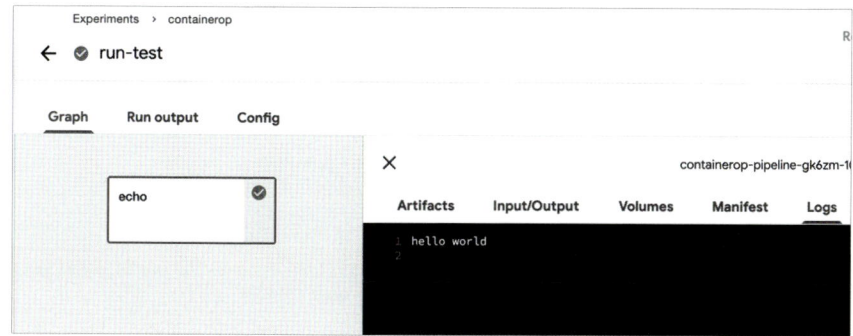

▲ run result

쥬피터 노트북에서 작업할 때는 파이프라인을 등록하지 않고 바로 런을 실행할 수 있습니다.

아래 소스는 아까 Hello World를 출력한 예제입니다.

```python
import kfp
from kfp import dsl

def echo_op():
    return dsl.ContainerOp(
        name='echo',
        image='library/bash:4.4.23',
        command=['sh', '-c'],
        arguments=['echo "Hello World by notebook"']
    )

@dsl.pipeline(
    name='ContainerOp pipeline',
    description='ContainerOp'
)
```

```
def hello_world_pipeline():
    echo_task = echo_op()

if __name__ == '__main__':
    kfp.Client().create_run_from_pipeline_func(pipeline_func=hello_world_pipeline,
                                                arguments={})
```

create_run_from_pipeline_func 메소드를 사용하면 실행시 런을 등록한 후 Experiment와 런으로 갈 수 있는 링크를 제공합니다. 현 예제에서는 Experiment에 대한 별도 설정이 없기 때문에 default에서 실행됩니다.

```
if __name__ == '__main__':
    kfp.Client().create_run_from_pipeline_func(pipeline_func=hello_world_pipeline,
                                                arguments={})
Experiment link here
Run link here
```

▲ run link

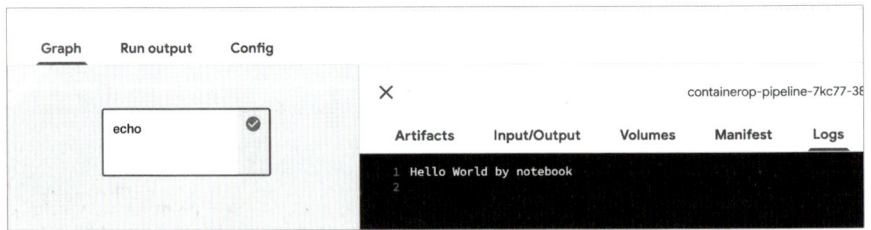

▲ run result from notebook

자 그러면 여기서 우리는 저기 텍스트만 바꾸어서 버전업을 진행해보겠습니다!

버전업을 위한 파이프라인은 아직 Pacakge Url 입력만 제공합니다. 사전에 준비한 파일을 사용해 진행해보겠습니다.

(http://mining.zipsacoding.com/my_pipeline.pipeline.tar.gz)

경로를 입력후 Create를 누르면 처음 등록했을 때랑 마찬가지로 파이프라인 그래프 하나가 보입니다. 제목은 현재 파이프라인의 버전을 파이프라인이름(버전) 형태로 보여줍니다.

그러면 새로운 버전으로 한번 런을 생성해봅시다. 아까랑 다르게 파이프라인 버전 항목이 추가되었습니다. 파이프라인 버전 항목에서 Choose를 클릭하면 버전별로 저장된 파이프라인 리스트를 확인할 수 있습니다.

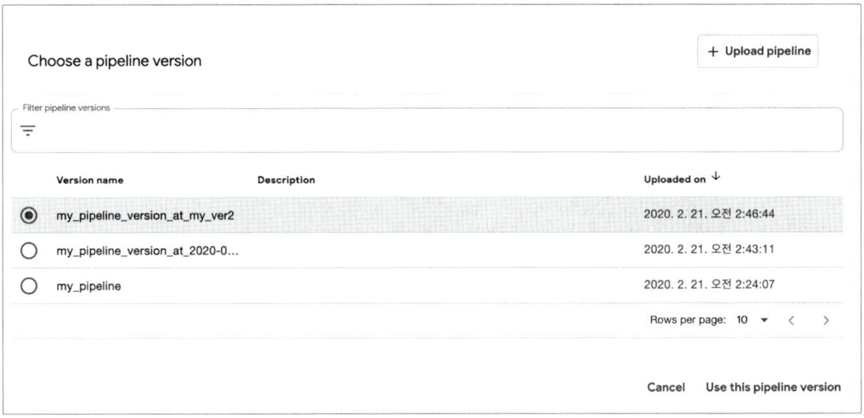

▲ 버전 선택

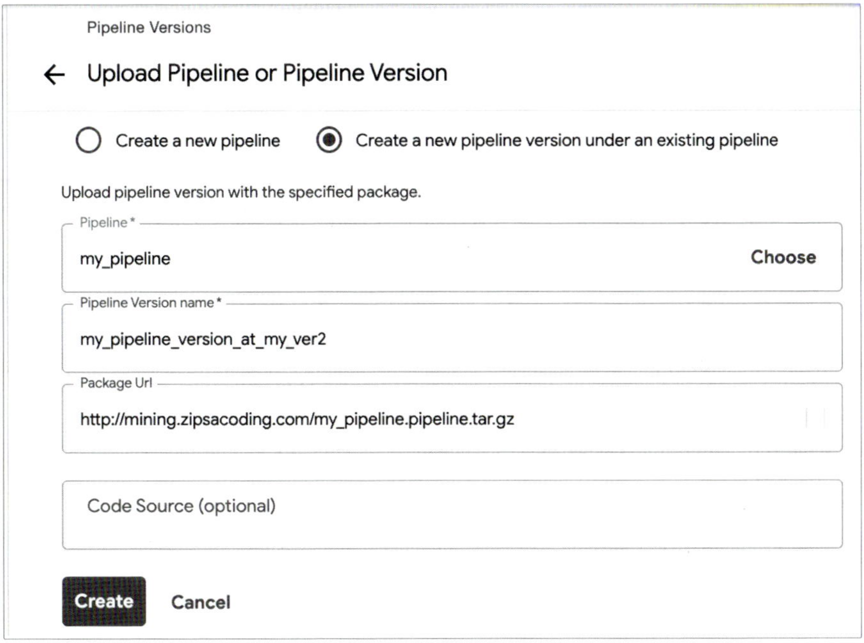

▲ 파이프라인 버전 업

▲ 파이프라인 버전업 그래프

이외의 파이프라인 만들기는 챕터 3장 핸즈온에서 소개하도록 하겠습니다. .

2.5.15 경량 파이선 컴포넌트

앞 절에서 파이프라인 컴포넌트를 만들기 위해서는 도커 이미지를 만들어야 한다고 설명했습니다. ML 워크플로우 단계의 프로세스에 들어가는 코드들은 복잡하고 무거운 구조일 수도 있으며 꼭 필요한 코드지만 단순한 구조일 수도 있습니다. 약간의 수정만 하더라도 도커 이미지 빌드 과정을 거쳐야 합니다. 도커 이미지 빌드 과정은 시간이 많이 걸리는 과정이긴 합니다. 경량 파이선 컴포넌트는 매 코드 수정때마다 도커 이미지 빌드를 할 필요가 없게 설계되었습니다. 도커나 쿠버네티스 환경이 아니어도 되기 때문에 로컬 환경에서 쉽게 컴포넌트 작성이 가능합니다.

프로세스를 수행하는 파이선 함수 하나와 kfp.components.func_to_container_op(func)만 있으면 가능합니다. 단 이 파이선 함수는

- 함수 선언 외부에 어떤 코드도 선언되어선 안되며
- import도 메인 함수 안에 있어야 하며
- 다른 함수를 사용하려면 메인 함수 안에서 선언되어야 하며

단독으로 실행될 수 있어야 합니다.

함수에 필요한 패키지는 베이스 이미지에서만 가져올 수 있습니다. 그리고 함수가 숫자를 매개변수로 받는다면 매개 변수에 유형 힌트가 있어야합니다. int, float, bool 외엔 다 문자열로 인식합니다.

다음 예제는 두 수를 입력받아서 몫과 나머지를 Output으로 출력하는 경량 파이선 컴포넌트입니다. 추가로 텐서플로우 패키지를 사용해 몫과 나머지의 합을 로그로 출력해보겠습니다.

```python
import kfp
import kfp.components as comp
from typing import NamedTuple

# 경량 파이선 컴포넌트
def divmod(a: float, b: float) -> NamedTuple('MyDivmodOutput', [('quotient',
float), ('remainder', float), ('mlpipeline_metrics', 'Metrics')]):
    '''divmod two number'''

    import numpy as np
    import tensorflow as tf
    import json
    from collections import namedtuple

    def tf_sum(a, b):
        one = tf.constant(a)
        two = tf.constant(b)
        return tf.add(one, two)

    def divmod_helper(dividend, divisor):
        return np.divmod(dividend, divisor)
```

```
    (quotient, remainder) = divmod_helper(a, b)
    sumsum = tf_sum(quotient, remainder)
    with tf.Session() as sess:
        sess.run(tf.initialize_all_variables())
        divmod_sum = sess.run(sumsum)
        print(divmod_sum)

    metrics = {
        'metrics': [
        {
            'name': 'quotient+remainder',
            'numberValue': float(divmod_sum),
        },{
            'name': 'quotient',
            'numberValue': float(quotient),
        },{
            'name': 'remainder',
            'numberValue': float(remainder),
        }]}


    divmod_output = namedtuple('MyDivmodOutput', ['quotient', 'remainder', 'mlpipeline_metrics'])
    return divmod_output(quotient, remainder, json.dumps(metrics))


divmod_op = comp.func_to_container_op(divmod, base_image='tensorflow/tensorflow:1.11.0-py3')   ……… ①



import kfp.dsl as dsl
@dsl.pipeline(
    name='Calculation pipeline',
    description='A toy pipeline that performs arithmetic calculations.'
)
def calc_pipeline(
    a='15',
```

```
    b='7'
):
    divmod_task = divmod_op(a, b)


arguments = {'a': '7', 'b': '8'}

#Submit a pipeline run
kfp.Client().create_run_from_pipeline_func(calc_pipeline, arguments=arguments)
```

앞서 설명했듯이 divmod안에 모든 내용이 다 들어가 있습니다. 텐서플로우 패키지 사용을 위해 ①에서 베이스이미지를 선택하였습니다. 별도의 이미지 빌드 과정 없이 정상적으로 수행되는 것을 확인할 수 있습니다.

```
#Submit a pipeline run
kfp.Client().create_run_from_pipeline_func(calc_pipeline, arguments=arguments)

Experiment link here
Run link here
RunPipelineResult(run_id=b0ca5d80-7a3a-4b9e-889a-bcc44f0c24b9)
```

▲ lightweight run link

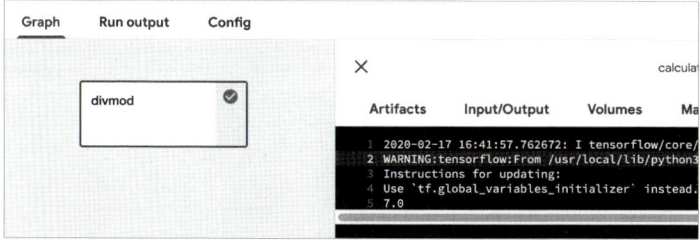

▲ [베이스 이미지로 사용한 텐서플로우 패키지 사용]

▲ [메트릭 형태로 결과값 노출]

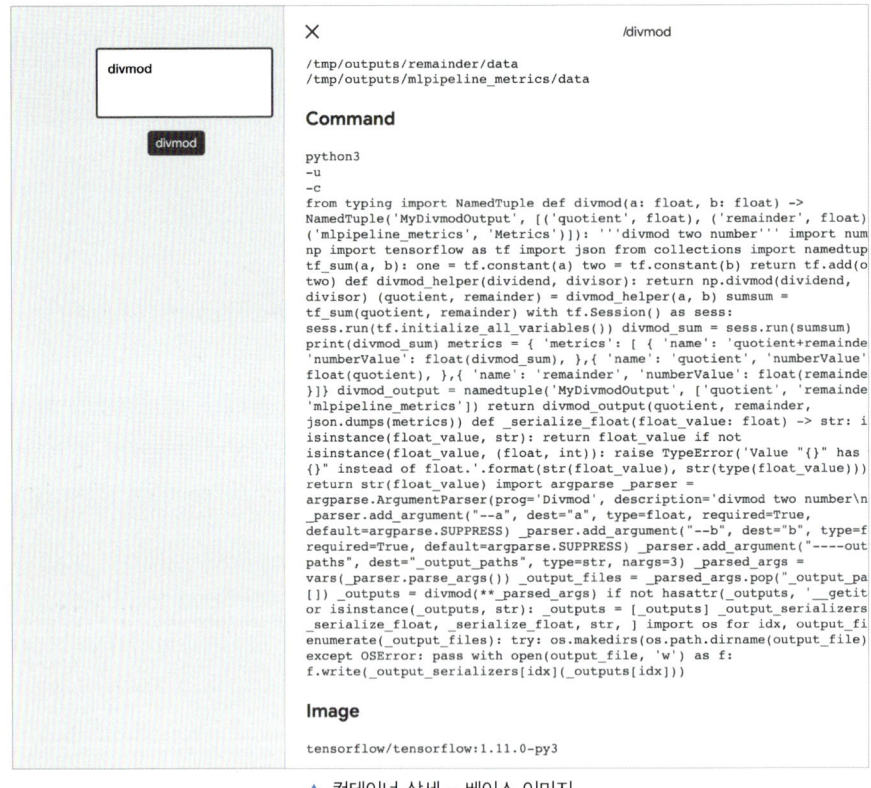

▲ 컨테이너 상세 – 베이스 이미지

2.5.16 파라미터(PipelineParam)

파이프라인 구성 요소들 간의 값 전달을 위한 클래스입니다. 또한 파이프라인 함수의 매개변수는 파이프라인 실행시 PipelineParam으로 등록됩니다. 그렇기 때문에 대부분의 경우에는 직접 PipelineParam을 구성하는 일은 없습니다. 현재는 문자열 형태만 사용가능합니다.

2.5.17 메트릭스(Metrics)

파이프라인은 스칼라 메트릭을 아웃풋으로 내보내는 것을 지원합니다. 아까 경량 파이선컴포넌트에서 사용한 것처럼 결과값을 시각화하여 볼 수 있습니다. 또한 그 결과값들을 파일로 저장할 수도 있습니다. 런의 output으로 볼 수 있는 메트릭 기본 템플릿은 아래와 같습니다.

```
metrics = {
  'metrics': [{
    'name': 'accuracy-score',      ……①
    'numberValue':  0.001,         ……②
    'format': "PERCENTAGE",        ……③
  }]
}
```

① **name**: 메트릭의 이름입니다.
② **numberValue**: 메트릭의 값입니다. 숫자형만 허용됩니다.
③ **format**: RAW/ PERCENTAGE 두 가지를 지원합니다.

메트릭을 적용하고 나면 런이 실행되거나 종료하면 Experiment 리스트나 Run output에서 확인 가능합니다.

Run name	Status	Duration	Pipeline	Recurring Run	Start time	quotient	remainder
calc_pipeline 2020-02-...	✓	0:00:51	[View pipeline]	-	2020. 2. 18. 오...	0.000	7.000

▲ Experiment 리스트도 결과 확인

2.5.18 쿠버네티스 리소스 컴포넌트

쿠버네티스 리소스를 파이프라인의 컴포넌트로 관리할 수 있습니다. 3종류로 나누어집니다.

① **ResourceOp**: 쿠버네티스의 리소스를 사용할 수 있는 권한이 있다면 ResourceOp를 통해 get, create, apply, delete, replace, patch를 실행할 수 있습니다. 아래 예제는 쿠버네티스 잡을 생성하는 ResourceOp입니다.

```
job = kubernetes_client.V1Job(...)

rop = kfp.dsl.ResourceOp(
    name="create-job",
    k8s_resource=job,
    action="create",
```

```
    attribute_outputs={"name": "{.metadata.name}"}
)
```

② **VolumeOp**: PVC 생성에 특화된 컴포넌트입니다.

```
vop = dsl.VolumeOp(
    name="volume_creation",
    resource_name="mypvc",
    size="1Gi"
)
```

.volume의 속성을 가지고 있기 때문에 vop.volume으로 다른 ContainerOp의 볼륨으로 사용할 수 있습니다.(pvolume 옵션)

③ **VolumeSnapshotOp**: 최근에 도입된 컴포넌트로, 쿠버네티스의 Volume Snapshot Classes을 통해서 볼륨의 스냅샷을 뜨는 컴포넌트입니다.

2.6 Training of ML models

쿠베플로우는 쿠버네티스 잡뿐만 아니라 다양한 ML 학습 모델을 지원합니다. TFJob, 파이토치(PyTorch) 학습, MPI 학습, MXNet 학습, Chainer 학습 등입니다. 여기서 간략히 살펴보도록 하겠습니다.

2.6.1 TFJob

TFJob은 쿠베플로우 초창기때부터 지원하던 것으로 쿠버네티스에서 텐서플로우 분산 잡을 실행할 수 있는 쿠버네티스 커스텀 리소스입니다. TFJob의 구현은 tf-operator에 있습니다.

아래는 TFJob의 YAML 파일 예제입니다. 커스텀 리소스라곤 했지만 앞서 설명한 쿠버네티스 리소스의 4가지 기본 필드인 apiVersion, kind, metadata, spec을 가지고 있으며, spec 하위 필드에 tfReplicaSpecs라는 커스텀 필드를 가지고 있습니다.

```yaml
apiVersion: kubeflow.org/v1
kind: TFJob
metadata:
  generateName: tfjob
  namespace: your-user-namespace
spec:
  tfReplicaSpecs:
    PS:
      replicas: 1
      restartPolicy: OnFailure
      template:
        spec:
          containers:
            (중간 생략)
    Worker:
      replicas: 3
      restartPolicy: OnFailure
      template:
        spec:
          containers:
            (중간 생략)
```

TFJob은 분산 텐서플로우 트레이닝 잡(distributed Tensorflow training job)을 관리합니다.

분산 텐서플로우 잡은 다음의 프로세스를 수행할 수 있습니다.

- **Chief**: 트레이닝의 조율/분배와 모델 체크포인트 생성같은 일들을 담당하고 있습니다.
- **Ps**: 파라미터 서버입니다. 모델의 파라미터를 위해 분산된 데이터 스토어를 제공합니다.
- **Worker**: 모델을 실제로 트레이닝하는 역할입니다. 0번째 Worker는 Chief의 역할을 맡곤 합니다.

- **Evaluator**: 모델이 트레이닝중일 때 평가지표를 산출하는 일을 합니다.

tfReplicaSpecs 필드는 위에 나열된 프로세스의 TFReplicaSpec를 포함하고 있습니다. TFReplicaSpec은 3개의 필드로 구성되어 있습니다.

① **replicas**: 해당 프로세스의 레플리카 수
② **template**: 파드 템플릿
③ **restartPolicy**: 종료되었을 때 재시작 정책,
- **Always**: 항상 재시작, 파라미터서버에 쓰기 적합합니다
- **OnFailure**: chief와 worker에 적합합니다.
  - exit code가 0이 아닐 경우, 실패로 인지하고 재시작,
  - exit code가 0일 경우는 성공으로 인지하고 재시작 하지 않음
- **ExitCode**: 텐서플로우 컨테이너의 exit code[36]에 따라 재시작 여부를 결정합니다.
  - 일반적인 오류(1), command not found(127), invalid argument(128), SIGSEGV(139, 메모리 이슈) 일 경우에는 재시작하지 않습니다.
  - 컨테이너가 SIGINT(Ctrl-C, 130), SIGKILL(137), SIGTERM(143) 신호를 받으면 재시작

아래는 mnist를 TFJob으로 수행하는 tfjob.yaml 파일 예제입니다.

```
apiVersion: "kubeflow.org/v1"
kind: "TFJob"
metadata:
  name: "mnist"
  namespace: dudaji
spec:
  cleanPodPolicy: None
  tfReplicaSpecs:
    Worker:      ……①
      replicas: 1
      restartPolicy: Never
```

---

36 https://www.gnu.org/software/libc/manual/html_node/Termination-Signals.html

```
      template:
        spec:
          containers:
            - name: tensorflow
              image: gcr.io/kubeflow-ci/tf-mnist-with-summaries:1.0
              command:
                - "python"
                - "/var/tf_mnist/mnist_with_summaries.py"
                - "--log_dir=/train/logs"
                - "--learning_rate=0.01"
                - "--batch_size=150"
              volumeMounts:
                - mountPath: "/train"
                  name: "training"
              resources:
                limits:
                    nvidia.com/gpu: 1  ……②
          volumes:
            - name: "training"
              persistentVolumeClaim:
                claimName: "tfevent-volume"
```

① **Worker**: 워커 프로세스만 사용합니다.
② **nvidia.com/gpu**: 1 GPU를 하나 사용합니다.

```
$ kubectl apply -f tfjob.yaml
tfjob.kubeflow.org/mnist created

$ kubectl get tfjob -n kubeflow
NAME    STATE      AGE
mnist   Succeeded  9m10s
```

2.6.2 PyTorchJob

파이토치(PyTorchJob)도 TFJob의 tf-operator와 마찬가지로 파이토치 Operator가 구현합니다. 아래는 PyTorchJob의 CRD이며, TFJob과 구조는 똑같습니다. PyTorchJob의 분산 학습을 위해 백엔드로 gloo, mpi. ncci를 허용합니다.

```
apiVersion: "kubeflow.org/v1"
kind: "PyTorchJob"
metadata:
  name: "pytorch-dist-mnist-gloo"
spec:
  pytorchReplicaSpecs:
    Master:
(이하 생략)
```

2.6.3 MXJob(MXNet)

mxnet-operator[37]가 구현합니다. TFJob, PyTorchJob의 CRD와의 차이점은 spec 필드의 하위 필드로 jobMode가 존재합니다. jobMode에 따라 레플리카셋 스펙도 달라집니다. jobMode는 MXTrain과 MXTune의 값을 가질 수 있습니다.

① **MXTrain**:MXNet 분산 학습 잡입니다. mxReplicaSpecs 하위 필드로 Scheduler, Server, Worker가 존재합니다.
- **Schduler**: 하나의 잡당 하나의 스케쥴러가 존재해야 하며 TFJob의 Chief 같은 역할을 합니다. 파드는 이름이 mxnet인 컨테이너를 가지고 있어야 합니다.
- **worker**: TF Worker와 동일역할이며 파드는 이름이 mxnet인 컨테이너를 가지고 있어야 합니다. 종료되면 자동으로 시작합니다.
- **Server**: 파라미터 서버 역할을 합니다. 종료되면 자동으로 시작합니다.

② **MXTune**: TVM지[38] 튜닝잡(AutoTVM)입니다. TVM은 E2E 딥러닝 컴파일러

---

37 https://github.com/kubeflow/mxnet-operator
38 https://docs.tvm.ai/tutorials/

스택입니다.

TVM module이 필요하며, 상세 내용은 해당 페이지[39]를 참고하시면 됩니다. mxReplicaSpecs의 하위 필드로 TunerTracker, TunerServer, Tuner가 존재합니다. 아래는 MXJob의 MXTrain CRD 일부입니다.

```
apiVersion: "kubeflow.org/v1beta1"
kind: "MXJob"
metadata:
  name: "mxnet-job"
spec:
  jobMode: MXTrain
  mxReplicaSpecs:
    Scheduler:
      replicas: 1
      restartPolicy: Never
      template:
        spec:
          containers:
            - name: mxnet
              image: mxjob/mxnet:gpu
    Server:
      replicas: 1
      restartPolicy: Never
      template:
        spec:
          containers:
            - name: mxnet
              image: mxjob/mxnet:gpu
(이하 생략)
```

---

39 https://docs.tvm.ai/tutorials/autotvm/tune_relay_mobile_gpu.html#sphx-glr-tutorials-autotvm-tune-relay-mobile-gpu-py

2.6.4 MPIJob

MPI Operator[40]가 구현합니다. MPI Operator는 쿠버네티스상에서 allreduce-style[41] 분산 학습 실행을 쉽게 만들어줍니다. mpiReplicaSpecs 하위 필드로 Launcher, Worker, slotsPerWorker 필드가 있습니다.

2.6.5 ChainerJob[42]

쿠베플로우 0.6 버전이후로는 지원하지 않습니다. 아직 PoC(Proof of Concept) 단계기 때문에 여기서 소개하지 않습니다.

---

40 https://github.com/kubeflow/mpi-operator
41 https://mpitutorial.com/tutorials/mpi-reduce-and-allreduce/ 분산학습시 프로세스의 결과를 모든 프로세스에 저장
42 https://github.com/kubeflow/chainer-operator

2.7 Serving Models

2.7.1 개요

쿠베플로우는 다양한 프레임워크를 지원하기 위해 KFServing[43]과 Seldon Core[44] 두 가지의 서빙 시스템을 제공합니다. 둘 다 오픈 소스로 구성되어 있고, Seldon Core는 쿠베플로우의 초기부터 지원해 온 외부 프로젝트이며, KFServing은 쿠베플로우 에코시스템에 포함된 프로젝트입니다.

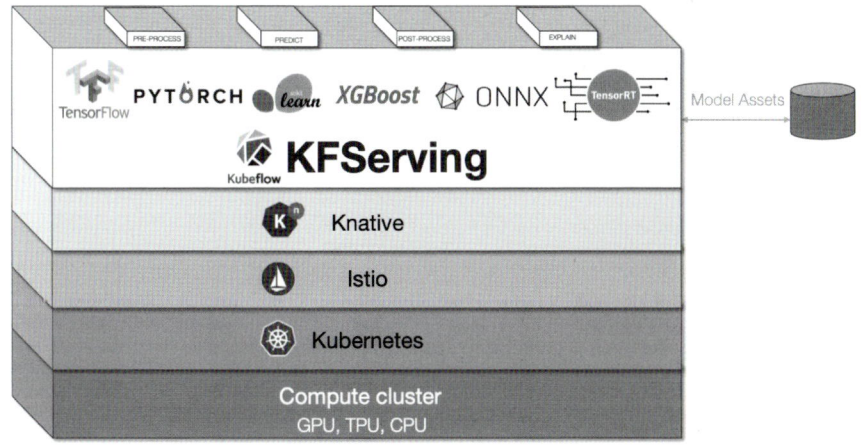

▲ KFServing 어플리케이션 스택

아래의 표는 KFServing과 Seldon Core가 지원하는 프레임워크입니다.

Feature	Sub-feature	KFServing	Seldon Core
Framework	Tensorflow	●	●
	XGBoost	●	●
	scikit-learn	●	●
	NVIDA TensorRT Inference Server	●	●
	ONNX	●	●
	PyTorch	●	●

---

43 https://github.com/kubeflow/kfserving
44 https://docs.seldon.io/projects/seldon-core/en/latest/

Feature	Sub-feature	KFServing	Seldon Core
Graph	Transformers	●	●
	Combiners	Roadmap	●
	Routers including MAB	Roadmap	●
Analytics	Explanations	●	●
Scailing	Knative	●	
	GPU AutoScaling	●	
	HPA	●	●
Custom	Container	●	●
	Language Wrapper		Python, Java, R
	Multi-Container		●
Rollout	Canary	●	●
	Shadow		●
Istio		●	●

대부분 지원하는 부분이 비슷하지만 Knative, GPU AutoScailing을 지원하는 KFServing을 더 추천합니다. 이 장에서도 KFServing을 중점으로 설명드립니다.

2.7.2 KFServing

KFServing은 쿠버네티스에서 서버리스 추론을 가능하게 합니다. ML 프레임워크를 위한 추상화 인터페이스를 제공하기 때문에 다양한 (ML) 프레임워크를 운영환경에서도 쉽게 사용할 수 있습니다.

KFServing을 사용하기 위해서는 Knative Serving[45] v0.8 이상, Istio[46] v1.1.7 이상이어야 합니다. 쿠베플로우도 v0.7부터 지원합니다.

Istio는 쿠베플로우 v0.7 설치시 같이 설치됩니다. v0.7 버전일 경우 Knative Serving은 별도로 설치가 되어야 합니다. 또한 Knative Serving을 설치하기 위해서는 kustomize[47]가 설치되어 있어야합니다.

---

[45] https://github.com/knative/serving
[46] https://istio.io/
[47] https://github.com/kubernetes-sigs/kustomize

단, 1.0RC 버전일 경우엔 Knative와 KFServing은 쿠베플로우 설치시 같이 설치
되므로 아래의 설치 부분을 넘어가시면 됩니다.

```
amaramusic@instance-1:~$ kubectl get po -n knative-serving
NAME                                    READY   STATUS    RESTARTS   AGE
activator-5484756f7b-m764m              2/2     Running   20         10d
autoscaler-8dc957c8-hmptl               2/2     Running   20         10d
autoscaler-hpa-5654b69d4c-kwxz9         1/1     Running   4          13d
controller-66654bc6f7-6qvzd             1/1     Running   4          13d
networking-istio-557465cf96-p8tmx       1/1     Running   4          13d
webhook-585767d97f-kl6hx                1/1     Running   2          10d
```
▲ knative

둘다 설치된 것이 확인되면 쿠버네티스 클러스터에 KFServing을 설치합니다.

```
$ git clone https://github.com/kubeflow/kfserving.git
$ TAG=0.2.2
$ cd kfserving
$ kubectl apply -f ./install/$TAG/kfserving.yaml
```

설치가 올바르게 완료되면 kfserving-system에 컨트롤러가 실행됩니다.

```
amaramusic@instance-1:~$ kubectl get po -n kfserving-system
NAME                              READY   STATUS    RESTARTS   AGE
kfserving-controller-manager-0    2/2     Running   1          2d10h
```
▲ KFServing 설치 확인

클러스터에 설치가 완료되었다면, python 환경에서 KFServing을 개발하기 위한
KFServing SDK도 설치합니다.

```
$ pip install kfserving
$ pip freeze | grep kf
kfp==0.1.38
kfp-server-api==0.1.37
kfserving==0.2.2.1
```

설치가 정상적으로 이루어졌는지 쿠베플로우에서 제공해 주는 샘플[48]을 실행해
봅시다.

---

48 https://github.com/kubeflow/kfserving/blob/master/docs/samples/client/kfserving_sdk_sample.ipynb

샘플 코드의 플로우는 이렇습니다. ① 먼저 서빙을 하기위한 데이터셋의 위치를 정의합니다.

Predictor에 ② 데이터셋에 해당하는 프레임워크 스펙(Tensorflow)을 정의한 후 엔드포인트 스펙을 생성합니다. ③ 생성한 엔드포인트 스펙을 InferenceService 의 메타정보 스펙에 넣어주어 InferenceService를 생성합니다. ④ KFServing-Client를 만들어 아까 생성한 InferenceService를 가지고 생성합니다.

```
(이상 생략)
default_endpoint_spec = V1alpha2EndpointSpec(
              predictor=V1alpha2PredictorSpec(
                tensorflow=V1alpha2TensorflowSpec(  ...... ②
       ① ......  storage_uri='gs://kfserving-samples/models/tensorflow/flowers',
                  resources=V1ResourceRequirements(
                    requests={'cpu':'100m','memory':'1Gi'},
                    limits={'cpu':'100m', 'memory':'1Gi'}))))

isvc = V1alpha2InferenceService(api_version=api_version,
              kind=constants.KFSERVING_KIND,
              metadata=client.V1ObjectMeta(
                name='flower-sample', namespace=namespace),
       ③ ......  spec=V1alpha2InferenceServiceSpec(default=default_endpoint_spec))

KFServing = KFServingClient()    ...... ④
KFServing.create(isvc)
```

```
[2]: KFServing = KFServingClient()
     KFServing.create(isvc)
[2]: {'apiVersion': 'serving.kubeflow.org/v1alpha2',
      'kind': 'InferenceService',
      'metadata': {'creationTimestamp': '2020-02-17T17:43:37Z',
       'generation': 1,
       'name': 'flower-sample',
       'namespace': 'dudaji',
       'resourceVersion': '7435672',
       'selfLink': '/apis/serving.kubeflow.org/v1alpha2/namespaces/dudaji/inferenceservices/flower-sample',
       'uid': '0e20df0b-3630-4ecc-9653-a8f550bfcfe3'},
      'spec': {'default': {'predictor': {'tensorflow': {'resources': {'limits': {'cpu': '100m',
           'memory': '1Gi'},
          'requests': {'cpu': '100m', 'memory': '1Gi'}},
         'runtimeVersion': '1.14.0',
         'storageUri': 'gs://kfserving-samples/models/tensorflow/flowers'}}}},
      'status': {}}
```

▲ KFService 서비스 생성

서비스가 생성되면 데이터셋을 현재 InferenceService로 복사해 옵니다. 복사가 완료된 후 서빙 모델이 동작하기 시작합니다. 그 과정을 체크할 수 있습니다. 아래의 소스는 120초 동안 InferenceService의 상태를 모니터링 하는 코드입니다.

```
KFServing.get('flower-sample', namespace=namespace, watch=True, timeout_seconds=120)
```

```
[3]: KFServing.get('flower-sample', namespace=namespace, watch=True, timeout_seconds=120)
     NAME          READY    DEFAULT_TRAFFIC CANARY_TRAFFIC  URL
     flower-sample True           100                       http://flower-sample.dudaji.example.com/v1/mode...
```

▲ KFServing 서비스 모니터링

READY 상태가 True로 바뀌면 접근할 수 있는 도메인과 Default와 Canary 간의 트래픽 분할비율을 보여줍니다.

이제 Canary 서비스를 추가하는 예제도 실행시켜 봅시다. endpointSpec을 하나 더 만든다음 KFServing.rollout_canary를 실행하면 됩니다. 10퍼센트의 확률로 canary로 트래픽이 갑니다.

```
KFServing.rollout_canary('flower-sample', canary=canary_endpoint_spec, percent=10,
                         namespace=namespace, watch=True, timeout_seconds=120)
NAME          READY   DEFAULT_TRAFFIC CANARY_TRAFFIC URL
flower-sample False
flower-sample True         90              10       http://flower-sample.dudaji.example.com/v1/mode...
```

▲ canary

InferenceService의 삭제는 아래와 같습니다.

```
KFServing.delete('flower-sample', namespace=namespace)
```

```
KFServing.delete('flower-sample', namespace=namespace)
{'kind': 'Status',
 'apiVersion': 'v1',
 'metadata': {},
 'status': 'Success',
 'details': {'name': 'flower-sample',
  'group': 'serving.kubeflow.org',
  'kind': 'inferenceservices',
  'uid': '0e20df0b-3630-4ecc-9653-a8f550bfcfe3'}}
```

이렇게 KFServing의 Endpoint, InferenceService의 스펙정의만으로 손쉽게 추론 서비스를 구축할 수 있습니다.

KFServing에서는 모델을 읽어오기 위해 다양한 스토리지 타입을 지원합니다. KFServing은 해당 스토리지에서 Inference를 하는 서비스의 볼륨에 해당 모델을 복사해서 진행을 합니다. 지원하는 스토리지는 아래와 같습니다.

① **gs**:// 구글 스토리지
② **s3**:// AWS S3
③ **pvc**:// Storage initializer에서 file:// 형태로 변경하여 서비스의 볼륨에 복사를 합니다. pvc://${PVC_NAME}/mount_path
④ **file**:///: local path
⑤ **https**://(.+?).blob.core.windows.net/(.+): azure blob

2.7.3 InfereneceService

KFServing은 InferenceService라는 커스텀 리소스를 가지고 인퍼런스서버를 제공합니다.

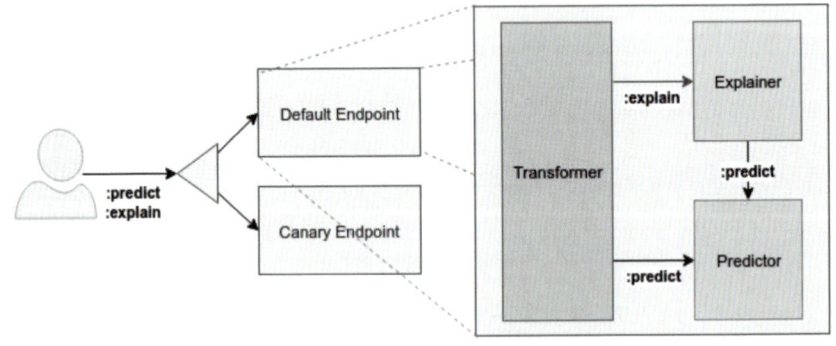

▲ InferenceService 아키텍처
출처 _ https://github.com/kubeflow/kfserving/tree/master/docs#architecture-overview

- **Endpoint**: InferenceService는 default와 canary 라는 2개의 엔드포인트를 제공합니다. 롤아웃 정책에 따라 각자의 트래픽 비율을 조절할 수 있습니다.

- **Component**: 각 엔드 포인트들은 predictor, transformer, explainer라는 컴포넌트들로 구성되어 있습니다. predictor가 핵심 컴포넌트입니다. 현재 다른 ML 모델 컴포넌트들도 준비되고 있습니다.
- **Predictor**: 모델 서버가 네트워크 앤드포인트를 가질수 있게 만들어주는 역할을 합니다. InferenceService의 주된 역할을 하고 있습니다.
- **Explainer**: 실제로 왜 그렇게 예측하게 되었는지에 대한 정보를 제공하는 역할을 합니다. 쿠베플로우는 Alibi[49] 같은 out-of-the-box explainers를 제공합니다.
- **Transformer**: 데이터의 전/후 처리를 위한 모듈입니다.

2.7.4 Seldon Serving

셀던 서빙은(Seldon Serving) 쿠베플로우와 같이 설치 됩니다. PV(Persistent-Volume)이나 클라우드 스토리지에 학습된 모델이 있을 경우에 셀던에서 제공하는 해당 모델의 서버를 서비스 해줍니다. 또한 셀던은 추론 코드를 Python, R, Java, NodeJS, Go(Alpha)로 래핑할 수 있습니다.

셀던 서빙을 사용하기 위해 몇가지 설정이 필요합니다. 모델이 위치할 네임스페이스에

- kubeflow-gateway란 이름의 Istio gateway이 존재해야 합니다.

```
kind: Gateway
metadata:
  name: kubeflow-gateway
  namespace: {모델이 위치할 네임스페이스 명}
spec:
  selector:
    istio: ingressgateway
  servers:
  - hosts:
    - '*'
```

---

49 https://github.com/SeldonIO/alibi

```
port:
  name: http
  number: 80
  protocol: HTTP
```

- serving.kubeflow.org/inferenceservice=enabled라는 라벨이 설정되어야 합니다.

```
$ kubectl label namespace {모델이 위치할 네임스페이스 명} serving.kubeflow.org/inferenceservice=enabled
```

▲ seldon serving source

2.8 Metadata

2.8.1 개요

메타데이터(Metadata)[50]는 ML 워크플로우가 생성하는 메타데이터를 추적하고 관리함으로써 ML 워크플로우를 이해하고 관리할 수 있게 도와줍니다.

여기서 메타데이터는 실행(런), 모델, 데이터셋, 그리고 다른 아티팩트들의 정보를 의미합니다.

아티팩트란 ML 워크플로우에서 컴포넌트들의 입·출력을 구성하는 파일과 오브젝트입니다.

베타버전이지만 쿠베플로우의 구성 컴포넌트들이 만들어내는 메타데이터 관리를 위해 설계되었기 때문에 많은 활용도가 기대되는 컴포넌트입니다.

---

50 https://github.com/kubeflow/metadata

2.8.2 설치

쿠베플로우 v0.6.1 이후로는 기본으로 설치되기 때문에 그 이후 버전을 설치하셨다면 별다른 설치 과정은 필요 없습니다. 베타 버전이기 때문에 버전 업그레이드에 따른 업데이트가 필요할 경우는 아래와 같이 설치를 진행합니다.

```
$ git clone https://github.com/kubeflow/manifests
$ cd manifests/metadata
$ kustomize build overlays/db | kubectl apply -n kubeflow -f -
```

2.8.3 SDK

메타데이터는 파이선 SDK를 제공합니다.

```
$ pip install kubeflow-metadata
```

메디데이디 사용에 대한 이해를 돕기 위해 몇가지 클래스들에 대한 정의와 예제를 보여드리겠습니다.

① **Workspace**: 서버에 접속해서 메타정보를 저장하는 공간을 만드는 클래스.

```
ws = metadata.Workspace(
    # 쿠베네티스 클러스터에 메타서비스 서버에 접속
    store=metadata.Store(grpc_host=METADATA_STORE_HOST, grpc_port=METADATA_STORE_PORT),
    name="katib",
    description="a workspace for katib",
    labels={"n1": "v1"})
```

② **Run**: 파이프라인 혹은 쥬피터노트북의 실행을 캡처. Workspace 기반으로 생성

```
r = metadata.Run(
    workspace=ws1,
    name="run-" + datetime.utcnow().isoformat("T") ,
    description="a run in ws_1",
)
```

③ **Execution**: 파이프라인의 런, 워크스페이스과 그룹내의 노트북 실행. Artifact 를 생성하는 주체, Workspace와 Run을 인자로 받아야 한다.

```
exec = metadata.Execution(
    name = "execution" + datetime.utcnow().isoformat("T") ,
    workspace=ws1,
    run=r,
    description="execution example",
)
```

④ **Artifact**: 런을 통해 생성되거나 사용된 데이터들. Execution의 log_input, log_output, _log 메소드로 저장되는 데이터들. 다음 단락에 소개될 데이터 타입들이 실제 구조가 된다.

```
data_set = exec.log_input(
        metadata.DataSet(
            description="an example data",
            name="mytable-dump",
            owner="owner@my-company.org",
            uri="file://path/to/dataset",
            version=date_set_version,
            query="SELECT * FROM mytable"))
```

[artifact]

메타데이터 SDK는 ML 워크플로우의 메타정보들을 저장하기위해 사전 정의된 데이터 타입들을 제공합니다.

① **metadata.Dataset**: 컴포넌트의 입력/출력을 형성하는 데이터셋의 메타정보 입력 파라미터
- **uri**: 데이터셋의 URI
- **name**: 데이터셋의 이름
- **workspace**: 워크스페이스 이름

- description: 데이터셋에 대한 설명
- owner: 데이터셋의 소유자
- version: 데이터셋 버전
- query: 데이터 조회 쿼리
- labels: key=value label set

② metadata.Metrics: ML 모델을 평가하는 메트릭에 대한 메타정보

입력 파라미터:

- uri: 메트릭의 URI
- name: 메트릭 이름
- workspace: 워크스페이스 이름
- description: 메트릭에 대한 설명
- owner: 메트릭의 소유자
- data_set_id: 평가를 위해 사용된 데이터셋 아이디
- mode_id: 평가모델 아이디
- metric_type: 평가 타입
- values: 메트릭값
- labels: key=value label set

③ metadata.Model: ML 워크플로우가 생성한 모델의 메타정보

입력 파라미터:

- uri: 모델의 URI
- name: 모델의 이름
- workspace: 워크스페이스 이름
- description: 모델에 대한 설명
- owner: 모델의 소유자
- model_type: 모델의 타입
- training_framework: 모델 학습 프레임워크
- hyperparameters: 하이퍼파라미터 이름과 값으로 이루어진 맵
- labels: key=value label set
- kwargs: 모델의 추가적인 정보

앞서 소개한 페어링SDK나 파이프라인SDK와 연동하여 사용한다면 쿠베플로우 컴포넌트들의 메타정보를 한 곳에서 관리를 할 수 있어 그 활용도는 무궁무진할 것으로 생각이 됩니다.

2.8.4 Metadata Web UI

메타데이터는 생성된 아티팩트들을 볼 수 있는 Artifact Store라는 Web UI를 제공합니다.

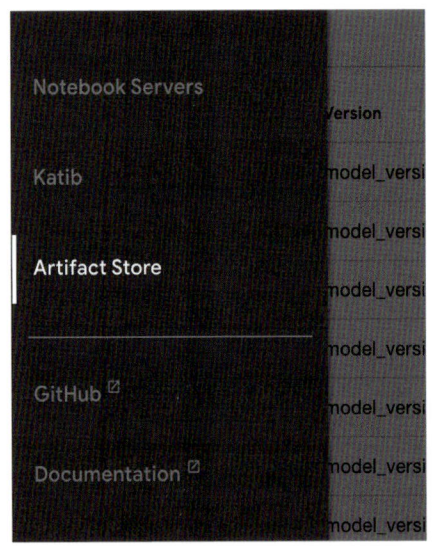

▲ 아티팩트 메뉴

▲ 아티팩트 리스트

Name 항목에 MNIST를 클릭하면 Model 타입의 메타정보가 저장되어 있는 것을 확인할 수 있습니다.

파이프라인 UI에서도 Artifacts와 Executions를 확인할 수 있습니다.

Name ↑	Version	Type	URI	Workspace
MNIST	model_version_94a9f2ce...	kubeflow.org/alpha/model	gcs://my-bucket/mnist	workspace_1
MNIST	model_version_dd5ff9be...	kubeflow.org/alpha/model	gcs://my-bucket/mnist	workspace_1
MNIST	model_version_ae6b6e6...	kubeflow.org/alpha/model	gcs://my-bucket/mnist	workspace_1
MNIST	model_version_2162f92b...	kubeflow.org/alpha/model	gcs://my-bucket/mnist	workspace_1
MNIST	model_version_4c922e7...	kubeflow.org/alpha/model	gcs://my-bucket/mnist	workspace_1

▲ 파이프라인 아티팩트메뉴

2.8.5 Watcher

메타데이터 SDK를 사용하지 않고 별도의 메타데이터 와처를 추가할 수 있습니다. 메타데이터의 데이터 타입이 아닌 다른 형태, 즉 쿠버네티스의 API 오브젝트 내의 특정타입의 메타정보를 메타데이터 서비스로 로깅할 수 있습니다. 이 책에서 다루기엔 난해한 부분이기 때문에 관심이 있으신 분들은 https://github.com/kubeflow/metadata/blob/master/watcher/README.md에서 확인하실 수 있습니다.

03 핸즈온 쿠베플로우
CHAPTER

핸즈온 챕터에 오신 여러분들을 환영합니다. 드디어 지루한 개념설명이 끝이 났습니다. 이 챕터에서는 Fashion Mnist[1]로 쿠베플로우의 컴포넌트들을 실습해보며 간단한 e2e ML워크플로우를 작성합니다. 그렇게 몸을 푼 후, 머신러닝 챕터에서 사용했던 Caltech101 데이터셋을 가지고 모델을 최적화하는 파이프라인을 작성해 보겠습니다.

이제 이 이후로 사용된 코드들은 아래 깃헙에서 확인하실 수 있습니다.

- https://github.com/mojokb/handson-kubeflow
- https://github.com/mojokb/kubeflow-book

3.1 Traning Fashion Mnist with Fairing

이 섹션에서는 Fashion Mnist를 텐서플로우 케라스를 통해 쥬피터 노트북에서 실행해봅니다. 그리고 페어링라이브러리로 쿠버네티스 잡을 던져 봅니다. 여기에 사용된 쥬피터노트북 이미지는 앞 챕터에서 만들었던 텐서플로우 2.0 쥬피터랩 cpu, gpu 버전[2]들을 사용할 것입니다.

3.1.1 Notebook provisioning

먼저 노트북을 프로비저닝 받는 것부터 시작합시다. gpu를 사용하지 않을 것이기 때문에 이이미지는 brightfly/kubeflow-jupyter-lab:tf2.0-cpu를 사용합니다.

---

1 https://github.com/zalandoresearch/fashion-mnist
2 brightfly/kubeflow-jupyter-lab:tf2.0-gpu, brightfly/kubeflow-jupyter-lab:tf2.0-gpu

자원은 cpu 2개에 메모리 8Gi, 스토리지 볼륨은 20Gi, 다른 파드도 사용할 수 있게 ReadWriteMany로 설정합니다.

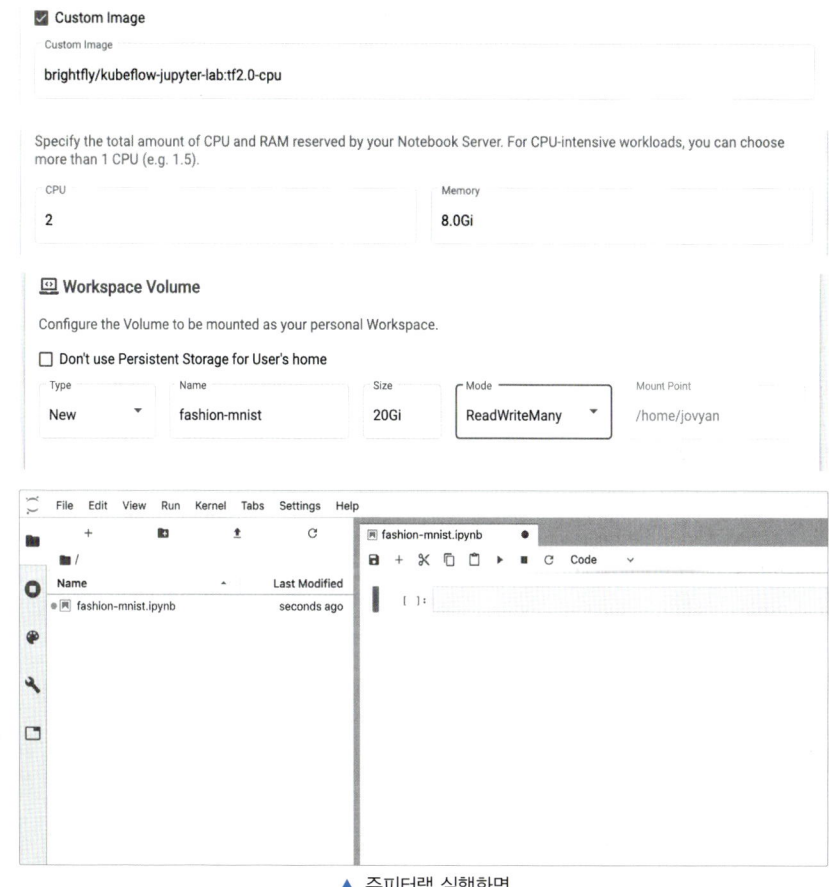

▲ 쥬피터랩 실행화면

[쥬피터랩 실행화면] 까지 진행되면 이제 모델 개발 준비가 끝났습니다.

3.1.2 fashion-mnist 실행

```
import tensorflow as tf

class MyFashionMnist(object):
```

```
def train(self):
    mnist = tf.keras.datasets.mnist

    (x_train, y_train), (x_test, y_test) = mnist.load_data()
    x_train, x_test = x_train / 255.0, x_test / 255.0

    model = tf.keras.models.Sequential([
      tf.keras.layers.Flatten(input_shape=(28, 28)),
      tf.keras.layers.Dense(128, activation='relu'),
      tf.keras.layers.Dropout(0.2),
      tf.keras.layers.Dense(10, activation='softmax')
    ])
    model.summary()

    model.compile(optimizer='adam',
                  loss='sparse_categorical_crossentropy',
                  metrics=['accuracy'])

    model.fit(x_train, y_train, epochs=5)

    model.evaluate(x_test,  y_test, verbose=2)

if __name__ == '__main__':
    local_train = MyFashionMnist()
    local_train.train()
```

[https://github.com/mojokb/kubeflow-book/blob/master/fashion-mnist.ipynb]

위의 소스는 뉴럴넷으로 구성된 Fashin Mnist 학습 코드입니다. 2개의 Dense층으로 이루어진 가벼운 네트워크입니다.

```
if __name__ == '__main__':
    local_train = MyFashionMnist()
    local_train.train()
Model: "sequential_1"
_____
Layer (type)                 Output Shape              Param #
=================================================================
flatten_1 (Flatten)          (None, 784)               0
_____
dense_2 (Dense)              (None, 128)               100480
_____
dropout_1 (Dropout)          (None, 128)               0
_____
dense_3 (Dense)              (None, 10)                1290
=================================================================
Total params: 101,770
Trainable params: 101,770
Non-trainable params: 0
_____
Train on 60000 samples
Epoch 1/5
60000/60000 [==============================] - 4s 66us/sample - loss: 0.5318 - accuracy: 0.8113
Epoch 2/5
60000/60000 [==============================] - 4s 62us/sample - loss: 0.4004 - accuracy: 0.8549
Epoch 3/5
60000/60000 [==============================] - 4s 62us/sample - loss: 0.3654 - accuracy: 0.8656
Epoch 4/5
60000/60000 [==============================] - 4s 71us/sample - loss: 0.3444 - accuracy: 0.8734
Epoch 5/5
60000/60000 [==============================] - 4s 71us/sample - loss: 0.3302 - accuracy: 0.8773
10000/1 - 1s - loss: 0.3100 - accuracy: 0.8691
```

▲ Fashion Mnist 실행

실행시키면 학습파라미터가 100k정도이며 5 에폭만에 정확도는 0.87전후 인 것으로 확인할 수 있습니다. 이제 이것을 페어링 라이브러리를 통해서 쥬피터노트북에서 쿠버네티스 클러스터로 탈출시켜 봅시다.

3.1.3 Fashion Mnist를 Fairing job으로 바꾸기

앞 챕터에서 우리는 우리의 소스를 페어링으로 변환하는 것이 아주 간단하다는 것을 배웠습니다. 자 그러면 우리의 Fashion Mnist에 페어링을 감싸봅시다. 아래는 페어링 라이브러리가 감싸진 소스입니다.

```
(이상 생략)
if __name__ == '__main__':
    if os.getenv('FAIRING_RUNTIME', None) is None:
        from kubeflow import fairing
        from kubeflow.fairing.kubernetes import utils as k8s_utils

        DOCKER_REGISTRY = 'kubeflow-registry.default.svc.cluster.local:30000'
```

```
        fairing.config.set_builder(
            'append',
            image_name='fairing-job',
            base_image='brightfly/kubeflow-jupyter-lab:tf2.0-gpu',   ①
            registry=DOCKER_REGISTRY,
            push=True)
        # cpu 2, memory 5GiB
        fairing.config.set_deployer('job',
                            namespace='dudaji',
                            pod_spec_mutators=[
                                k8s_utils.get_resource_mutator(cpu=2,
                                                            memory=5)]
                            )
        fairing.config.run()
    else:
        remote_train = MyFashionMnist()
        remote_train.train()
```

[https://github.com/mojokb/kubeflow-book/blob/master/fashion-mnist-fairing.ipynb]

여기서 눈여겨 봐야 할 점은 ① 라인입니다. 노트북은 CPU리소스만 사용하게 하였지만 페어링으로 감싸서 쿠버네티스 잡으로 보낼 때는 베이스 이미지를 GPU 사용 이미지로 바꾸었습니다.

3.1.4 Job 실행해보기

우리가 실습하는 서버는 K80 2개가 설치되어 있는 에이전트입니다. 실행을 시키면 베이스이미지를 기반으로 이미지를 만들어 클러스터에 설치된 레지스트리에 푸시를 합니다. 그리고 쿠버네티스 잡을 실행을 시킵니다. 로그를 확인하면 GPU를 인식하고 사용하는 것을 확인할 수 있습니다.

```
[I 200215 14:17:36 config:123] Using preprocessor: <kubeflow.fairing.preprocessors.converted_notebook.ConvertNotebookPreprocessor object at 0x7fced5104828>
[I 200215 14:17:36 config:125] Using builder: <kubeflow.fairing.builders.append.append.AppendBuilder object at 0x7fcec7267128>
[I 200215 14:17:36 config:127] Using deployer: <kubeflow.fairing.builders.append.append.AppendBuilder object at 0x7fcec7267128>
[W 200215 14:17:36 append:50] Building image using Append builder...
[I 200215 14:17:36 base:105] Creating docker context: /tmp/fairing_context_pnv40848
[I 200215 14:17:36 converted_notebook:127] Converting fashion-mnist-fairing.ipynb to fashion-mnist-fairing.py
[W 200215 14:17:36 docker_creds_:234] Loading Docker credentials for repository 'brightfly/kubeflow-jupyter-lab:tf2.0-gpu'
[W 200215 14:17:38 append:54] Image successfully built in 2.131834232946858s.
[W 200215 14:17:38 append:94] Pushing image kubeflow-registry.default.svc.cluster.local:30000/fairing-job:4D2DC88F...
[I 200215 14:17:38 docker_creds_:234] Loading Docker credentials for repository 'kubeflow-registry.default.svc.cluster.local:30000/fairing-job:4D2DC88F'
[W 200215 14:17:38 append:81] Uploading kubeflow-registry.default.svc.cluster.local:30000/fairing-job:4D2DC88F
[I 200215 14:17:38 docker_session_:280] Layer sha256:6001e1789921cf851f6fb2e5fe05be70f482fe9c2286f66892fe5a3bc404569c exists, skip
```

(중략)

```
[I 200215 14:17:38 docker_session_:284] Layer sha256:d6fee525fb1daa1b6bd5f4fe94818f8bfa478a56bc8a9a6bfa06fb25e3bb1dc2 pushed.
[I 200215 14:17:38 docker_session_:334] Finished upload of: kubeflow-registry.default.svc.cluster.local:30000/fairing-job:4D2DC88F
[W 200215 14:17:38 append:99] Pushed image kubeflow-registry.default.svc.cluster.local:30000/fairing-job:4D2DC88F in 0.30885179794
85914s.
[W 200215 14:17:38 job:90] The job fairing-job-82gd8 launched.
[W 200215 14:17:38 manager:227] Waiting for fairing-job-82gd8-dp5dm to start...
[W 200215 14:17:38 manager:227] Waiting for fairing-job-82gd8-dp5dm to start...
[W 200215 14:17:38 manager:227] Waiting for fairing-job-82gd8-dp5dm to start...
[W 200215 14:17:39 manager:227] Waiting for fairing-job-82gd8-dp5dm to start...
[I 200215 14:17:41 manager:233] Pod started running True
Downloading data from https://storage.googleapis.com/tensorflow/tf-keras-datasets/train-labels-idx1-ubyte.gz
32768/29515 [==============================] - 0s 0us/step
Downloading data from https://storage.googleapis.com/tensorflow/tf-keras-datasets/train-images-idx3-ubyte.gz
```

(중략)

```
2020-02-15 14:17:48.086940: I tensorflow/stream_executor/cuda/cuda_gpu_executor.cc:1006] successful NUMA node read from SysFS had
negative value (-1), but there must be at least one NUMA node, so returning NUMA node zero
2020-02-15 14:17:48.087821: I tensorflow/stream_executor/cuda/cuda_gpu_executor.cc:1006] successful NUMA node read from SysFS had
negative value (-1), but there must be at least one NUMA node, so returning NUMA node zero
2020-02-15 14:17:48.088733: I tensorflow/stream_executor/cuda/cuda_gpu_executor.cc:1006] successful NUMA node read from SysFS had
negative value (-1), but there must be at least one NUMA node, so returning NUMA node zero
2020-02-15 14:17:48.089680: I tensorflow/core/common_runtime/gpu/gpu_device.cc:1746] Adding visible gpu devices: 0, 1
2020-02-15 14:17:48.112653: I tensorflow/stream_executor/platform/default/dso_loader.cc:44] Successfully opened dynamic library li
bcudart.so.10.0
2020-02-15 14:17:48.116019: I tensorflow/core/common_runtime/gpu/gpu_device.cc:1159] Device interconnect StreamExecutor with stren
gth 1 edge matrix:
2020-02-15 14:17:48.116057: I tensorflow/core/common_runtime/gpu/gpu_device.cc:1165]      0 1
2020-02-15 14:17:48.116068: I tensorflow/core/common_runtime/gpu/gpu_device.cc:1178] 0:   N Y
2020-02-15 14:17:48.116075: I tensorflow/core/common_runtime/gpu/gpu_device.cc:1178] 1:   Y N
2020-02-15 14:17:48.148478: I tensorflow/stream_executor/cuda/cuda_gpu_executor.cc:1006] successful NUMA node read from SysFS had
```

3.1.5 이제 잡은 그만 던져도 될꺼 같은데

페어링은 이미지 빌드와 푸시, 쿠버네티스 클러스터까지 학습 잡을 던지는 것이 목표입니다. 하지만 잡은 그만 던지고 이미지 빌드만 사용하고 싶을 수 있습니다. 그럴 때는 앞서 페어링 장에서 소개한 빌더와 프리프로세서의 조합으로 이미지만 생성시킬 수 있습니다. 아래는 이미지 빌드만 하는 코드입니다. fairing.confing를 쓰지 않고 빌더와 프리프로세서 각각의 클래스를 별도로 호출합니다.

```python
(이상 생략)
if __name__ == '__main__':
    if os.getenv('FAIRING_RUNTIME', None) is None:
        from kubeflow.fairing.builders.append.append import AppendBuilder
        from kubeflow.fairing.preprocessors.converted_notebook import \
            ConvertNotebookPreprocessor

        DOCKER_REGISTRY = 'kubeflow-registry.default.svc.cluster.local:30000'
        base_image = 'brightfly/kubeflow-jupyter-lab:tf2.0-gpu'
        image_name = 'fairing-job'
```

```
        builder = AppendBuilder(    ……ⓐ
            registry=DOCKER_REGISTRY,
            image_name=image_name,
            base_image=base_image,
            push=True,
            preprocessor=ConvertNotebookPreprocessor(    ……ⓑ
                notebook_file="fashion-mnist-fairing-onlyb.ipynb"
            )
        )
        builder.build()
    else:
        myModel = MyFashionMnist()
        myModel.train()
```

[https://github.com/mojokb/kubeflow-book/blob/master/fashion-mnist-fairing-onlyb.ipynb]

ⓐ set_builder("append", ..)와 같은 의미입니다.

ⓑ ConvertNotebookPreprocessor: 앞선 페어링장의 프리프로세서의 노트북을 파이선파일로 바꾸어주는 일을 하는 클래스입니다. 노트북 파일명을 입력 받습니다.

▲ fairing build result 1

▲ fairing build result 2

3.2 카티브로 하이퍼파라미터 최적화 하기

우린 앞 섹션에서 Fashon Mnist를 쥬피터 노트북에서 실행시키고, 페어링으로 그 코드를 감싸서 도커 이미지를 만들었습니다. 그 도커 이미지로 쿠버네티스 잡을 실행시켰습니다. 이제 우리가 만든 Fashion Mnist 모델을 좀 더 쓸모 있게 하기 위해 카티브를 이용하여 모델의 하이퍼파라미터 최적화를 진행하겠습니다.

3.2.1 Fashion Mnist를 katib job을 던질 수 있게 수정하기

먼저 우리의 학습코드를 수정해야 합니다. 수정 계획은 아래와 같습니다.

- 탐색할 메트릭 대상 설정
  최적화 함수, Learning Rate, Drop Out Rate
- 탐색할 메트릭의 입력 값을 받도록 수정
- argparse 사용
- 메트릭 컬렉터를 위한 수정
  기본실장의 컬렉터를 사용하기 위해서 key=value 형태의 로거 적용

```
(이상 생략)
  def train(self):

    # 입력 값을 받게 추가합니다.
    parser = argparse.ArgumentParser() ...... ①
    parser.add_argument('--learning_rate', required=False, type=float,
default=0.01)

    parser.add_argument('--dropout_rate', required=False, type=float,
default=0.2)
    parser.add_argument('--opt', required=False, type=int, default=1)
    args = parser.parse_args()

    (x_train, y_train), (x_test, y_test) = tf.keras.datasets.fashion_mnist.
load_data()
    x_train, x_test = x_train / 255.0, x_test / 255.0
```

```python
    model = tf.keras.models.Sequential([
        tf.keras.layers.Flatten(input_shape=(28, 28)),
        tf.keras.layers.Dense(128, activation='relu'),
        tf.keras.layers.Dropout(args.dropout_rate),  …… ②
        tf.keras.layers.Dense(10, activation='softmax')
    ])

    model.summary()

    sgd = tf.keras.optimizers.SGD(lr=args.learning_rate)  …… ②
    adam = tf.keras.optimizers.Adam(lr=args.learning_rate)  …… ②

    optimizers= [sgd, adam]
    model.compile(optimizer=optimizers[args.opt],
                  loss='sparse_categorical_crossentropy',
                  metrics=['acc'])

    model.fit(x_train, y_train,
              verbose=0,
              validation_data=(x_test, y_test),
              epochs=5,
              callbacks=[KatibMetricLog()])  …… ③

    model.evaluate(x_test,  y_test, verbose=2)

class KatibMetricLog(Callback):  …… ③
    def on_batch_end(self, batch, logs={}):
        print("batch=" + str(batch),
              "accuracy=" + str(logs.get('acc')),
              "loss=" + str(logs.get('loss')))

    def on_epoch_begin(self, epoch, logs={}):
        print("epoch " + str(epoch) + ":")

    def on_epoch_end(self, epoch, logs={}):
        print("Validation-accuracy=" + str(logs.get('val_acc')),
              "Validation-loss=" + str(logs.get('val_loss')))
```

```
        return

if __name__ == '__main__':
    if os.getenv('FAIRING_RUNTIME', None) is None:
```

(이하 생략)

[https://github.com/mojokb/kubeflow-book/blob/master/fashion-mnist-katib.ipynb]

① **탐색할 메트릭 값의 입력**: --learning_rate, --dropout_rate, --opt
② **입력된 메트릭 값 적용**: 최적화 함수를 SGD와 Adam 둘 중에 하나를 선택하게 변경
③ 로거 함수를 Keras의 Callback 함수로 적용, 실제 목푯값을 볼 메트릭인 val_acc를 Validation-accuracy={값} 형태로 출력하게 변경

수정이 되었다면 실행하여 목표한 대로 나오는지 확인하도록 해봅시다.

```
[I 200215 15:13:34 docker_session_:280] Layer sha256:8e829fe70a46e3ac4334823560e98b257234c23629f19f05460e21a453091e6d exists, skipping
[I 200215 15:13:34 docker_session_:284] Layer sha256:b68e290384b216ce1f392e1fd8b8ce1228690dc831108c23626ff2c55981a905 pushed.
[I 200215 15:13:34 docker_session_:280] Layer sha256:c4e2f5cde1e102db0e852d5e60ceac5bf377621b397ef3cb7bf1587052ea9520 exists, skipping
[I 200215 15:12:34 docker_session_:204] Layer sha256.40fuLu47122b2dc43a72b190u7d78fdf506c5665388018acd10e//6b2440b4b0 pushed.
[I 200215 15:13:34 docker_session_:334] Finished upload of: kubeflow-registry.default.svc.cluster.local:30000/fairing-job:54C95831
[W 200215 15:13:34 append:99] Pushed image kubeflow-registry.default.svc.cluster.local:30000/fairing-job:54C95831 in 0.1801082689780742s.
[W 200215 15:13:34 job:90] The job fairing-job-jxdgg launched.
[W 200215 15:13:34 manager:227] Waiting for fairing-job-jxdgg-qbkxb to start...
[W 200215 15:13:34 manager:227] Waiting for fairing-job-jxdgg-qbkxb to start...
[W 200215 15:13:35 manager:227] Waiting for fairing-job-jxdgg-qbkxb to start...
[I 200215 15:13:36 manager:233] Pod started running True
Downloading data from https://storage.googleapis.com/tensorflow/tf-keras-datasets/train-labels-idx1-ubyte.gz
```

▲ 도커 이미지 패키징

```
batch 1868 accuracy=0.7689272 loss=0.3863835
batch 1869 accuracy=0.76893383 loss=0.503542
batch 1870 accuracy=0.7689237 loss=0.632419
batch 1871 accuracy=0.7689804 loss=0.5404342
batch 1872 accuracy=0.76903695 loss=0.44382626
batch 1873 accuracy=0.7690602 loss=0.72237885
batch 1874 accuracy=0.7689833 loss=0.7694353
Validation-accuracy=0.8038 Validation-loss=0.5758956308841705
epoch 1:
batch 0 accuracy=0.84375 loss=0.4967526
batch 1 accuracy=0.796875 loss=0.6814907
batch 2 accuracy=0.8125 loss=0.54742694
batch 3 accuracy=0.7890625 loss=0.708374
batch 4 accuracy=0.80625 loss=0.5498526
batch 5 accuracy=0.796875 loss=0.5377251
```

▲ 목푯값 로그 확인

정상적으로 로그가 찍힌다면 이제 Katib Job을 던질 준비가 된 것입니다. 방금 생성된 도커 이미지를 가지고 Katib Job CRD를 생성해봅시다.

3.2.2 카티브 Experiment CRD 생성하기

아래는 이전 섹션에서 생성한 이미지를 가지고 만든 카티브 Experiment CRD입니다.

```
apiVersion: "kubeflow.org/v1alpha3"
kind: Experiment
metadata:
  namespace: kubeflow
  labels:
    controller-tools.k8s.io: "1.0"
  name: fashion-mnist-experiment-1
spec:
  parallelTrialCount: 2      ……①
  maxTrialCount: 50
  maxFailedTrialCount: 3
  objective:
    type: maximize
    goal: 0.99        ……②
    objectiveMetricName: Validation-accuracy
    additionalMetricNames:
      - accuracy
      - loss
      - Validation-loss
  metricsCollectorSpec:      ……③
    source:
      fileSystemPath:
        path: "/var/log/katib/metrics.log"
        kind: File
    collector:
      kind: File
  algorithm:
    algorithmName: random
  trialTemplate:
    goTemplate:
      rawTemplate: |-
        apiVersion: batch/v1
```

```
            kind: Job
            metadata:
              name: {{.Trial}}
              namespace: {{.NameSpace}}
            spec:
              template:
                spec:
                  containers:
                  - name: {{.Trial}}
                    image: kubeflow-registry.default.svc.cluster.local:30000/
fairing-job:54C95831 ……④
                    command:
                    - "python"
                    - "/app/fashion-mnist-katib.py"   ……⑤
                    {{- with .HyperParameters}}
                    {{- range .}}
                    - "{{.Name}}={{.Value}}"
                    {{- end}}
                    {{- end}}
                    resources:
                      limits:
                        nvidia.com/gpu: 1   ……⑥
                  restartPolicy: Never
  parameters:
    - name: --learning_rate
      parameterType: double
      feasibleSpace:
        min: "0.01"
        max: "0.03"
    - name: --dropout_rate
      parameterType: double
      feasibleSpace:
        min: "0.1"
        max: "0.9"
    - name: --opt
      parameterType: int   ……⑦
      feasibleSpace:
```

```
        min: "0"
        max: "1"
```

[https://github.com/mojokb/kubeflow-book/blob/master/fashion-katib-random.yaml]

① 총 50개의 Trial이 실행되며 2개의 병렬로 진행됩니다.
② Validation-accuracy가 0.99인 목표를 세웠습니다.
③ 메트릭 컬렉터를 파일형태로 수집합니다.
④ 아까 페어링을 통해 생성한 이미지입니다.
⑤ 노트북에서 생성하면 별도의 설정이 없는 한 실행파일 명은 노트북 파일 명입니다.
⑥ gpu가 2개이고 병렬로 2개가 동시에 돌아야 하기 때문에 하나의 컨테이너는 하나의 GPU만 쓰도록 정했습니다.
⑦ 최적화 함수 둘 중에 하나를 선택해야 하기 때문에 int type입니다. 랜덤 탐색이기 때문에 0이나 1이 나올 겁니다.

3.2.3 jupyter notebook에서 katib job 실행하기

자 노트북에서 이미지도 만들었으니 노트북에서 카티브 잡을 실행해 봅시다.

fashion-katib-random.yaml이란 이름으로 파일로 만들어서 노트북 콘솔에서 실행해봅시다.

```
$ kubectl apply -f fashion-katib-random.yaml
```

만약에 노트북에서 실행 시켰을 때 리소스 권한에 대한 오류가 나올 수도 있습니다. 이는 현재 노트북을 사용하는 서비스 어카운트인 default-editor가 kubeflow 네임 스페이스의 리소스를 사용할 권한이 없기 때문입니다. 이럴 때는 클러스터 관리자에게 권한[3]을 요청하던지 katib Web UI에서 실행하면 됩니다.

정상적으로 실행이 된다면 그래프를 확인할 수 있습니다.

---

3 https://github.com/mojokb/handson-kubeflow/blob/master/katib/kubeflow_role_binding.yaml 를 확인하고 적절히 수정하면 됩니다.

3.2.4 카티브 Trial 그래프 분석하기

Trial에서 나오는 그래프를 통해 우리는 좋은 Validation Accuracy 내는 하이퍼파라미터의 탐색 방향을 알아낼 수 있습니다.

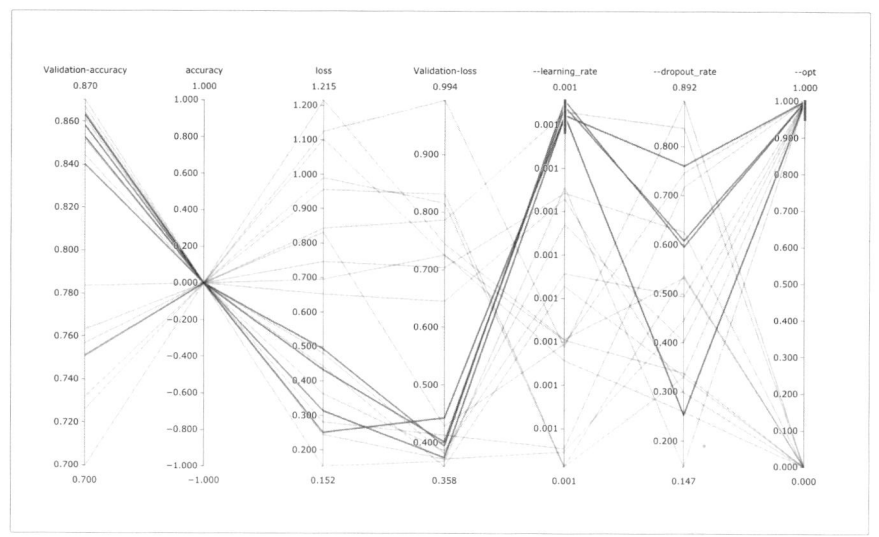

▲ 23 Trial 경과

23 Trial이 경과하였을 경우에 옵티마이저가 Sgd보다 Adam일 경우에 valid accuracy가 높아지는 것을 확인할 수 있습니다. 물론 sgd의 기본 lr이 0.01 이라서 상대적으로 좋은 성능을 못낸 것일수도 있습니다.

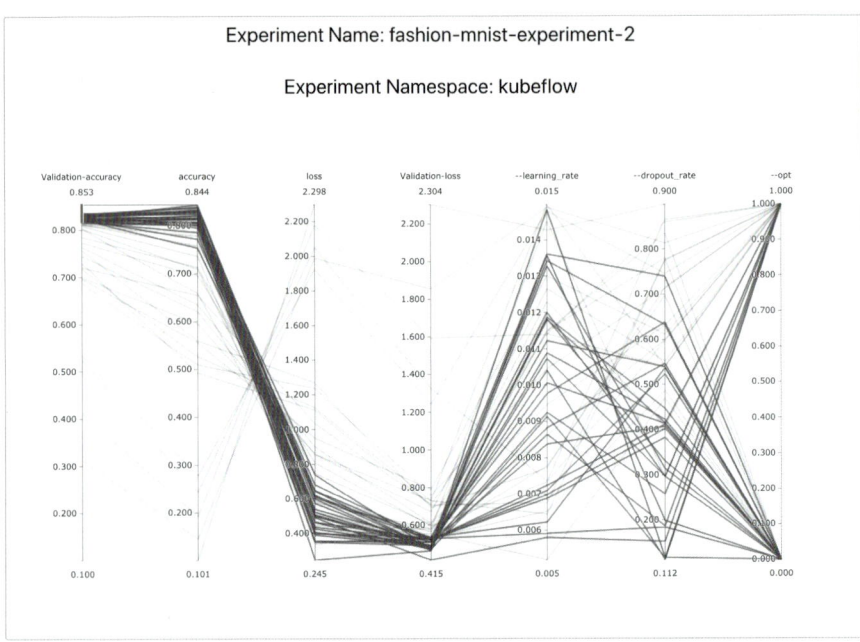

▲ Sgd의 기본 lr 기준으로 변경후 50Trial 결과

두 번째 시도로 Sgd의 기본 lr 반경으로 탐색을 했을 경우에는 전체적인 정확도가 Adam에 비해 낮은 것을 알 수 있습니다.

전체적으로 기본 lr로 처음 학습 했을 때 보다는 그다지 좋은 결과가 나오지 않고 있는 것을 확인할 수 있습니다. 일단 활성화 함수는 Adam으로 결정하고 다른 영역을 수정해봅시다. 에폭수와 레이어 수, 활성화 함수도 탐색대상으로 추가 합니다. 그리고 CPU Job으로 5개 병렬로 돌려 봅시다.

```
(이상 생략)
    parser = argparse.ArgumentParser()
    parser.add_argument('--learning_rate', required=False, type=float,
default=0.001)
    parser.add_argument('--dropout_rate', required=False, type=float,
default=0.2)
    # epoch 5 ~ 15
    parser.add_argument('--epoch', required=False, type=int, default=5)
    # relu, sigmoid, softmax, tanh
    parser.add_argument('--act', required=False, type=str, default='relu')
```

```
    # layer 1 ~ 5
    parser.add_argument('--layer', required=False, type=int, default=1)
(중간 생략)
    model = tf.keras.models.Sequential()
    model.add(tf.keras.layers.Flatten(input_shape=(28, 28)))

    for i in range(int(args.layer)):
        model.add(tf.keras.layers.Dense(128, activation=args.act))
        model.add(tf.keras.layers.Dropout(args.dropout_rate))

    model.add(tf.keras.layers.Dense(10, activation='softmax'))
    model.summary()
(이하 생략)
```

```
(이상 생략)
  parallelTrialCount: 5
  maxTrialCount: 50
  maxFailedTrialCount: 3
(중간 생략)
  parameters:
    - name: --learning_rate
      parameterType: double
      feasibleSpace:
        min: "0.005"
        max: "0.015"
    - name: --dropout_rate
      parameterType: double
      feasibleSpace:
        min: "0.1"
        max: "0.9"
    - name: --layer
      parameterType: int
      feasibleSpace:
        min: "1"
        max: "5"
    - name: --epoch
      parameterType: int
      feasibleSpace:
```

```
        min: "5"
        max: "15"
    - name: --act
      parameterType: categorical
      feasibleSpace:
        list: # relu, sigmoid, softmax, tanh
        - "relu"
        - "sigmoid"
        - "softmax"
        - "tanh"
```

[https://github.com/mojokb/kubeflow-book/blob/master/fashion-katib-random-v2.yaml]

실행을 시키면

```
fashion-mnist-cpu-experiment-v2-1-81znhml9-82r8x              2/2    Running
fashion-mnist-cpu-experiment-v2-1-jlqr6wx7-mt9qv              2/2    Running
fashion-mnist-cpu-experiment-v2-1-krbl2d-swx9l                2/2    Running
fashion-mnist-cpu-experiment-v2-1-qbnsmg6f-b7bxj              2/2    Running
fashion-mnist-cpu-experiment-v2-1-qzq8x4wx-m78zj              2/2    Running
fashion-mnist-cpu-experiment-v2-1-random-7d7dd8c675-jftc8     1/1    Running
```

▲ 5개 병렬 job 실행

random Suggesstion 컨테이너와 5개의 Worker Job 컨테이너가 실행되고 있는 것을 알 수 있습니다.

탐색이 완료되면 해당 Experiment의 결과를 확인해봅시다.

```
!kubectl describe experiment fashion-mnist-cpu-experiment-v2-1 -n kubeflow

Name:          fashion-mnist-cpu-experiment-v2-1
Namespace:     kubeflow
Labels:        controller-tools.k8s.io=1.0
Annotations:   kubectl.kubernetes.io/last-applied-configuration:
                 {"apiVersion":"kubeflow.org/v1alp...
(중간 생략)
    Message:             Experiment has succeeded because max trial count has reached
    Reason:              ExperimentSucceeded
```

```
        Status:                 True
        Type:                   Succeeded
    Current Optimal Trial:
      Observation:
        Metrics:
          Name:       Validation-accuracy
          Value:      0.8825
      Parameter Assignments:
          Name:       --learning_rate
          Value:      0.0013978861770555214
          Name:       --dropout_rate
          Value:      0.18135057185715314
          Name:       --layer
          Value:      2
          Name:       --epoch
          Value:      11
          Name:       --act
          Value:      sigmoid
```

(이하 생략)

최종 결과를 알 수 있습니다. Validation-accuracy가 0.8825에 종료되었습니다. 자 그러면 Katib UI로 이동해서 Trial graph를 분석해봅시다.

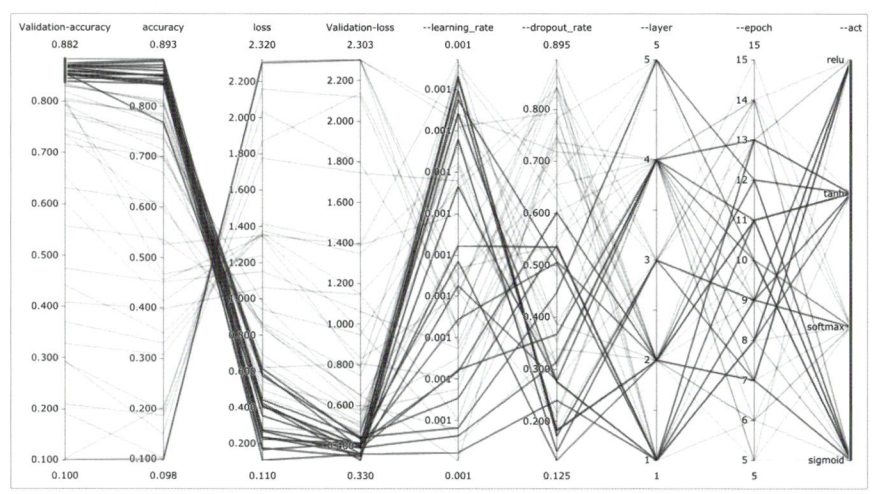

▲ 5 병렬 – 50 trial

하이퍼파라미터 항목들을 좌우로 움직여서 Validation Accuracy와의 관계를 분석해봅니다.

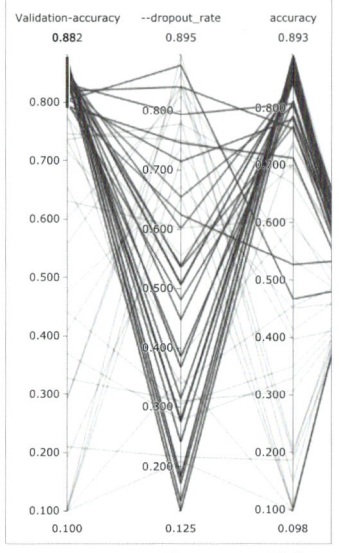

▲ Dropout rate와 accuracy 관계

Validation Accuracy가 높을수록 dropout_rate가 상대적으로 적은 것을 확인할 수 있습니다.

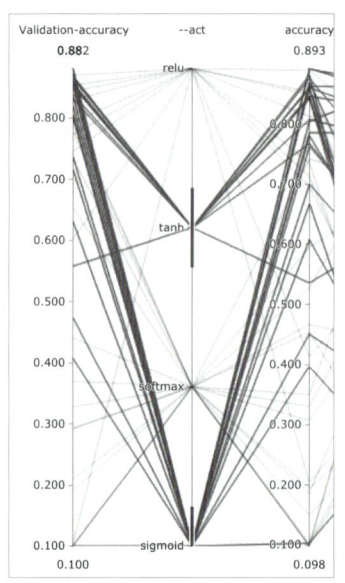

▲ 활성화 함수와 accuracy와의 관계

활성화 함수와의 관계는 탐색한 4개의 함수중 tanh와 sigmoid가 상대적으로 다른 2개에 비해서 accuracy가 높은 수치를 보여주고 있습니다.

이렇듯 50 trial 정도로 이정도의 정보를 알 수 있습니다. 훨씬 많은 수의 trial로 진행한다면 최적의 하이퍼파라미터를 찾을 수 있는 확률이 높아질 것입니다.

3.3 추론 모델 서버 만들어 보기

3.3.1 모델 준비하기

우리 모델 코드는 아직 학습한 모델을 저장하는 코드가 없습니다. 추론 모델을 만들기 전에 먼저 모델을 저장하는 코드를 추가합시다.

기존의 코드에서 체크포인트 위치, 학습된 모델을 저장할 위치, 텐서보드 로그를 저장할 위치를 입력받는 코드를 추가합니다.

```
(이상 생략)
    parser.add_argument('--learning_rate', required=False, type=float,
default=0.01)
    parser.add_argument('--dropout_rate', required=False, type=float,
default=0.2)
    parser.add_argument('--opt', required=False, type=int, default=1)
    parser.add_argument('--checkpoint_dir', required=False, default='/reuslt/
training_checkpoints')
    parser.add_argument('--saved_model_dir', required=False, default='/result/
saved_model/001')
    parser.add_argument('--tensorboard_log', required=False, default='/result/log')

(중략)
                loss='sparse_categorical_crossentropy',
                metrics=['acc'])


    # 체크포인트를 저장할 체크포인트 디렉터리를 지정합니다.
    checkpoint_dir = args.checkpoint_dir
    # 체크포인트 파일의 이름
```

```
            checkpoint_prefix = os.path.join(checkpoint_dir, "ckpt_{epoch}")

                model.fit(x_train, y_train,
                        verbose=0,
                        validation_data=(x_test, y_test),
                        epochs=5,
                        callbacks=[KatibMetricLog(),
                                tf.keras.callbacks.TensorBoard(log_dir=args.
tensorboard_log),
                                tf.keras.callbacks.ModelCheckpoint(filepath=che
ckpoint_prefix,
                                        save_weights_only=True)
                        ])
                path = args.saved_model_dir
                model.save(path, save_format='tf')


class KatibMetricLog(Callback):
    def on_batch_end(self, batch, logs={})
(이하 생략)
```

[https://github.com/mojokb/kubeflow-book/blob/master/fashion-mnist-save_model.ipynb]

실행을 하면 쿠버네티스 클러스터로 잡을 던집니다. 이때 퍼시스턴트 볼륨을 노트북 생성시 마운트 했던 볼륨에 마운트 시켜주면 잡으로 던진 학습 결과를 노트북상에서 확인이 가능하게 됩니다.

```
(이상 생략)
        # cpu 2, memory 5GiB
        fairing.config.set_deployer('job',
            namespace='dudaji',
            pod_spec_mutators=[
                k8s_utils.mounting_pvc(pvc_name="fashion-mnist",  ……①
                                    pvc_mount_path="/result"),
                k8s_utils.get_resource_mutator(cpu=2, memory=5)]

                        )
        fairing.config.run()
```

```
    else:
        remote_train = MyFashionMnist()
        remote_train.train()
```

① fashion-minist PV가 /result 경로로 마운트 됩니다.

노트북의 유저홈이 fashion-minist로 마운트 되었기 때문에 학습이 진행됨에 따라 텐서보드 로그, 학습된 모델 등이 저장되는 것을 확인할 수 있습니다.

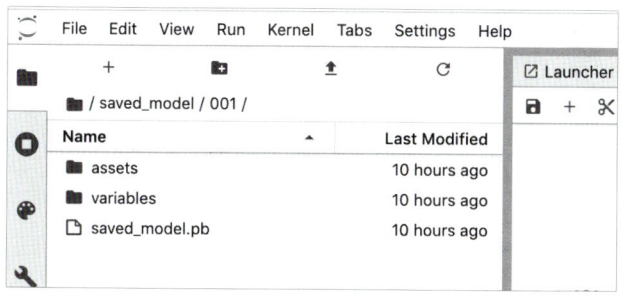

▲ 저장된 학습모델

학습된 모델도 저장소(PV)에 저장된 것을 확인 하였으니 이제 이 모델을 가지고 서빙서버를 만들어 봅시다.

3.3.2 KFServing을 이용한 추론 모델 서버 구성

앞서 이야기 했듯이 KFServing은 다양한 ML 프레임워크를 지원한다고 하였습니다. 우리는 방금 전 텐서플로우로 모델을 만들었기 때문에 이것을 KFServing에 적용해 보겠습니다.

KFServing 파이선 패키지를 먼저 설치를 합니다.

```
!pip install kfserving
```

▲ install KFServing

설치 후 꼭 노트북의 커널 리스타트를 진행합니다.

이제 서빙 코드를 만들어 봅시다. 서빙모델 챕터에서 보여드린 코드와 거의 동일합니다.

```
(이상 생략)
class KFServingOnNoteBook(object):
    def serving(self, storage_uri, namespace, serving_name):
        api_version = constants.KFSERVING_GROUP + '/' + constants.KFSERVING_VERSION
        default_endpoint_spec = V1alpha2EndpointSpec(
                                predictor=V1alpha2PredictorSpec(
                                    tensorflow=V1alpha2TensorflowSpec(
                                        storage_uri=storage_uri,
                                        resources=V1ResourceRequirements(
                                            requests={'cpu':'100m','memory':'1Gi'},
                                            limits={'cpu':'100m', 'memory':'1Gi'}))))
        isvc = V1alpha2InferenceService(api_version=api_version,
                                        kind=constants.KFSERVING_KIND,
                                        metadata=client.V1ObjectMeta(
                                            name=serving_name, namespace=namespace),
                                        spec=V1alpha2InferenceServiceSpec(default=default_endpoint_spec))

        KFServing = KFServingClient()
        KFServing.create(isvc)   ……①
if __name__ == '__main__':
    serving_service = KFServingOnNoteBook()
    serving_service.serving("pvc://fashion-mnist/saved_model", "dudaji",
"fashion-mnist-server")   ……②
    KFServing.get(serving_name, namespace=namespace, watch=True, timeout_seconds=300)
```

[https://github.com/mojokb/kubeflow-book/blob/master/KFServing_on_notebook.ipynb]

```
if __name__ == '__main__':
    serving_service = KFServingOnNoteBook()
    serving_service.serving("pvc://fashion-mnist/saved_model", "dudaji", "fashion-mnist-server")

NAME                   READY      DEFAULT_TRAFFIC CANARY_TRAFFIC  URL
fashion-mnist-server   Unknown
fashion-mnist-server   False
fashion-mnist-server   False
fashion-mnist-server   False
fashion-mnist-server   True       100                             http://fashion-mnist-server.dudaji.example.com/...
```

▲ 서빙 코드 실행 결과

① KFServing.create(isvc)가 정상적으로 생성이 되면 InferenceService라는 커스텀 리소스가 생성이 되고 서비스를 위한 다른 쿠버네티스 리소스들도 생성이 됩니다. 여기서 Istio가 istio-ingressgateway.istio-system.svc.cluster.local라는 로컬 도메인을 제공하는 ExternalName 서비스를 생성하고 knative가 우리의 모델코드를 연결하는 서비스를 제공합니다.

▲ 생성된 서비스들

② 스토리지값은 우리가 학습을 통해 생성한 모델이 저장된 pvc의 이름과 모델을 포함하고 있는 경로를 합쳐 구성합니다(pvc://fashion-mnist/saved_model). 정상적으로 실행이 되면 Default_traffic이 100프로인 서버가 생성이 되는 것을 확인할 수 있습니다.

이제 추론 모델 서버가 정상적으로 올라갔으니 한번 찔러(?) 봅시다.

3.3.3 추론 모델 테스트

먼저 텐서플로우의 SavedModel CLI를 이용하여 우리가 생성한 모델의 metadata를 확인하여 추론 모델 서버 JSON 데이터를 만듭시다.

```
!saved_model_cli show --dir ./saved_model/001 --tag_set serve --signature_def
serving_default
```

```
[5]: !saved_model_cli show --dir ./saved_model/001 --tag_set serve --signature_def serving_default
     The given SavedModel SignatureDef contains the following input(s):
       inputs['flatten_input'] tensor_info:
           dtype: DT_FLOAT
           shape: (-1, 28, 28)
           name: serving_default_flatten_input:0
     The given SavedModel SignatureDef contains the following output(s):
       outputs['dense_1'] tensor_info:
           dtype: DT_FLOAT
           shape: (-1, 10)
           name: StatefulPartitionedCall:0
     Method name is: tensorflow/serving/predict
```

▲ saved_model_cli show 결과

인풋을 'flatten_input'란 키값으로 받습니다.

```
{
    "instances":[
        {
            "flatten_input":[0,0,0,0 ......,0,0,0,0]
        }
    ]
}
```

Fashion Mnist는 기존의 Mnist와 같이 이미지 사이즈가 28x28 이므로 거기에 맞게 flatten_input값을 준비하면 됩니다. 우리는 이 json 파일을 input.json이란 파일로 저장합니다. 준비한 JSON는 0번 라벨인 T-shirt/top 이미지를 인코딩한 파일입니다.

편의를 위해서 노트북의 콘솔창에서 진행하겠습니다. cURL로 서빙서버에 input.json에 던져볼 것입니다.

서빙 서버에 접근하기 위해서는 우리는 아까 KFServing가 제공해준 서비스도메인을 호스트값으로 헤더에 사용할 것이며, 서빙 서비스에 접근하기 위해 istio-ingressgateway에게 요청할 것입니다.

먼저 curl을 던지기 위한 환경변수들을 설정합니다.

```
MODEL_NAME=fashion-mnist-server
INPUT_PATH=@./input.json
```

```
CLUSTER_IP=$(kubectl -n istio-system get service istio-ingressgateway -o
jsonpath='{.status.loadBalancer.ingress[0].ip}')
SERVICE_HOSTNAME=$(kubectl get inferenceservice ${MODEL_NAME} -o jsonpath='{.
status.url}' | cut -d "/" -f 3)
```

만약 CLUSTER_IP에서 권한오류가 발생한다면 istio-system 네임스페이스의 services 자원을 조회할 수 없다는 오류가 나올 것입니다.

```
Error from server (Forbidden): services "istio-ingressgateway" is forbidden:
User "system:serviceaccount:dudaji:default-editor" cannot get resource
"services" in API group "" in the namespace "istio-system"
```

노트북의 서비스 어카운트는 istio-system의 services를 접근할 수 있는 Role 존재하지 않습니다. 클러스터 관리자에게 요청을 하거 우리가 클러스터 롤을 가지고 있다면 조회 권한만 바인딩 해주면 됩니다.

```
# pipeline-role-bind.yaml
apiVersion: rbac.authorization.k8s.io/v1beta1
kind: Role
metadata:
  name: access-instio-ingress
  namespace: istio-system
rules:
- apiGroups: [""]
  resources: ["services"]
  verbs: ["get"]
---
apiVersion: rbac.authorization.k8s.io/v1
kind: RoleBinding
metadata:
  name: istio-service-access-role
  namespace: istio-system
roleRef:
  apiGroup: rbac.authorization.k8s.io
  kind: Role
```

```
  name: access-instio-ingress
subjects:
- kind: ServiceAccount
  name: default-editor
  namespace: dudaji
```

```
$ kubectl apply -f pipeline-role-bind.yaml
```

[https://github.com/mojokb/kubeflow-book/blob/master/pipeline-role-bind.yaml]

환경변수 설정이 완료되면 한번 던져 봅시다.

```
$ curl -v -H "Host: ${SERVICE_HOSTNAME}" http://$CLUSTER_IP/v1/models/$MODEL_
NAME:predict -d $INPUT_PATH
*   Trying 10.106.113.54...
* TCP_NODELAY set
* Connected to 10.106.113.54 (10.106.113.54) port 80 (#0)
> POST /v1/models/fashion-mnist-server:predict HTTP/1.1
> Host: fashion-mnist-server.dudaji.example.com
> User-Agent: curl/7.58.0
> Accept: */*
> Content-Length: 1821
> Content-Type: application/x-www-form-urlencoded
> Expect: 100-continue
>
< HTTP/1.1 100 Continue
* We are completely uploaded and fine
< HTTP/1.1 200 OK
< content-length: 80
< content-type: application/json
< x-envoy-upstream-service-time: 87
< server: envoy
<
{
    "predictions": [[1.0, 0.0, 0.0, 0.0, 0.0, 0.0, 0.0, 0.0, 0.0, 0.0]
    ]
* Connection #0 to host 10.106.113.54 left intact
```

결과값으로 원 핫 인코딩 배열로 [1.0, 0.0, 0.0, 0.0, 0.0, 0.0, 0.0, 0.0, 0.0, 0.0] 값이 반환됩니다.

자 우리는 몇 줄 안되는 코드로 fashion-mnist 추론 서버를 만들었습니다.
이제 파이프라인을 이용해서 e2e 서비스로 한번 만들어 봅시다.

3.4 파이프라인으로 ML워크플로우 만들기

이 장에서는 e2e ML워크플로우를 만들기 위한 파이프라인을 실습합니다. 파이프라인을 소개하는 챕터에서 이미 Hello World를 찍어보았기 때문에 e2e ML워크플로우를 만들기 위해서 알아야 될 파이프라인 컴포넌트들을 실습해보겠습니다. 단, 파이프라인은 아직 사용자별 네임스페이스의 분리가 되지 않기 때문에 kubeflow namespace에서 실행됩니다.

그리고 1.0 버전이 되면서 kubeflow namespace에서 서빙관련 서비스의 실행이 비활성화 되었기 때문에, 쿠버네티스 클러스터의 콘솔창에서 kubectl label namespace kubeflow serving.kubeflow.org/inferenceservice=enabled 를 실행하여 활성화를 시켜주어야 원활한 실습 진행이 됩니다.

그리고 예측모델 서버까지 만들었던 Fashion Mnist를 가지고 학습부터 서빙까지 워크플로우를 만들어 봅시다. 이 장도 마찬가지로 쿠베플로우 클러스터에서 할당 받은 쥬피터 노트북에서 진행합니다.

3.4.1 파이프라인에 볼륨 붙여보기

[https://github.com/mojokb/kubeflow-book/blob/master/pipeline_storage.ipynb]

데이터셋을 읽고 쓰기 위해서는 파이프라인에 볼륨을 활용해야 합니다. 여기서는 볼륨에 파일을 저장하고 읽는 실습을 해봅시다. 작업 순서는 아래와 같습니다.

① VolumeOp 컴포넌트를 사용하여 볼륨 vol-a을 생성
② 볼륨 vol-a을 마운트 하는 ContainerOp cop1생성

③ 볼륨 vol-a에 hello Kubeflow라는 내용을 가진 /mnt/content.txt 텍스트파일을 기록
④ 볼륨 vol-a를 마운트하는 다른 ContainerOp cop2생성
⑤ cop2는 vol-a의 /mnt/content.txt를 콘솔로그로 출력

먼저 vol_a를 생성합니다.

```
vop = dsl.VolumeOp(
    name="volume_creation",
    resource_name="vol-a",
    storage_class="nfs-client",
    modes=dsl.VOLUME_MODE_RWM,
    size="1Gi"
)
```

볼륨을 마운트하고 파일을 쓰는 cop1을 생성합니다.

```
cop1 = dsl.ContainerOp(
    name='HelloKubeflow',
    image='alpine',
    command=['sh', '-c'],
    arguments=['echo "hello Kubeflow" > /mnt/content.txt'],
    pvolumes={"/mnt": vop.volume}   ……ⓐ
)
```

ⓐ **pvolumes는 마운트경로**: 볼륨(V1Volume[4])으로 볼륨을 마운트할 수 있게 하는 옵션입니다. VolumeOp에서 제공하는 volume은 생성한 볼륨을 반환합니다. 그래서 cop1은 vop의 볼륨을 사용합니다.

볼륨을 읽고 출력하는 cop2를 생성합니다.

```
cop2 = dsl.ContainerOp(
```

---

4 https://github.com/kubernetes-client/python/blob/master/kubernetes/docs/V1Volume.md

```
        name='cat-content',
        image='alpine',
        command=['cat'],
        arguments=['/mnt/content.txt'],
        pvolumes={"/mnt": cop1.pvolume}    ······ⓑ
    )
```

ⓑ 똑같이 pvolumes를 통해 볼륨을 마운트 하지만 이번엔 cop1의 pvolume에서 가져옵니다.

```
    cop1.after(vop)
    cop2.after(cop1)
```

순서대로 실행되어야 하기 때문에 after를 사용해 실행순서관계를 설정합니다. 전체 소스입니다.

```
@dsl.pipeline(
    name='AttachStorage',
    description='Create a pvc, attach it to pipeline.'
)
def attatch_pvc_pipeline():

    vop = dsl.VolumeOp(
        (중략)
    )

    cop1 = dsl.ContainerOp(
        (중략)
    )

    cop2 = dsl.ContainerOp(
        (중략)
    )

    cop1.after(vop)
    cop2.after(cop1)
```

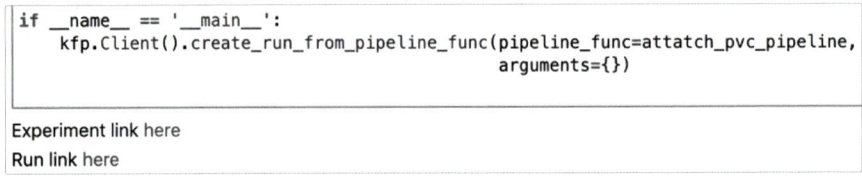

ⓒ 현재 파이선 함수를 바로 파이프라인의 런으로 실행시킵니다.

자 실행시켜 봅시다.

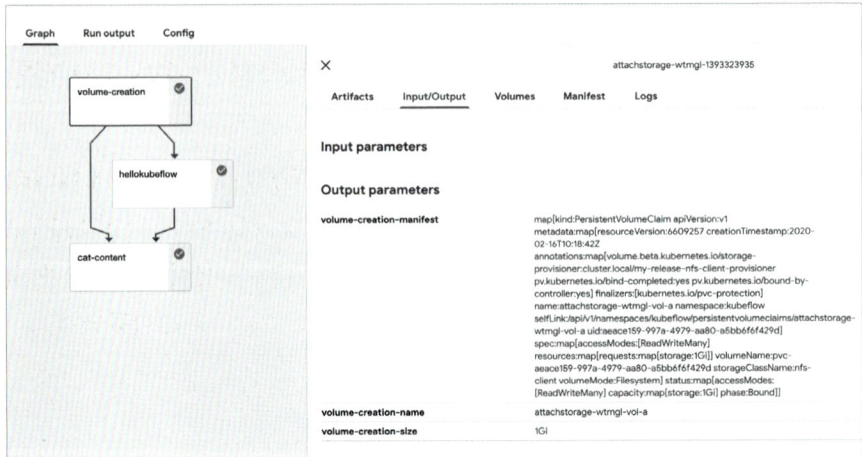

▲ 파이프라인 실행 그래프 – 볼륨 생성

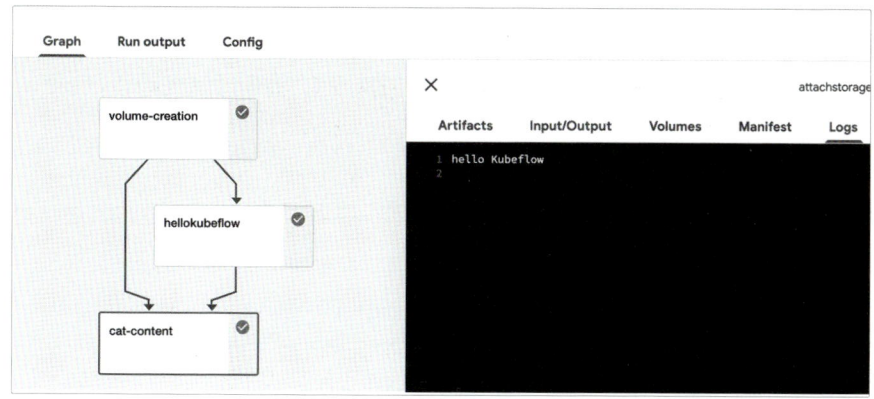

▲ 컴포넌트 실행 그래프 – 파일 읽기

정상적으로 볼륨의 내용을 출력하는 것을 확인할 수 있습니다.

3.4.2 리커링 런(Recurring Run)으로 스토리지에 계속 데이터를 쌓아보기

이번에 실습해 볼 것은 파이프라인의 리커링 런을 사용하여 스토리지에 데이터를 쌓아보겠습니다. 사전에 kubeflow 네임스페이스에 kubeflow-pvc 라는 PVC를 만들었습니다. 거기에 실행될 때마다 YYYYMMDDMM 형식의 폴더를 쌓고 Fashion Mnist의 랜덤이미지 10개를 저장하는 코드를 간단히 작성하겠습니다.

```
(이상생략)

class StoreImage(object):
  def save(self):
    (train_images, train_labels), (test_images, test_labels) = tf.keras.datasets.fashion_mnist.load_data()

    folder_name = "/mnt/data/" + str(datetime.today().strftime("%Y%m%d%H%M"))

    # make min folder
    try:
      if not(os.path.isdir(folder_name)):
        os.makedirs(os.path.join(folder_name))
```

```
        except OSError as e:
            if e.errno != errno.EEXIST:
                print("Failed to create directory!!!!!")
                raise

    # generate 10 ranom image (0~9999)
    for i in range(10):
        random_num = random.randint(0, 9999)
        file_name = str(test_labels[random_num]) + "_" + str(i) + ".jpg"
        im = Image.fromarray(test_images[random_num])
        im.save(folder_name + "/" + file_name)
```

(이하생략)

[https://github.com/mojokb/kubeflow-book/blob/master/store_image/save_random_image_from_dataset.ipynb]

fashion mnist 이미지는 /mnt/data/2019121212/n_n.jpg 이렇게 저장됩니다.

바로 페어링으로 이미지를 만들겠습니다.

편의를 위해 brightfly/store-fahsionm-image:latest 이미지를 만들었으니 사용하시면 됩니다.

이미지를 저장하는 파이프라인 컴포넌트를 만들어 봅시다.

ContainerOp을 하나 만들고 사전에 만든 PVC 볼륨이었던 kubeflow-pvc를 /mnt/data로 마운트 해서 거기에 이미지를 저장하는 파이프라인 코드입니다.

```
import kfp
from kfp import dsl
from kubernetes import client as k8s_client


@dsl.pipeline(
    name='storeImage',
    description='Save fashion image'
)
```

```python
def store_image():

    kubeflow_pvc = dsl.PipelineVolume(pvc="kubeflow-pvc", name="kubeflow-pvc") ······ⓐ

    cop1 = dsl.ContainerOp(
        name='StoreFashionMinst',
        image='brightfly/store-fahsionm-image:latest',
        command=['python', '/app/save_random_image_from_dataset.py'],
        pvolumes={"/mnt/data" : kubeflow_pvc}
    )

if __name__ == '__main__':
    kfp.Client().create_run_from_pipeline_func(pipeline_func=store_image,
                                               arguments={})
```

[https://github.com/mojokb/kubeflow-book/blob/master/store_image/save_random_image_to_pipeline.ipynb]

ⓐ **dsl.PipelineVolume(pvc="kubeflow-pvc"**: kubeflow-pvc를 사용하게 하는 클래스

먼저 런으로 바로 던져 보면.

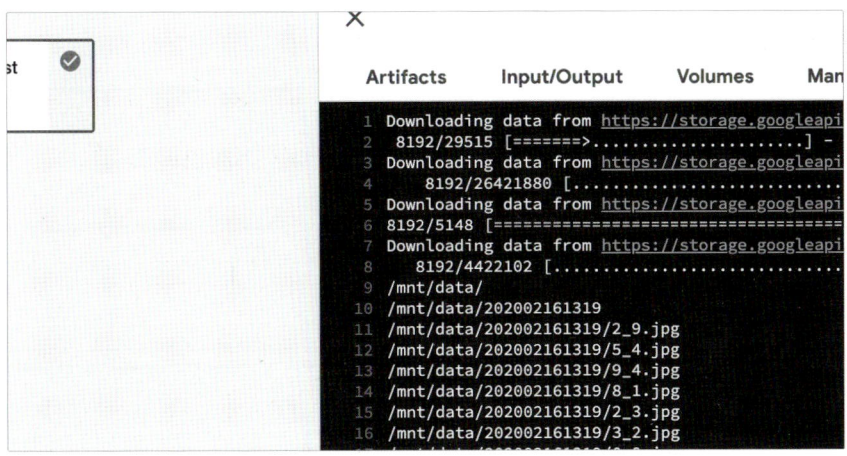

▲ 컨테이너옵-데이터테스트

정상적으로 폴더 및 이미지가 생성되는 것을 확인할 수 있습니다.

이제 파이프라인 컴포넌트로 만들어서 등록시켜 리커링 런으로 생성합시다.

```
- kfp.Client().create_run_from_pipeline_func(pipeline_func=store_image,
                                             arguments={})
+ kfp.compiler.Compiler().compile(store_image, 'store_image.pipeline.tar.gz')
```

아까 소스에서 컴파일을 하게 변경하면 됩니다.

생성된 store_image.pipeline.tar.gz 파일을 파이프라인에 등록합시다.

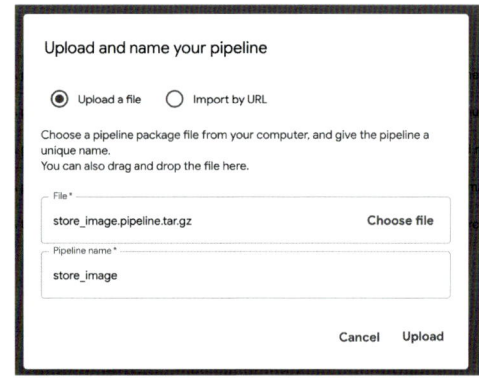

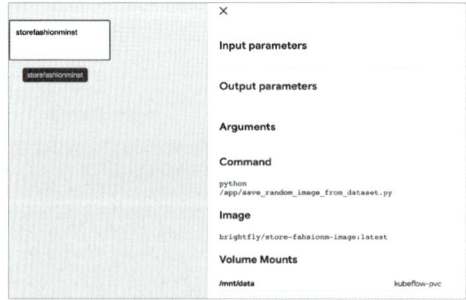

정상적으로 등록되었으면 런을 작성합시다.

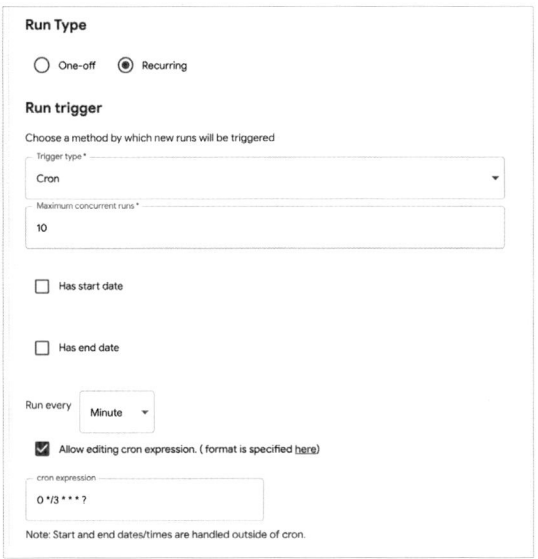

런 타입을 Recurring으로 선택하고, 트리거 타입을 Cron으로 선택하여 3분 간격으로 실행되게 합니다. 등록을 완료하면

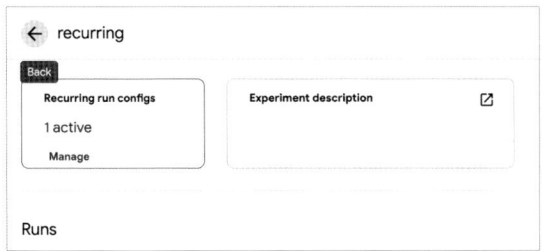

처럼 대쉬보드에 확인 가능합니다. Manager를 클릭하면

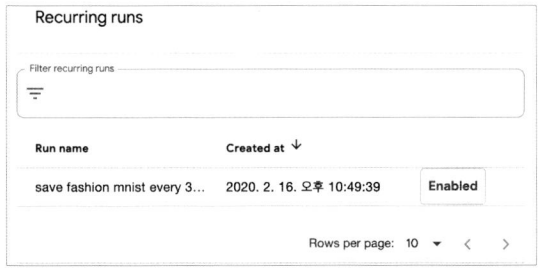

Enable/Disable을 통해 관리가 가능합니다.

이제 정상적으로 Recurring Run이 실행되는지 기다려봅시다.

Run name	Status	Duration	Pipeline	Recurring Run
savefashionmnistevery3minbfzhv-1-3721128171	✓	0:00:11	[View pipeline]	0b5f1401-a49f-4...

정상작동 합니다!

이제 아까 만든 예측모델 서버를 가지고 파이프라인을 통해 학습에서 서빙까지 달려봅시다.

3.4.3 학습부터 서빙까지 파이프라인으로

작업의 순서는 아래와 같습니다.

① Fashion Mnist 학습하고 모델을 생성합니다.
② 학습모델이 정상적으로 작성되었는지 리스트를 뿌려봅니다.
③ KFServing을 이용하여 예측모델 서버를 올립니다.
④ Web UI 서버를 붙여서 예측모델 서버가 일을 하게 만듭니다.

먼저 Fashion Mnist를 학습하는 파이프라인을 먼저 만듭시다. 모델은 아까 만든 kubeflow-pvc 볼륨에 저장을 하겠습니다. 아까 카티브에서 나왔던 결과도 같이 넣어 봅시다. 그리고 결과에 맞게 코드도 수정하였습니다. https://github.com/mojokb/kubeflow-book/blob/master/fashion_e2e/fmnist-save-model-renew.ipynb 여기서 생성한 이미지를 사용합니다.

```
(이상생략)
        mnist = dsl.ContainerOp(
            name='FMnist',
            image='kubeflow-registry.default.svc.cluster.local:30000/katib-job:D42C63EC',
            command=['python', '/app/fmnist-save-model-renew.py'],
```

```
                arguments=[
                    "--learning_rate", learning_rate,
                    "--dropout_rate", dropout_rate,
                    "--epoch", epoch,
                    "--act", act,
                    "--layer", layer,
                    "--checkpoint_dir", checkpoint_dir,
                    "--saved_model_dir", saved_model_dir,
                    "--tensorboard_log", tensorboard_log
                ],
                pvolumes={"/result": kubeflow_pvc} ······ⓐ
        ).set_gpu_limit(1) ······ⓑ
(중략)
arguments = {'learning_rate': '0.001397',
            'dropout_rate': '0.18',
            'epoch' : '11',
            'act' : 'sigmoid',
            'layer': '2',
            'checkpoint_dir': '/reuslt/training_checkpoints',
            'saved_model_dir':'/result/saved_model',
            'tensorboard_log': '/result/log'
            }
if __name__ == '__main__':
    kfp.Client().create_run_from_pipeline_func(pipeline_func=fmnist_pipeline,
                                    arguments=arguments)
```

[https://github.com/mojokb/kubeflow-book/blob/master/fashion_e2e/fmnist-pipeline.ipynb]

ⓐ kubeflow_pvc를 /result로 마운트 합니다.

ⓑ set_gpu_limit(1) 학습을 진행할 때 gpu 하나만 사용합니다.

▲ 실행 결과

학습결과가 정상적으로 조회가 되니 이 결과를 바탕으로 예측서버도 파이프라인으로 붙여봅시다.

먼저 KFServing 서빙용 이미지를 만들어 봅시다. 우리는 노트북에서 페어링을 이용해서 만들어 보겠습니다. KFServing 라이브러리가 필요하기 때문에 KFServing 코어 이미지를 베이스 이미지로 사용해야 합니다. 여기선 편의상 brightfly/kubeflow-kfserving:latest로 태깅한 이미지를 사용하겠습니다.

```
(이상 생략)
class KFServing(object):

    def run(self):
        parser = argparse.ArgumentParser()
        parser.add_argument('--namespace', required=False, default='kubeflow')
        # pvc://${PVCNAME}/dir
        parser.add_argument('--storage_uri', required=False, default='/mnt/export')
        parser.add_argument('--name', required=False, default='kfserving-sample')
        args = parser.parse_args()
        namespace = args.namespace
        serving_name =  args.name

        api_version = constants.KFSERVING_GROUP + '/' + constants.KFSERVING_VERSION
        default_endpoint_spec = V1alpha2EndpointSpec(
```

```python
                    predictor=V1alpha2PredictorSpec(
                        tensorflow=V1alpha2TensorflowSpec(
                            storage_uri=args.storage_uri,
                            resources=V1ResourceRequirements(
                                requests={'cpu':'100m','memory':'1Gi'},
                                limits={'cpu':'100m', 'memory':'1Gi'})))
        isvc = V1alpha2InferenceService(api_version=api_version,
                            kind=constants.KFSERVING_KIND,
                            metadata=client.V1ObjectMeta(
                                name=serving_name, namespace=namespace),
                            spec=V1alpha2InferenceServiceSpec(default=default_endpoint_spec))
```

```
        KFServing = KFServingClient()
        KFServing.create(isvc)

        KFServing.get(serving_name, namespace=namespace, watch=True, timeout_seconds=300)
```
(중간 생략)
```
            image_name='kfserving',
            base_image='brightfly/kubeflow-kfserving:latest',
            registry=DOCKER_REGISTRY,
```
(이하 생략)

[https://github.com/mojokb/kubeflow-book/blob/master/fashion_e2e/KFServing-fairing.ipynb]

▲ KFServing 이미지 생성

이미지가 빌드되면 아까 만들었던 파이프라인에 KFServing을 추가해 봅시다.

```
    (이상생략)
        kfserving = dsl.ContainerOp(
            name='kfserving',
            image='kubeflow-registry.default.svc.cluster.local:30000/kfserving:10A8CC1',
            command=['python', '/app/KFServing-fairing.py'],
            arguments=[
                "--namespace", namespace,
                "--storage_uri", "pvc://" + str(pvc_name) + "/saved_model",
                "--name", name
            ]
        )
        result.after(mnist)
        kfserving.after(result)
    (이하생략)
```

[https://github.com/mojokb/kubeflow-book/blob/master/fashion_e2e/fmnist-kfserving-pipeline.ipynb]

그리고 실행!

```
if __name__ == '__main__':
    kfp.Client().create_run_from_pipeline_func(pipeline_func=fmnist_pipeline,
                                               arguments=arguments)
Experiment link here
Run link here
```

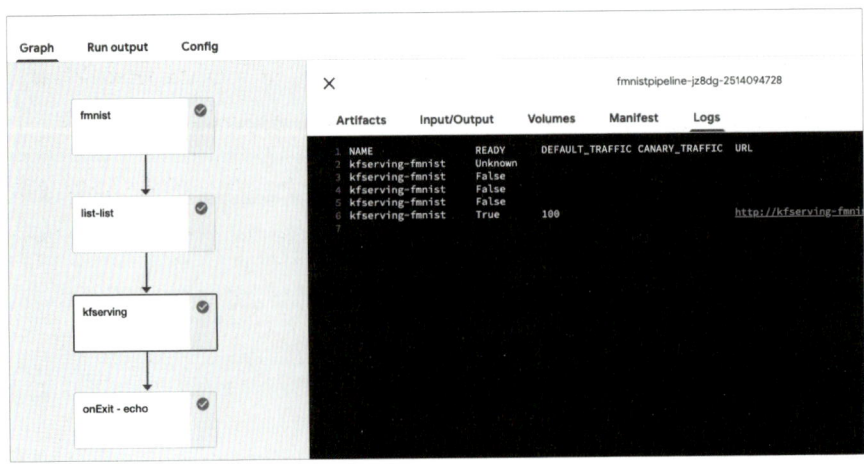

▲ 예측모델 서버 붙이기

만약 KFServing을 실행할 때 파이프라인에서 이런 오류가 난다면, 파이프라인 러너가 inferenceservice에 대한 권한이 없기 때문입니다. 이러할 때는 권한 요청 혹은 추가[5]를 해주어야 합니다.

```
HTTP response body: {"kind":"Status","apiVersion":"v1","metadata":{},"statu
s":"Failure","message":"inferenceservices.serving.kubeflow.org is forbidden:
User \"system:serviceaccount:kubeflow:pipeline-runner\" cannot create resource
\"inferenceservices\" in API group \"serving.kubeflow.org\" in the namespace
\"dudaji\"","reason":"Forbidden","details":{"group":"serving.kubeflow.org","kin
d":"inferenceservices"},"code":403}
```

이제는 Web UI를 붙여 봅시다. 파이선 flask 서버를 사용하여 랜덤으로 하나의 fashion mnist 이미지를 호출하고 그 이미지를 모델서버로 던진 후 이미지의 라벨과 모델서버의 결과값을 노출하는 web-ui를 구성합니다. 여기선 편의상 만들어둔 이미지를 사용합니다. (brightfly/fmnist-webui:latest)[6]

먼저 쿠베플로우 클러스터에서 단독으로 실행시켜 현재 클러스터에 떠 있는 예측 모델 서버에 접속해 봅니다.

```
$ sudo docker run -p19000:5000  brightfly/fminst-webui:latest
```

브라우저에서 {호스트아이피}:19000?model=kfserving-fmnist&name=kfserving-fmnist.kubeflow.example.com&addr={클러스터아이피}를 입력합니다.

여기서 클러스터 아이피는 istio의 ingressgateway의 클러스터아이피입니다. $(kubectl -n istio-system get service istio-ingressgateway -o jsonpath='{.spec.clusterIP}') 로 확인가능합니다.

---

5 https://github.com/mojokb/handson-kubeflow/blob/master/pipeline/kfserving-pipeline-role.yaml
6 https://github.com/mojokb/handson-kubeflow/tree/master/pipeline/mnist_web_ui

▲ 예측모델 서버 Web UI

정상적으로 나오는 것을 확인했으니 이제 파이프라인에 붙여봅시다.

Web-UI 서버가 쿠버네티스의 앱으로 배포가 될려면 몇가지 과정이 필요합니다. Deployment로 Web-UI 서버 파드를 생성해야 하며, 그 파드가 외부에 노출되기 위해서는 endpoint를 제공할 Service를 생성하여 Deployment와 연결해주어야 합니다. 이 과정을 kustomize[7]로 진행합니다.

```
# deployment.yaml
apiVersion: apps/v1
kind: Deployment
metadata:
  name: kf-fmnist-webui
spec:
  replicas: 1
  template:
```

---

7 https://github.com/kubernetes-sigs/kustomize

```
      metadata:
        labels:
          deployment: kf-fmnist-webui
      spec:
        containers:
        - name: kf-fmnist-webui
          image: brightfly/fminst-webui:latest
          ports:
          - containerPort: 5000

# service.yaml
kind: Service
apiVersion: v1
metadata:
  name: kf-fmnist-webui-service
spec:
  selector:
    deployment: kf-fmnist-webui
  type: NodePort
  ports:
  - protocol: TCP
    nodePort: 32000  ……ⓐ
    port: 5000
    targetPort: 5000


#kustomize.yaml
commonLabels:
  app: kf-fmnist-webui
resources:
- deployment.yaml
- service.yaml


# deploy.sh ……ⓑ
KUBERNETES_NAMESPACE="${KUBERNETES_NAMESPACE:-kubeflow}"
NAME="kf-fmnist-webui-service"
kustomize build /fmnist_web_ui | kubectl apply -f -
# Wait for the ip address
```

```
timeout="1000"
start_time=`date +%s`
NODE_PORTS=""
while [ -z "$NODE_PORTS" ]; do
  NODE_PORTS=$(kubectl get svc -n $KUBERNETES_NAMESPACE $NAME -o jsonpath='{.
spec.ports[0].nodePort}' 2> /dev/null)
  current_time=`date +%s`
  elapsed_time=$(expr $current_time + 1 - $start_time)
  if [[ $elapsed_time -gt $timeout ]];then
    echo "timeout"
    exit 1
  fi
  sleep 5
done
echo "service active NodePort: $NODE_PORTS"
```

ⓐ 32000 포트로 Web-UI 서버를 서비스합니다.

ⓑ 도커이미지가 실행되면 deploy.sh가 실행되어 kustomize로 deployment, service를 생성합니다. 그 이후에 서비스가 정상적으로 올라올 때 까지 모니터 합니다.

편의상 이미 제작한 이미지를 사용합니다. brightfly/fmnist-webui-deploy:latest

이 이미지로 파이프라인 예측모델 서버 컴포넌트 뒤에 붙여보겠습니다.

```
(이상생략)
            "--name", name
         ]
      )
      mnist_web_ui = dsl.ContainerOp(
          name='mnist_web_ui',
          image='brightfly/fmnist-webui-deploy:latest',
      )
      result.after(mnist)
      kfserving.after(result)
      mnist_web_ui.after(kfserving)
(이하생략)
```

[https://github.com/mojokb/kubeflow-book/blob/master/fashion_e2e/fmnist-kfserving-webui-pipeline.ipynb]

이제 실행을 시켜서 파이프라인이 정상적으로 작동이 되는지 확인해 보겠습니다. 추가한 파이프라인 컴포넌트에서 예측모델 Web UI 서버를 서비스 NodePort 32000로 활성화 시키면 완료입니다.

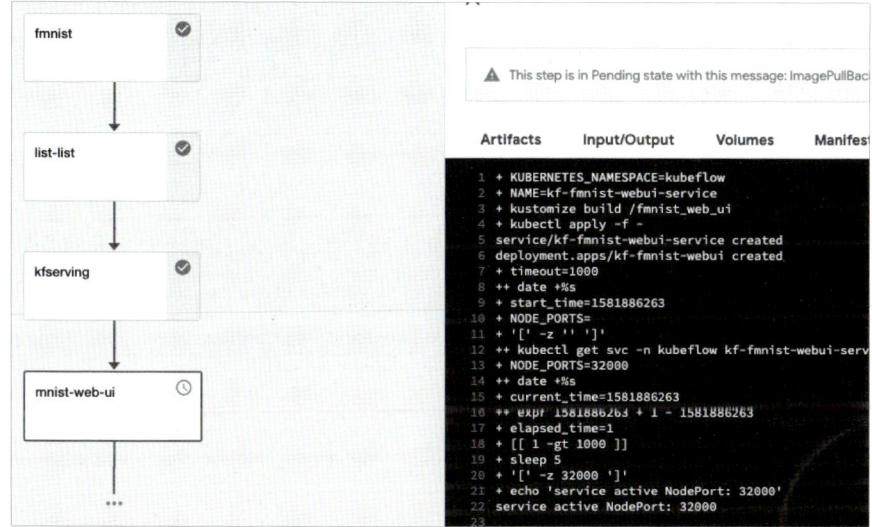

▲ 파이프라인-web-ui

포트 32000번에 서비스가 활성화되었습니다. 이제 브라우저에서 {클러스터IP}:32000?model=kfserving-fmnist&name=kfserving-fmnist.kubeflow.example.com&addr={클러스터아이피}에서 예측모델 Web-UI 서버를 확인할 수 있습니다.

[예측모델 서버 Web UI] 그림대로 나오면 성공입니다.

이제 우리는 학습부터 서빙까지 하나의 간단한 ML 워크플로우를 구성해봤습니다.

쿠베플로우의 컴포넌트들로 인해서 조금 더 워크플로우를 구성하는 방법이 쉬워진 것 같습니다. 리커링 런을 사용해서 학습 데이터 볼륨에 데이터를 주기적으로 공급하고, ML 워크플로우 자체를 리커링 런으로 돌려서 모델 업데이트를 하고, KFServing이 제공하는 Canary도 추가가 되고, 카티브를 통해 주기적인 최적화가 이루어지고, … 앞으로 붙일 살들은 무궁무진합니다!

3.5 Caltech101 최적화

3.5.0 개요

이 장에서는 머신러닝 파트에서 전이학습을 했던 caltech101을 카티브를 통해 최적화하는 과정을 실습합니다. 이 과정 중에 우리는 페어링에서 도커 패키징할 때, 첨부파일을 추가하는 것과 파이프라인의 파라미터 전달, 노트북에서 카티브 Experiment 실행하기, Experiment의 결과 조회하기 등을 실습합니다. 편의상 몇 몇 실습은 빠른 결과를 위해 다른 데이터셋도 사용합니다.

3.5.1 일단 페어링

앞선 Fashion-mnist 실습에서는 데이터셋을 텐서플로우 패키지내의 다운로드를 통해서 확보를 했습니다. 하지만 caltech101은 텐서플로우에서 제공해주는 데이터셋이 아니기 때문에 학습을 위해서는 데이터셋을 담고 있는 볼륨을 만들어야 합니다.

여기서 해당 볼륨을 만드는 가장 빠른 방법은 노트북 생성할 때 데이터 볼륨을 생성하여 데이터셋을 다운로드 하는 것입니다.

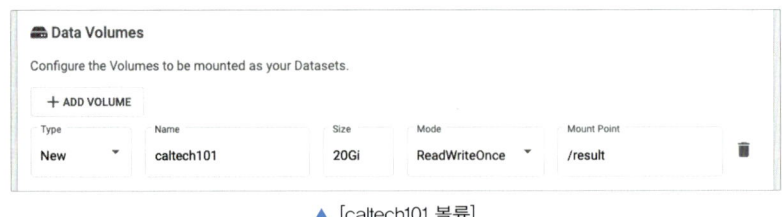

▲ [caltech101 볼륨]

노트북이 생성되면 터미널로 들어가서 caltech101 볼륨이 마운트한 /result 디렉토리로 가서 caltech101 데이터셋을 다운로드 받습니다. 압축을 푼 후 학습에 맞는 데이터로 정리를 합니다.

```
tf-docker ~ > cd /result
tf-docker /result > wget http://www.vision.caltech.edu/Image_Datasets/
Caltech101/101_ObjectCategories.tar.gz
```

```
http://www.vision.caltech.edu/Image_Datasets/Caltech101/101_ObjectCategories.
tar.gz
Resolving www.vision.caltech.edu (www.vision.caltech.edu)... 34.208.54.77
Connecting to www.vision.caltech.edu (www.vision.caltech.
edu)|34.208.54.77|:80... connected.
HTTP request sent, awaiting response... 200 OK
Length: 131740031 (126M) [application/x-tar]
Saving to: '101_ObjectCategories.tar.gz'


101_ObjectCategories.tar.gz   70%[============================>             ]
88.18M  6.86MB/s    in 15s
tf-docker /result > tar xzvf 101_ObjectCategories.tar.gz
tf-docker /result > cd 101_ObjectCategories
tf-docker /result/101_ObjectCategories > rm -rf BACKGROUND_Google/
tf-docker /result/101_ObjectCategories > cd ..
tf-docker /result/ > mv 101_ObjectCategories caltech101
tf-docker /result/ > rm -rf 101*
tf-docker /result > ls -al caltech101
total 524
drwxrwxrwx 103 root root  4096 Mar 11 05:22 .
drwxr-xr-x   1 root root  4096 Mar 11 05:03 ..
drwxr-xr-x   2  411  300 20480 Nov  9  2004 Faces
drwxr-xr-x   2  411  300 20480 Nov  9  2004 Faces_easy
drwxr-xr-x   2  411  300 12288 Nov  9  2004 Leopards
drwxr-xr-x   2  411  300 36864 Nov  9  2004 Motorbikes
drwxr-xr-x   2  411  300  4096 Nov  9  2004 accordion
....
```

이러면 실습을 위한 caltech101 데이터셋이 /result라는 디렉토리에 준비가 되었습니다.

이 노트북을 닫더라도 다른 노트북에서 caltech이라는 볼륨을 마운트하면 데이터셋을 사용할 수 있습니다. 물론 wget말고도 쥬피터랩의 파일 브라우저에서도 파일을 업로드 할 수 있으니 환경에 맞게 선택하시면 됩니다.

이제 챕터1에서 작업했던 코드를 TF2.0 케라스를 사용하도록 컨버전한 후 페어링으로 감싸봅시다! 추가로 gpu 2개를 학습에 동시에 사용하는 코드도 추가하겠습니다.

```python
import tensorflow as tf
from tensorflow.python.keras.applications import InceptionV3
from tensorflow.keras.layers import Dense, Input, Activation, Dropout
from tensorflow.keras.models import Model
from tensorflow.keras.callbacks import EarlyStopping
from tensorflow.keras import optimizers
from tensorflow.keras.layers import BatchNormalization
from tensorflow.keras.preprocessing.image import ImageDataGenerator
from tensorflow.python.keras.callbacks import Callback
from tensorflow.python.keras.utils import multi_gpu_model
import os


class Caltech101(object):
    def run(self):
        tf.compat.v1.disable_eager_execution()
        input = Input(shape=(200, 200, 3))
        model = InceptionV3(input_tensor=input, include_top=False,
weights='imagenet', pooling='max')

        for layer in model.layers:
          layer.trainable = False

        input_image_size = (200, 200)

        x = model.output
        x = Dense(1024, name='fully')(x)
        x = BatchNormalization()(x)
        x = Activation('relu')(x)
        x = Dense(512)(x)
        x = BatchNormalization()(x)
        x = Activation('relu')(x)
        x = Dense(101, activation='softmax', name='softmax')(x)
        model = Model(model.input, x)
```

```
        model.summary()

        train_datagen = ImageDataGenerator(rescale=1. / 255, validation_
split=0.2)
        batch_size = 16

        train_generator = train_datagen.flow_from_directory(
            '/result/caltech101',
            target_size=input_image_size,
            batch_size=batch_size,
            class_mode='categorical',
            subset='training')

        validation_generator = train_datagen.flow_from_directory(
            '/result/caltech101',
            target_size=input_image_size,
            batch_size=batch_size,
            class_mode='categorical',
            subset='validation')
        model = multi_gpu_model(model, gpus=2)
        model.compile(
            optimizer=tf.keras.optimizers.Adam(),
            loss='categorical_crossentropy',
            metrics=['acc'])

        early_stopping = EarlyStopping(patience=20, mode='auto', monitor='val_
acc')
        hist = model.fit_generator(train_generator,
                    steps_per_epoch=train_generator.samples // batch_size,
                    validation_data = validation_generator,
                    epochs=100,
                    callbacks=[early_stopping])

if __name__ == '__main__':
    if os.getenv('FAIRING_RUNTIME', None) is None:
        from kubeflow import fairing
        from kubeflow.fairing.kubernetes import utils as k8s_utils
```

```
            DOCKER_REGISTRY = 'kubeflow-registry.default.svc.cluster.local:30000'
            fairing.config.set_builder(
                'append',
                image_name='caltech-katib-job',
                base_image='brightfly/tf-fairing:2.0-gpu',      ……ⓐ
                registry=DOCKER_REGISTRY,
                push=True)

            fairing.config.set_deployer('job',
                            namespace='dudaji',
                            pod_spec_mutators=[
                                    k8s_utils.mounting_pvc(pvc_name="caltech101",
                                    pvc_mount_path="/result")]  ……ⓑ
                            )
        # python3
        import IPython
        ipy = IPython.get_ipython()
        if ipy is None:
            fairing.config.set_preprocessor('python', input_files=[__file__])
            fairing.config.run()
        else:
            train = Caltech101()
            train.run()
```

[https://github.com/mojokb/kubeflow-book/blob/master/caltech101/caltech101_for_fairing.ipynb]

ⓐ brightfly/tf-fairing:2.0-gpu caltech101학습을 위한 베이스 이미지
ⓑ caltech101 데이터셋이 들어간 caltech101 이름의 pvc

코드를 실행하면 아래와 같은 결과화면을 확인하실 수 있습니다.

```
    if ipy is None:
        fairing.config.set_preprocessor('python', input_files=[__file__])
        fairing.config.run()
    else:
        train = Caltech101()
        train.run()

[I 200216 21:57:31 config:123] Using preprocessor: <kubeflow.fairing.preprocessors.converted_notebook.ConvertNotebookPreprocesso
29405b550>
[I 200216 21:57:31 config:125] Using builder: <kubeflow.fairing.builders.append.append.AppendBuilder object at 0x7f82940af358>
[I 200216 21:57:31 config:127] Using deployer: <kubeflow.fairing.builders.append.append.AppendBuilder object at 0x7f82940af358>
[W 200216 21:57:31 append:50] Building image using Append builder...
[I 200216 21:57:31 base:105] Creating docker context: /tmp/fairing_context_gqf0szq6
[I 200216 21:57:32 converted_notebook:127] Converting caltech101_for_fairing.ipynb to caltech101_for_fairing.py
[I 200216 21:57:32 docker_creds_:234] Loading Docker credentials for repository 'brightfly/tf-fairing:2.0-gpu'
[W 200216 21:57:34 append:54] Image successfully built in 2.235296613071114s.
[W 200216 21:57:34 append:94] Pushing image kubeflow-registry.default.svc.cluster.local:30000/caltech-fairing-job:F4001E55...
[I 200216 21:57:34 docker_creds_:234] Loading Docker credentials for repository 'kubeflow-registry.default.svc.cluster.local:300
g-job:F4001E55'
[W 200216 21:57:34 append:81] Uploading kubeflow-registry.default.svc.cluster.local:30000/caltech-fairing-job:F4001E55
[I 200216 21:57:35 docker_session_:284] Layer sha256:35c102085707f703de2d9eaad8752d6fe1b8f02b5d2149f1d8357c9cc7fb7d0a pushed.
[I 200216 21:57:35 docker_session_:284] Layer sha256:d701a76e3193731210c61c838de0c3d8fdc8048b613ca88a58e11dc3223221ec pushed.
[I 200216 21:57:35 docker_session_:284] Layer sha256:308e2d038b5334fb2ec9872230cfabd52b26102f6c8e0e257f3dcd63cc3b7177 pushed.
[I 200216 21:57:35 docker_session_:284] Layer sha256:8e829fe70a46e3ac4334823560e98b257234c23629f19f05460e21a453091e6d pushed.
[I 200216 21:57:35 docker_session_:284] Layer sha256:6bd87fc350bdace1c19bb54f401192524dabadd1ff536af72b59d0e70c5a6bbb pushed.
[I 200216 21:57:35 docker_session_:284] Layer sha256:9f0a21d58e5dce5512db6d5595c6e9c4ab014917cf0644e2d282b8f5e3f2522a pushed.
```

▲ [Caltech101 fairing train]

자 이제 카티브로 넘어가 봅시다.

3.5.2 카티브를 위한 메트릭설정

현재 코드에 탐색할 하이퍼파라미터 메트릭을 선택해봅시다.

① 최적화 함수 Adam의 Learning Rate 탐색
② FC단에서 Dropout layer를 추가하여 Dropout rate 탐색
③ 배치사이즈
④ 활성화 함수

이렇게 4가지를 선택한 후 코드를 수정합니다.

```
(이상생략)
        parser = argparse.ArgumentParser()
        parser.add_argument('--learning_rate', required=False, type=float,
default=0.001)
        parser.add_argument('--dropout_rate', required=False, type=float,
default=0.2)
        parser.add_argument('--batch_size', required=False, type=int,
default=16)
        # relu, sigmoid, softmax, tanh
        parser.add_argument('--act', required=False, type=str, default='relu')
```

(중간 생략)

```
        x = model.output
        x = Dense(1024, name='fully')(x)
        x = Dropout(args.dropout_rate)(x)
        x = BatchNormalization()(x)
        x = Activation(args.act)(x)
        x = Dense(512)(x)
        x = Dropout(args.dropout_rate)(x)
        x = BatchNormalization()(x)
        x = Activation(args.act)(x)
        x = Dense(101, activation='softmax', name='softmax')(x)
        model = Model(model.input, x)
```

(중간 생략)

```
        model.compile(
            optimizer=tf.keras.optimizers.Adam(lr=args.learning_rate),
            loss='categorical_crossentropy',
            metrics=['acc'])
```

(이하 생략)

[https://github.com/mojokb/kubeflow-book/blob/master/caltech101/caltech101_for_katib.ipynb]

▲ [Caltech101_to_katib]

수정한 내용이 정상적으로 학습까지 이어진다면 이제 카티브를 만날 때가 되었습니다.

3.5.3 카티브 Submit!

방금 생성한 이미지를 가지고 카티브 CRD를 생성해봅시다. 이번에도 랜덤 탐색입니다.

(이상생략)
```
  parallelTrialCount: 1 ……ⓐ
  maxTrialCount: 50
  maxFailedTrialCount: 3
  objective:
    type: maximize
    goal: 0.90 …… ⓑ
    objectiveMetricName: Validation-accuracy
    additionalMetricNames:
      - accuracy
      - loss
      - Validation-loss
(중간 생략)
              resources:
                limits:
                  nvidia.com/gpu: 2
              volumeMounts:    …… ⓒ
                - mountPath: "/result"
                  name: kubeflow-pvc-storage
              restartPolicy: Never
              volumes:  …… ⓒ
                - name: kubeflow-pvc-storage
                  persistentVolumeClaim:
                    claimName: caltech101
  parameters:
    - name: --learning_rate
      parameterType: double
      feasibleSpace:
        min: "0.0005"   …… ⓓ
        max: "0.0015"
    - name: --dropout_rate
      parameterType: double
      feasibleSpace:
        min: "0.1"
        max: "0.9"
    - name: --batch_size
      parameterType: int
```

```
      feasibleSpace:
        min: "12"
        max: "16"
    - name: --act
      parameterType: categorical
      feasibleSpace:
        list: # relu, sigmoid, softmax, tanh
        - "relu"
        - "sigmoid"
        - "softmax"
        - "tanh"
[https://github.com/mojokb/kubeflow-book/blob/master/caltech101/caltech101-
katib-v1-1.yaml]
```

ⓐ 내부에서 GPU 2개를 다 사용하기 때문에 1로 설정하였습니다.
ⓑ 이번엔 Valid accuracy 90퍼센트를 도전합니다.
ⓒ caltech101 데이터셋 PVC 스토리지를 /result 폴더에 마운트 합니다.
ⓓ Adam의 기본값이 0.001 이기 때문에 +- 0.0005 사이에서 탐색해봅니다.

자 이제 CRD도 만들었으니 그러면 카티브에게 탐색을 맡겨 봅시다. yaml파일을 카티브 UI의 submit 메뉴에 붙여 넣어 Deploy를 합니다.

3.5.4 Trial 그래프 분석하기

10Epoch, 50 Trial 의 결과입니다. 머신러닝 챕터(85퍼센트)의 정확도에서 1프로 증가했습니다만 좋은 결과는 아닙니다. 그래프를 확인하면서 탐색의 범위를 좁혀봅시다.

활성화 함수는 sigmoid와 relu를 선택하고 dropout 비율은 0.11에서 0.60사이로 정할 수 있습니다. 그러면 이렇게 수정하고 다시 또 탐색을 요청합니다. 이런 형태로 반복 후 Epoch 수를 늘려갑니다.

```
    (이상생략)
    - name: --dropout_rate
      parameterType: double
```

```
      feasibleSpace:
        min: "0.11"
        max: "0.60"
    - name: --batch_size
      parameterType: int
      feasibleSpace:
        min: "12"
        max: "16"
    - name: --act
      parameterType: categorical
      feasibleSpace:
        list: # relu, sigmoid, softmax, tanh
        - "relu"
        - "sigmoid"
```

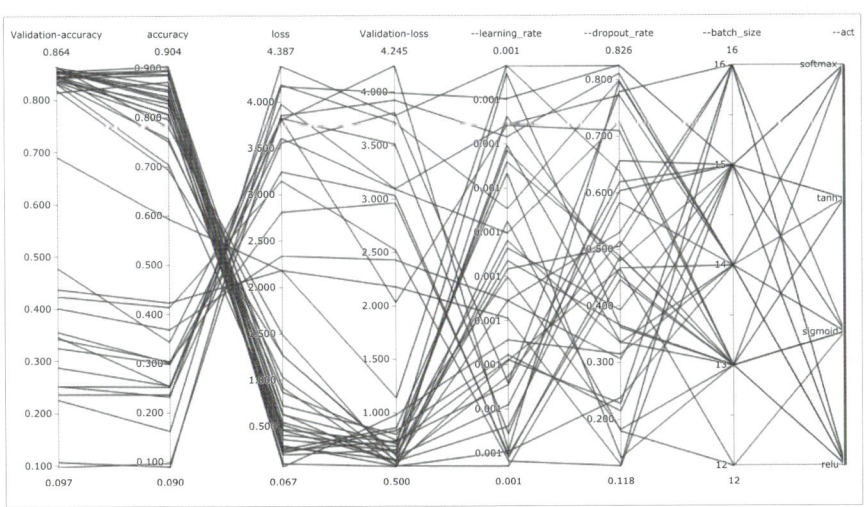

▲ [50 Trial 결과]

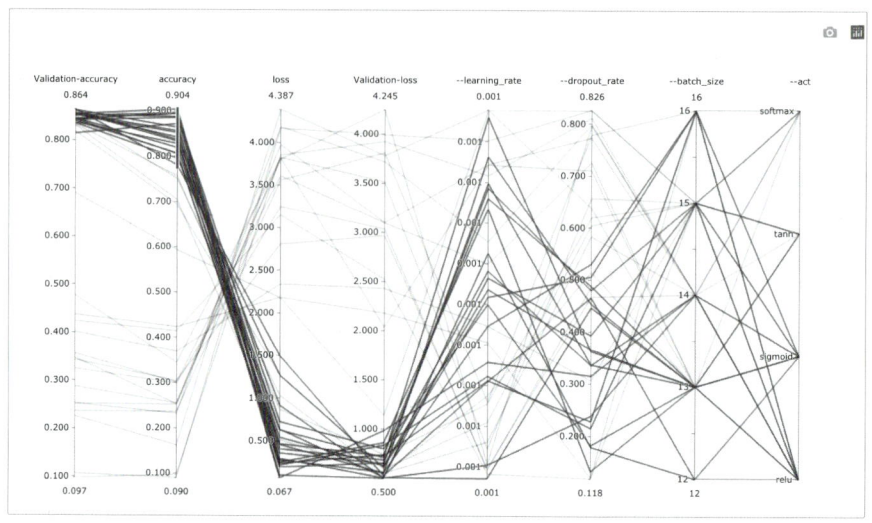

▲ [cut_dropout]

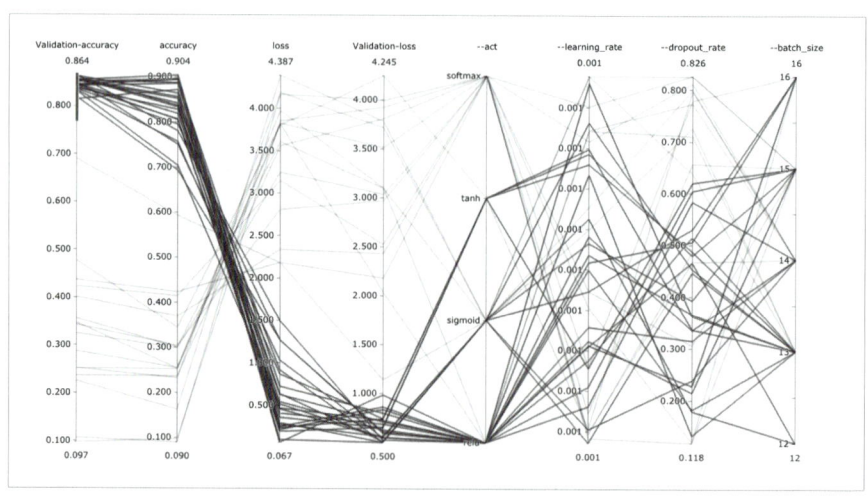

▲ [except softmax, tanh]

하나의 Experiment가 끝이 나고 다시 확인 하는 작업은 또 사람의 손을 거쳐야 합니다. 이제 이 과정을 차근 차근 자동화 시켜봅시다!

3.5.5 노트북에서 카티브 Experiment 실행하기

앞서 카티브 설명장에서 REST API는 더 이상 지원하지 않는다고 설명드렸습니다. 그래서 우리는 파이선 쿠버네티스 클라이언트[8] 라이브러리를 가지고 쿠버네티스 API 서버를 통해 Experiment를 실행해보겠습니다. 페어링에서도 바로 카티브로 던질 수 있는 라이브러리가 빨리 추가되었으면 합니다. 아니면 쥬피터랩 플러그인이라도 말이지요.(파이프라인은 있습니다!)

먼저 쿠버네티스 클라이언트 라이브러리가 API서버에 접속하기 위해 설정파일을 만들겠습니다. 이 설정파일은 .kube 디렉토리에 들어갑니다. 노트북을 사용하는 default-editor 서비스 어카운트를 통해 토큰 및 인증 관련 정보를 생성해봅시다. 노트북 콘솔을 여시고

```
# 쿠버네티스 클러스터 API 서버
$ server=https://X.X.X.X:6443

# 시크릿키 네임을 가져옵니다.
$ name=$(kubectl get sa default-editor -o=jsonpath='{.secrets[0].name}')

# 각종 인증정보들을 쳉겨옵니다.
$ ca=$(kubectl get secret/$name -o jsonpath='{.data.ca\.crt}')
$ token=$(kubectl get secret/$name -o jsonpath='{.data.token}' | base64 --decode)
$ namespace=$(kubectl get secret/$name -o jsonpath='{.data.namespace}' | base64 --decode)

# 이제 kubeconfig 파일을 생성합니다.
$ echo "
apiVersion: v1
kind: Config
clusters:
- name: ${namespace}-cluster
  cluster:
    certificate-authority-data: ${ca}
    server: ${server}
contexts:
```

---

8 https://github.com/kubernetes-client/python

```
      - name: ${namespace}-context
        context:
          cluster: ${namespace}-cluster
          namespace: ${namespace}
          user: default-editor
    current-context: ${namespace}-context
    users:
    - name: default-editor
      user:
        token: ${token}
    " > my.kube.config

    $ mkdir -p ~/.kube
    $ mv my.kube.config ~/.kube/config
```

[https://github.com/mojokb/kubeflow-book/blob/master/caltech101/serviceaccount-to-kube-config.txt]

여기선 먼저 편의상 홈페이지에서 제공하는 katib random CRD 샘플을 사용하겠습니다.[9]

아래는 노트북에서 katib CRD 파일을 읽어 실행하는 예제입니다. Experiments 이름만 변경하여 실행하는 내용입니다.

```
from __future__ import print_function
import time
from kubernetes import client, config
from pprint import pprint
import yaml

class SubmitKatib(object):
    def submit(self, experiment_name='random'):
        config.load_kube_config()    ……ⓐ
        api = client.CustomObjectsApi()
        with open("random-example.yaml") as f:
```

---

9   https://github.com/mojokb/kubeflow-book/blob/master/caltech101/random-example.yaml

```
            dep = yaml.safe_load(f)
            dep['metadata']['name'] = experiment_name ……ⓑ
            group = 'kubeflow.org' # str | The custom resource's group name
            version = 'v1alpha3' # str | The custom resource's version
            namespace = 'dudaji' # str | The custom resource's namespace
            plural = "experiments"
            api_response = api.create_namespaced_custom_object(group=group,
  plural=plural, version=version, namespace=namespace, body=dep) ……ⓒ
            print(api_response)

if __name__ == '__main__':
    katib = SubmitKatib()
    katib.submit(experiment_name='random-002')
```

[https://github.com/mojokb/kubeflow-book/blob/master/caltech101/notebook_submit_experment.ipynb]

ⓐ 별다른 config 파일을 설정하지 않는다면 ${HOME}/.kube/config를 참조합니다.

ⓑ yaml로 읽어온 파일은 딕셔너리 형태로 접근이 가능합니다.

ⓒ Experiments는 쿠버네티스의 커스텀 오브젝트입니다.[10]

실행을 하게 되면 카티브 UI에서 random-002란 이름으로 확인하실 수 있습니다.

▲ [노트북에서실행]

---

10 https://github.com/kubernetes-client/python/blob/master/kubernetes/docs/CustomObjectsApi.md#create_namespaced_custom_object

3.5.6 Experiment 실행을 페어링으로 감싸기

노트북 실행을 성공했으니 파이프라인으로 던지기 위한 전초 작업인 도커 이미지화를 위해 페어링으로 감싸봅시다.

도커화하기 전에 3가지의 고려할 사항이 있습니다.

① 단순히 카티브 Experiment를 실행하는데 텐서플로우 이미지가 베이스일 필요는 없습니다. 즉, 위 예제만 실행시킬 라이브러리를 가진 베이스 이미지만 있으면 됩니다.

물론 우리는 노트북 위에서 페어링을 할테니 노트북은 가지고 있어야 겠지요.

쥬피터 노트북 장을 설명할 때 커스텀 이미지를 생성하는 Dockerfile[11]을 통해 베이스 이미지를 만듭니다. 편의상 사전에 만든 brightfly/kubeflow-sdk-jupyter:latest를 사용하겠습니다.

② 아까 만들었던 .kube/config 파일을 어떻게 할 것인가 입니다. 쿠버네티스 클라이언트 라이브러리에서는 config 파일을 참조하는 방법과 api key(토큰)를 사용하는 방법 2가지를 예제로 제공합니다. 여기선 토큰을 입력받는 방식을 사용하겠습니다. 물론 이 방법이 보안상으로 안전하지 않습니다.

```
# 입력 값을 받게 추가합니다.
parser = argparse.ArgumentParser()
parser.add_argument('--host', required=False, type=str, default='https://localhost:6443')
parser.add_argument('--token', required=False, type=str, default='token')
parser.add_argument('--experiment_name', required=False, type=str,
default='experiment-name')
[https://github.com/mojokb/kubeflow-book/blob/master/caltech101/notebook_submit_experment_with_token.ipynb]
```

---

11 https://github.com/mojokb/handson-kubeflow/blob/master/notebook/Dockerfile

```
# 수정 전
    config.load_kube_config()
    api = client.CustomObjectsApi()

# 수정 후
    configuration = kubernetes.client.Configuration()
    configuration.verify_ssl=False
    configuration.host=args.host
    configuration.api_key['authorization'] = args.token
    configuration.api_key_prefix['authorization'] = 'Bearer'
    api = kubernetes.client.CustomObjectsApi(kubernetes.client.
ApiClient(configuration))
```

[https://github.com/mojokb/kubeflow-book/blob/master/caltech101/notebook_submit_experment_with_token.ipynb]

③ 마지막으로 YAML crd를 입력받았던 부분을 어떻게 입력할 것인가입니다. 우리가 최적화를 위해서 Experiment를 파이프라인에서 계속 실행할 경우 변경될 값들은 하이퍼파라미터 관련 값, Experiment 이름정도입니다(물론 그 사이에 모델자체에 대한 수정이 있다면 이미지명 정도 일겁니다). 그러면 실행될 파이프라인 이미지에 파일을 첨부하여 지금처럼 읽어오는 것이 좋을 것 같습니다.

그러면 페어링에서 파일을 첨부를 해봅시다. 파일 첨부는 페어링의 프리프로세서에서 담당합니다. 도커이미지 내에서는 /app/katibe-crd.yaml로 사용됩니다. 아래는 AppendBuilder의 구현부입니다.

```
(이상 생략)
    katib_crd = os.path.relpath(os.path.dirname(os.path.realpath('__file__')),
                                'random-example.yaml') ……ⓐ

    builder = AppendBuilder(
        registry=DOCKER_REGISTRY,
        image_name=image_name,
        base_image=base_image,
```

```
                push=True,
                preprocessor=ConvertNotebookPreprocessor(
                    notebook_file="notebook_submit_experment_with_token.ipynb",
                    output_map={katib_crd: '/app/katib-crd.yaml'}  ……ⓑ
                )
            )
(이하 생략)
```

[https://github.com/mojokb/kubeflow-book/blob/master/caltech101/notebook_submit_experment_with_token.ipynb]

ⓐ 노트북과 같은 경로에 있는 Katib CRD인 random-example.yaml의 절대경로입니다.

ⓑ output_map은 원하는 위치로 파일을 복사해줍니다. 여기서는 random-example.yaml이 실제 이미지가 생성될 때 /app/katib-crd.yaml 로 복사합니다.

정상적으로 이미지가 빌드되면 이미지를 한번 실행해 봅시다. 입력값은 쿠브플로우 클러스터 주소와 토큰을 사용하며 experiment 값은 기본값인 experiment-name으로 사용합니다. token은 3.5.4 내용에서 얻을 수 있습니다.

```
$ sudo docker run -it kubeflow-registry.default.svc.cluster.local:30000/
experiement-runner:E61917A4 python /app/notebook_submit_experment_with_token.py
--host=https://10.X.0.4:6443 --token=eyJhb...-UQfVQ
{'apiVersion': 'kubeflow.org/v1alpha3', 'kind': 'Experiment', 'metadata':
{'creationTimestamp': '2020-02-28T09:47:03Z', 'generation': 1, 'labels':
{'controller-tools.k8s.io': '1.0'}, 'name': 'experiment-name', 'namespace':
'dudaji', 'resourceVersion': '797767', 'selfLink': '/apis/kubeflow.org/v1alpha3/
namespaces/dudaji/experiments/experiment-name', 'uid': 'c5e6f689-d557-41fe-
b57c-ad653d5a516d'}, 'spec': {'algorithm':
(중간생략)
spec:\n  template:\n    spec:\n      containers:\n      - name: {{.Trial}}\n
    image: docker.io/kubeflowkatib/mxnet-mnist\n        command:\n        -
"python3"\n        - "/opt/mxnet-mnist/mnist.py"\n        - "--batch-size=64"\n
   {{- with .HyperParameters}}\n         {{- range .}}\n        - "{{.Name}}={{.
Value}}"\n        {{- end}}\n        {{- end}}\n      restartPolicy: Never'}}}}
```

dict 형태의 response 값을 반환하며, 정상적으로 실행되는 것을 확인하실 수 있습니다.

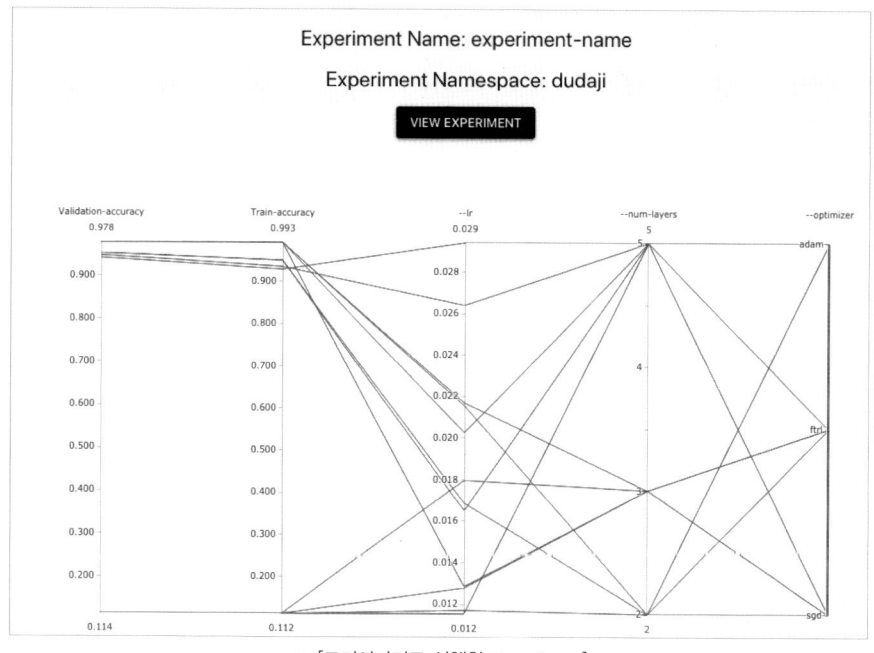

▲ [도커이미지로 실행한 Experiment]

3.5.7 파이프라인에서 Experiment 실행해보기

앞선 장에서 우리는 페어링을 통해서 도커 이미지를 만들고 Experiment를 실행하였습니다. 이 이미지를 가지고 파이프라인에 넣어봅시다. 여기서 하나 더 추가하여 Experiment를 실행한 결과로 반환되는 response를 다른 파이프라인Op가 받아서 실제 deploy된 experiment의 이름을 출력해보겠습니다.

먼저 앞장에서 사용했던 소스에서 Experiment의 response값을 저장하는 구문을 확인합니다.

```
(이상 생략)
        with open('/tmp/result.json', 'w') as outfile:
```

```
                outfile.write(str(api_response['metadata']))
```
(이하 생략)
[https://github.com/mojokb/kubeflow-book/blob/master/caltech101/notebook_submit_experment_with_token.ipynb]

여기서는 response의 metadata 값만 파일로 저장합니다.

```
import kfp
import kfp.dsl as dsl
from kfp.components import func_to_container_op
import time


@func_to_container_op  ……ⓐ
def result_output(result) -> str:
    import json
    result = result.replace("'", r"\"")
    out_dict = json.loads(result)['out']
    metadata_dict = json.loads(out_dict)
    return metadata_dict['name']


def echo_op(text):
    return dsl.ContainerOp(
        name='echo',
        image='library/bash:4.4.23',
        command=['sh', '-c'],
        arguments=['echo "$0"', text],
    )


@dsl.pipeline(
    name='katib_pipeline',
    description='submit katibe experiemnt on pipeline'
)
def katib_pipeline(host, token, experiment_name):

    exit_task = echo_op("done")
```

```
    with dsl.ExitHandler(exit_task):

        katib = dsl.ContainerOp(
            name='SubmitKatibExperiment',
            image='kubeflow-registry.default.svc.cluster.local:30000/
experiement-runner:4B7896D4',
            command=['python', '/app/notebook_submit_experment_with_token.py'],
            arguments=[
                "--host", host,
                "--token", token,
                "--experiment_name", experiment_name
            ],
            file_outputs={'out': '/tmp/result.json'} ······ⓑ
        )
        result = result_output(katib.outputs).after(katib) ······ⓒ
        echo_op(result.output)

arguments = {'host': 'https://10.x.0.x:6443',
             'experiment_name': 'dudaji-katib',
             'token' : 'eyJhbGciOiJ..._8ZfiLh5MX6-UQfVQ'
             }

if __name__ == '__main__':
    kfp.Client().create_run_from_pipeline_func(pipeline_func=katib_pipeline,
                                               arguments=arguments)
```

[https://github.com/mojokb/kubeflow-book/blob/master/caltech101/pipeline_submit_experment.ipynb]

ⓐ **@func_to_container_op**: containerOp으로 변환해주는 어노테이션입니다. 간단한 함수를 containerOp으로 변화하여 사용하기 편합니다. 단, 기본이미지는 텐서플로우 이미지로 지정되어 있습니다.(tensorflow/tensorflow:1.13.2-py3)

ⓑ **file_outputs={'out': '/tmp/result.json'}**: metadata의 값이 저장된 파일을 out이라는 이름으로 지정합니다. 이렇게 정의가 되면 이 파이프라인Op의 output으로 등록되며,

ⓒ **katib.outputs**: {"out": "{'apiVersion': 'kubeflow.org/v1alpha3' 이런 형태로 출력됩니다.

노트북에서 실행을 하게 되면 총 4개의 파이프라인Op가 등록되며, dudaji-katib-1583946056이라는 이름의 Experiment가 실행되는 것을 확인할 수 있습니다.

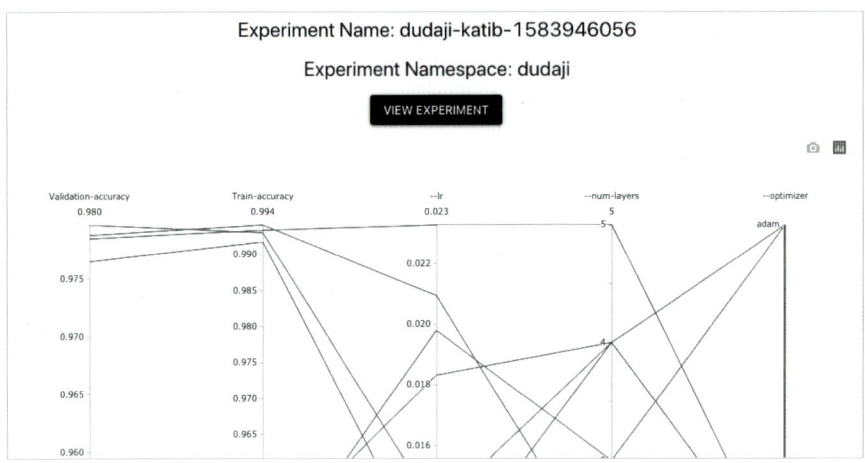

▲ [파이프라인에서 실행한 카티브 Experiment]

그리고 디플로이된 experiment 이름의 출력도 확인할 수 있습니다.

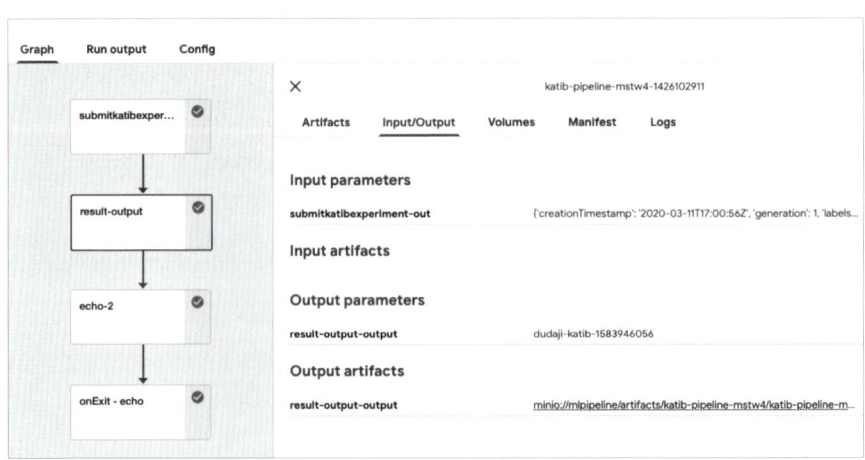

▲ [파이프라인에서 카티브 Experiment 이름 출력]

이제 우리는 파이프라인에서 카티브 Experiment를 돌릴 수 있게 되었습니다!

3.5.8 카티브 결과 조회하기

이번 장에서는 현재 카티브 Experiment의 탐색정보를 알 수 있는 방법을 UI가 아닌 다른 방법으로 찾는 실습을 해보겠습니다. 이걸 응용하면 파이프라인을 통해서 카티브 Experiment의 자동화가 가능합니다.

먼저 현재 탐색중인 카티브 Experiment 정보를 어디서 찾아야 할까요? 앞장에서 우리는 카티브 Experiment를 노트북에서 실행하면서 얻은 response중에 'selfLink': '/apis/kubeflow.org/v1alpha3/namespaces/dudaji/experiments/dudaji-katib-1583940606' 라는 항목을 확인할 수 있습니다. 이 링크는 카티브 Experiment중 dudaji-katib-1583940606의 현재 정보를 제공하는 API 주소입니다. 즉, 쿠버네티스의 API 서버를 통해 카티브 Experiment의 정보를 조회하는 것입니다.[12]

```
$ curl --insecure --header "Authorization: Bearer $TOKEN"
https://$APISERVER:6443/apis/kubeflow.org/v1alpha3/namespaces/dudaji/
experiments/dudaji-katib-1583932201
{"apiVersion":"kubeflow.org/v1alpha3","kind":"Experiment","metadata"
:{"creationTimestamp":"2020-03-11T13:10:01Z","finalizers":["update-
prometheus-metrics"],"generation":2,"labels":{"controller-tools.k8s.
io":"1.0"},"name":"dudaji-katib-1583932201","namespace":"dudaji","resou
rceVersion":"896961","selfLink":"/apis/kubeflow.org/v1alpha3/namespaces/
dudaji/experiments/dudaji-katib-1583932201","uid":"6e64be9d-b571-47a4-8379-
02893f6801bf"},"
...
  "status": {
    "completionTime": "2020-03-11T13:16:22Z",
    "conditions": [
      {
        "lastTransitionTime": "2020-03-11T13:10:01Z",
```

---

12 https://kubernetes.io/ko/docs/tasks/access-application-cluster/access-cluster/#kubectl-proxy 를-사용하지-않음

```json
        "lastUpdateTime": "2020-03-11T13:10:01Z",
        "message": "Experiment is created",
        "reason": "ExperimentCreated",
        "status": "True",
        "type": "Created"
      },
      {
        "lastTransitionTime": "2020-03-11T13:16:22Z",
        "lastUpdateTime": "2020-03-11T13:16:22Z",
        "message": "Experiment is running",
        "reason": "ExperimentRunning",
        "status": "False",
        "type": "Running"
      },
      {
        "lastTransitionTime": "2020-03-11T13:16:22Z",
        "lastUpdateTime": "2020-03-11T13:16:22Z",
        "message": "Experiment has succeeded because max trial count has reached",
        "reason": "ExperimentMaxTrialsReached",
        "status": "True",
        "type": "Succeeded"
      }
    ],
    "currentOptimalTrial": {
      "bestTrialName": "dudaji-katib-1583932201-r5xtgddt",
      "observation": {
        "metrics": [
          {
            "name": "Validation-accuracy",
            "value": 0.979598
          }
        ]
      },
      "parameterAssignments": [
        {
          "name": "--lr",
```

```
          "value": "0.024553335568971664"
        },
        {
          "name": "--num-layers",
          "value": "3"
        },
        {
          "name": "--optimizer",
          "value": "sgd"
        }
      ]
    },
    "startTime": "2020-03-11T13:10:01Z",
    "succeededTrialList": [
      "dudaji-katib-1583932201-24vq9qrs",
      "dudaji-katib-1583932201-2w2s4rsc",
      "dudaji-katib-1583932201-5tgsxjcv",
      "dudaji-katib-1583932201-6ptvtmz7",
      "dudaji-katib-1583932201-c76kfjbs",
      "dudaji-katib-1583932201-c92r8nh7",
      "dudaji-katib-1583932201-gddnwm7d",
      "dudaji-katib-1583932201-lknzsbb5",
      "dudaji-katib-1583932201-nvwd5jnh",
      "dudaji-katib-1583932201-qxgbcvp2",
      "dudaji-katib-1583932201-r5xtgddt",
      "dudaji-katib-1583932201-zw9nvgrm"
    ],
    "trials": 12,
    "trialsSucceeded": 12
}
```

status의 항목에는 현재 실행상태와 bestTrialName, trials 횟수와 성공 횟수, 최적상태에서의 하이퍼파라미터 정보 등을 알 수 있습니다. 우리는 이 정보를 가지고 파이프라인 리커링 런을 만들 것입니다.

먼저 파이선 requests 모듈을 사용하여 카티브 Experiment status를 가져와 /

tmp/result.json에

① 현재 실행상태
② 현재 최고 목푯값
③ 최고 목푯값일 경우의 trial 이름

의 내용을 저장하는 코드를 만들어 봅시다.

```
(이상 생략)
        resp = requests.get(host + '/apis/kubeflow.org/v1alpha3/namespaces/' +
args.namespace + '/experiments/' + args.experiment_name,
                        headers=headers,
                        verify=False)
        response_dict = json.loads(resp.text)
        status_dict = response_dict['status']
        condition = status_dict['conditions'][len(status_dict['conditions'])-1]
['type']
        bestTrialName = status_dict['currentOptimalTrial']['bestTrialName']
        bestValidAccuracy = status_dict['currentOptimalTrial']['observation']
['metrics'][0]['value']
        result = {'condition' : condition, 'bestTrialName': bestTrialName,
'bestValidAccuracy': bestValidAccuracy }
        print("result " + str(result))
        with open('/tmp/result.json', 'w') as outfile:
            outfile.write(str(result))
(이하 생략)
```

[https://github.com/mojokb/kubeflow-book/blob/master/caltech101/get_experiment_status.ipynb]

페어링으로 이미지가 만들어졌다면 도커 이미지만 실행시켜 봅시다.

```
$ sudo docker run -it kubeflow-registry.default.svc.cluster.local:30000/
get-experiment-status:F6AF7F91 python /app/get_experiment_status.py
--host=https://10.1x.0.x:6443 --token=eyJhbG....

result {'condition': 'Succeeded', 'bestTrialName': 'dudaji-katib-1583932201-
```

```
r5xtgddt', 'bestValidAccuracy': 0.979598}
```

수집하려는 값들이 정상 노출되는 것을 확인 할 수 있습니다.

이제 이것을 파이프라인으로 옮길 수 있다면 3.5.6에서 만들었던 카티브 Experiment 이름 출력과 연동하여 카티브 Experiment가 종료되면 재시작을 시킬 수 있게 응용이 가능합니다.

쿠버네티스에서 머신러닝이 처음이라면!
쿠브플로우!

1판 1쇄 인쇄 2020년 3월 15일
1판 1쇄 발행 2020년 3월 20일

지 은 이   이명환·문근민·홍석환·김효동
발 행 인   이미옥
발 행 처   디지털북스
정   가   15,000원
등 록 일   1999년 9월 3일
등록번호   220-90-18139
주   소   (03979) 서울 마포구 성미산로 23길 72 (연남동)
전화번호   (02) 447-3157~8
팩스번호   (02) 447-3159

ISBN 978-89-6088-305-5 (93000)
D-20-06
Copyright ⓒ 2020 Digital Books Publishing Co., Ltd